# 不内耗的教育

何江 著

湖南文艺出版社
HUNAN LITERATURE AND ART PUBLISHING HOUSE

**图书在版编目（CIP）数据**

不内耗的教育 / 何江著. -- 长沙：湖南文艺出版
社，2024.3（2024.9 重印）
ISBN 978-7-5726-1340-1

Ⅰ . ①不… Ⅱ . ①何… Ⅲ . ①家庭教育 Ⅳ . ①G78

中国国家版本馆CIP数据核字（2024）第000303号

## 不内耗的教育
BU NEIHAO DE JIAOYU

作　　者：何　江
出 版 人：陈新文
责任编辑：谢迪南　张潇格
封面设计：文　俊｜1204设计工作室（北京）
内文排版：刘晓霞
出版发行：湖南文艺出版社
　　　　　（长沙市雨花区东二环一段508号　邮编：410014）
印　　刷：长沙超峰印刷有限公司
开　　本：880 mm×1230 mm　1/32
印　　张：12.75
字　　数：265千字
版　　次：2024年3月第1版
印　　次：2024年9月第3次印刷
书　　号：ISBN 978-7-5726-1340-1
定　　价：68.00元
　　　　　（如有印装质量问题，请直接与本社出版科联系调换）

序
# 孩子期待的教育是什么？

"太焦虑了！""好卷啊！"这些话语是不是特别熟悉？

这种现象从什么时候开始的？好像谁都没有办法准确回答，但这些话似乎在日常生活中又成了为人父母者的口头禅。

真的这么卷吗？真的需要那么焦虑吗？还是，家长们有意无意地在主动"送卷"呢？有意无意地自我焦虑呢？

望子成龙、望女成凤，是人之常情，尤其有很多独生子女家庭，父母对孩子的期待自然会很高。但是，孩子期待的教育又是什么呢？让孩子脸上有笑容、眼里有光的教育是什么呢？

我们的很多读者，为人父母，是否思考过这个问题呢？

对 1 到 3 岁的孩子来说，他在乎的并不是住大房子、穿名牌衣服，有吃不完、玩不完的零食和玩具，他最在乎的会不会是妈妈抱着他、牵着他、陪着他呢？是不是他一喊妈妈，妈妈就能回应他呢？是不是晚上睡觉的时候，妈妈陪在他的身边，他可以闻到妈妈的气味？童年时父母的陪伴是不是一个人一生安全感的来源呢？

在幼儿园的孩子看来，他也许并不喜欢在小、中班时就要像小学生一样学习。快乐是不是就是玩沙子、玩泥巴？是不是跟小伙伴一起玩过家家，就可以感受到交朋友的乐趣？是不是在操场上疯跑就很开心？是不是妈妈把那么多他不喜欢也不适合他的网课时间还给他，让他可以花一整个下午的时间观察蚂蚁，他就会很高兴？

对小学生来说，星期一到星期五放学之后可以去玩一玩吧？周末他也希望有一点自己发呆的时间吧？真的是要从学校的教室转移到辅导班的教室，从一张试卷转移到另外一本"妈妈牌"作业上？在孩子看来，最好的家庭关系应该并不是妈妈陪读，也不是妈妈坐在辅导班的最后一排把题目记下来，把小学初中、高中的内容都重新学习一次，然后在家里辅导孩子，更不是当孩子不会时就会被凶，被指责如果不认真、不努力能对得起谁。孩子认为最好的亲子关系难道不是妈妈能够陪着他，能耐心听他说话，能够在他感到压力的时候，给他一个拥抱吗？

对于初中生、高中生来说，未来有太大的不确定性，因为他自己都不知道自己现在喜欢什么，他的天赋和热情到底在哪里。他还是一个发展中的孩子，他最渴望的是父母给他提供丰富的环境，让他的热情天赋都能释放出来，而不是父母设定一个标准答案，让他只能按照大人设计的路线去走完。他会不会想要选择一条本该是他自己设计选择的路线呢？

如果，在一个孩子 1 岁到 18 岁成长过程中，为人父母者能从孩子的角度来思考这些关于孩子的问题，那我们是不是会在听到"好卷啊"这样的话时，能够冷静思考：到底什么是好的教育？什么是适合自己孩子的教育？

　　对孩子来说，未来唯一的确定就是不确定，终身学习不仅是好习惯，还是他们未来的立身之本。在传统的认知中，进入好的小学可以上到好的初中，进入好的初中能给上好的高中打下基础，进入好的高中就更有机会考取好的大学。然而分数决定一切的时代已经结束了，在未来的世界，孩子们进入社会时，社会需要的是他们有审美能力、有独立思考问题的能力、有创造性解决问题的能力，但这些，许多为人父母者，尤其是过度鸡娃和跟风鸡娃的年轻的父母们是否有意识到？是不是已经在日常生活中有意识地启发引导孩子了呢？

　　作为一个在湖南卫视工作了 25 年的传媒人，今年因工作变化，我来到湖南师范大学新闻与传播学院，成为一位研究新闻传播的学者。2017 年时，我在湖南卫视做一档家风节目，与何江相识，他是这档节目的嘉宾。小学文化的妈妈，高中文化的爸爸，他们到底在教育上做了什么，让一个在农村上小学、上初中的孩子成为哈佛大学的毕业生，成为在美国创业成功的青年企业家？我印象中最深的是何江妈妈的宽厚乐观和何江父亲的沉默与坚持。何江的母亲很爱笑，面对记者同事问出的每一个问题，妈妈都是笑声开场，厚道爽朗的笑声，透过镜头深深地感染到每一个人。被问及如何把孩子培养得如此优秀，何江父母的回答至今令我记忆犹新："当别人都出去打工挣钱时，我们选择不出去打工，少挣点钱没关系，孩子没有父母在身边不行，我们多养两头猪日子也过得下去的，孩子没人管就会学坏。"

当何江决定本科毕业后不马上参加工作，选择继续出国深造时，他需要家里提供经济支持，而劳动力已经明显不如年轻人那么好的父亲，远走西北去架电杆，干着很费力的体力活挣钱支持孩子读书。"孩子有想法，他们知道得比我们多多了，很多东西我们不懂，但我们相信孩子，支持他们的选择。"

何江不是特例，他还有一个弟弟，如今也成为研发部门团队负责人。他们的家庭背景和成长经历放在今天，也简直是不可思议。何江的父母完全不知道海淀妈妈的学习秘诀，也没有牛娃父母的规划和技巧，他们只是用人世间最朴素的做人做事的道理，陪伴着孩子，引导着孩子。很多父母在努力打听所谓教育秘诀，但他们想要了解的教育其实并不高深莫测，也一点都不稀奇，只是生活的常识——因太多人不再尊重而变得珍贵的常识！

教育的规律并不高深，无非是尊重儿童身心发展规律，尊重孩子个体差异。

教育陪伴是激发和引导，是从易到难，循序渐进，是发现每一个孩子的光，激发每一个孩子的驱动力。

教育是让每一个孩子成为独立的人，让每一个人都能人尽其才，让每一个人能独善其身，又在力所能及之时兼济天下！

而不是把拿一个好分数、拿一份高工资，当作所谓"人上人"的夸耀，当作教育的目标。

我相信人类有纠错的能力，我深信不疑人类有向往美好、追求真理的能力。

真心希望所有的家长能够认真读完何江的书，也真心地希望四年级以上的小学生、初中生、高中生、大学生都能读一读这本书。在这个很多年轻父母陷于教育焦虑的时代，如果读完这本书，能从何江和他父母身上汲取一些生活常识的力量，那我想，每一位为人父母者都能找到教育的方法和教育的目标。

张丹丹，著名主持人，湖南师范大学教授
2023 年 12 月于长沙

# 目 录

# 导语
## 从农家子弟到福布斯榜单上的青年才俊，不内耗的教育秘诀是什么？

不知从何时起，教育焦虑和内耗在家长群体中蔓延。

网上"牛娃"遍地，名校招生标准越来越高，孩子学习负担越来越重，家庭教育进入"拼爹"时代，资源竞争也越来越内卷。

很多家长在对待孩子的教育问题上，比孩子都要着急。他们不能忍受孩子浪费时间，也极其重视孩子的考试分数。"超前学"成了很多父母心照不宣的共识：想要不输在起跑线，孩子上幼儿园时便开始学习小学知识，上小学学初中知识……报补习班、兴趣班，只要孩子有时间，父母都会挤破头带着孩子报名，一路抢跑，一路领先。

随之而来的，便是家庭教育支出的居高不下。育娲人口研究智库 2022 年发布的《中国生育成本报告》显示，全国家庭 0~17 岁孩子的平均养育成本为 48.5 万元；孩子自出生起至大学本科毕业的平均养育成本为 62.7 万元，其中养育成本最高的上海，家庭平均花费高达 102.6 万元。这些教育支出，约占家庭总支出的 35.1%，其中辅导班是教育支出的重头戏，绝大多数家长甚至愿意支付超出消费能力的学费。

与之对应的，是家庭可支配收入的减少。国家统计局发布的数据显示，2021 年，全国居民人均可支配收入 35128 元，其中城镇居民人均可支配收入 47412 元，农村居民人均可支配收入只有 18931 元。尽管总收入比过去增长了，可房价、物价的飞速增长抵消了可支配收入的增长。多数家庭即使"月入一万"，仍会感到"只能生存没法生活"。"生得起，养不起"成了很多家庭的心头痛。

然而，不可否认的是，**教育仍是一个家庭最好的投资**。"知识改变命运"的故事，无论在哪一个年代，仍在上演。在这个充满焦虑的大环境下，怎样教育孩子，才能实现最佳的回报？为了子女成长，究竟有没有必要投入大规模的财力和物力？怎样打造好的家庭教育，助力孩子的每一个梦想？

回答这些问题前，我想分享我的成长经历。

我是 1988 年的，出生在湖南农村，家庭条件特别普通。小时候，三餐有肉是个奢侈的梦想，每年都眼巴巴地等着过年能多吃点荤腥。因为家境清贫，我从小就跟着父母下地种田，插秧、收割、除草等农活我都干过。

我的父母是农民，文化水平不高。我在乡下最普通的学校读完了小学、初中。那时山村小学条件窘迫，我就读的第一个小学，土坯房子因年久失修，一半的房子曾在一场大雨中倒塌，我不得不翻山越岭，转学邻村的小学。因为家境拮据，我用完的作业本，经常会用橡皮擦了再写，直到纸张破洞才会扔掉。在那样一个资源稀缺的山村里，补习班、兴趣班，都是闻所未闻的。

2005年我考入中国科技大学，成为家族里第一个上大学的孩子。大学四年，我保持全院第一，并获得"郭沫若奖"。我所学的专业是生物科技，因为对专业的热爱，我选择在大学毕业后申请出国留学，继续深造。2009年，我被哈佛大学录取，进行硕博连读。2016年，我博士毕业，并作为优秀毕业生代表在哈佛毕业典礼上演讲。那一年，我成了首位在哈佛毕业典礼上演讲的中国人。

哈佛毕业后，我申请到了麻省理工学院的博士后职位，并加入了美国科学院、工程院、发明家院、医学院四院院士Sangeeta Bhatia（桑吉塔·巴蒂亚）的实验室进行研究。我负责人造肝脏以及癌症早期检测的研究。因研究成果，我曾获得美国《福布斯》杂志"30位30岁以下医疗健康领域青年俊杰"荣誉，也被世界顶级智库阿斯彭研究所评选为阿斯彭思想节聚焦健康学者，并获得美国生物科技新星奖（STAT Wunderkind），在各大国际论坛演讲。

2019年，为了实现科研成果转化，我在美国波士顿创立了生物科技公司Vizgen，致力于开发新一代基因组学研究工具。不到三年，我的公司完成总金额达1.32亿美金的多轮融资，并在全球推出第一款单细胞空间基因组学仪器，产品销售进入欧美、亚太、中东的十多个国家。引以为豪的是，公司的平台技术被顶尖学术期刊《自然》评为年度突破性技术，公司也多次被评为全球十大空间生物学公司之一，成为该领域的领军者。

从农村到哈佛，再到福布斯，每一步都是一个跨越。可能很多人在听到我的成长之路后，都会好奇，我究竟是如何逆袭突围的。在我的成长过程中，我的父母扮演了怎样的角色？他们有为我的教育进行严密的规划吗？我成功的背后有什么教育秘诀吗？

回顾我的成长历程，我最大的感受是："起跑线"并不是一个人成功的决定因素，也不必为此产生教育内耗。即使家庭条件与资源都是短板，只要用对了教育理念和方法，我们仍能利用有限的资源，实现人生翻盘。在我突围的背后，离不开父母在家庭教育中倾注的心血。他们精心培养我的生活、学习习惯，底层思维能力，人生观以及个人综合素养，影响了我的成长历程。这些观念一直支持着我走到了今天，并让我朝着更远的未来迈进。

换言之，利用最佳的教育理念和策略，每个家庭都可以以小博大，拒绝内耗，为孩子打造最经济、高回报的家庭教育。

可能有人会说，我的成功只是个例。我并不这么认为，因为我父母的教育方法和理念，除了培养出我之外，还培养出了另外一个人——我的弟弟。

我不是独生子女，弟弟比我小两岁，是个 90 后。弟弟和我一样，就读的是相同的小学、初中、高中。高考后，弟弟考入电子科技大学。大学毕业后，弟弟攻读了电子通信工程类研究生，之后便加入医疗器械领域的领头公司，而今超越许多同龄人成了研发部门团队负责人，并在上海安居了。一个农村家庭，在没有多少资源的情况下，培养出两个高学历的研究生，在乡下是比较罕见的。倘若不是我父母的言传身教，我很难想象我们兄弟俩能走这么远。

关于我在乡下成长的故事，在哈佛大学攻读博士期间，由世界著名历史学家尼尔·弗格森教授指导，我将它们写成了一本非虚构文集《过往皆为力量》（出版时书名为《走出自己的天空》，2017 年初版）。这本书从我父母的故事出发，逐步延伸到我的亲人、我的村庄。中国社会在过去的几十年里发生了剧变，经济在腾飞，原有的乡土社会逐渐瓦解，飞速转向现代化进程。我从农村进入城市，最后留学国外，见证了中国腾飞的过程，而我所经历的故事，某种意义上，其承载的内涵远超过我个人成长经历的厚度。它们并非一个人的故事，也非一个村庄的故事，而是一个时代的故事。通过记录这些故事，我试图还原那个逐渐离我们远去的时代，也希望它们以最鲜活的姿态，呈现出当年我和我的家庭最原汁原味的生活状态。因此，《走出自己的天空》一书里，有关于织渔网的母亲，她坚韧且慈爱，有打鱼人父亲的坚强与含辛茹苦，有糟老头子——我的爷爷，他倔强又可爱，也有黑户口"沟伢子"——我的弟弟，他虽然调皮但却奋进。我笔下记录的每个人的故事，串联起来，就是我成长的画卷。

《走出自己的天空》于 2017 年初版，受到了读者的喜爱，其中关于织渔网的母亲的故事，甚至和文学大师莫言、季羡林、史铁生、严歌苓笔下的母亲篇章，都在央视《读书》栏目春节特别档中播出，这是我在写书时始料未及的。然而，这本书以故事为主，并未直接回答我的家庭教育如何，我父母的教育理念如何，以及在教育内耗愈发严重的今天，我的父母究竟怎样做，才为我和弟弟打造良好的家庭教育，助力我们的发展。而这，也成了本书写作的缘由。

《走出自己的天空》出版后不久，我便走出了校园，进入职场。不同的环境会给人带来不一样的视角，也给生活带来了从未有过的挑战，尤其当我的工作是在生物科技领域创业。如何赢得投资，如何制定商业策略，如何快速地迭代产品，如何管理团队，如何销售，如何布局全球市场等等，都成了我的日常生活。这是我在学生时代不曾涉足的领域，对还远在农村的父母而言，这些创业日常简直是天方夜谭。我的工作强度变大，容错机会更少，每一步都如履薄冰。然而，有趣的是，我在学生时代习得的一些习惯和处事技巧，在我的创业过程中有了用武之地，它们能让我在高强度的工作下，同时多线程完成任务，合理处理团队分工合作，及时复盘工作。创立的生物科技公司Vizgen，在不到两年的时间里推出高精尖产品销往全球，不到三年实现超过一亿元人民币的营收，这在生物技术领域是非常亮眼的成绩，或多或少，也和团队的做事方式紧密相连。我由此更加深刻地意识到，一个人的过去，会在他的身上打下深深的烙印，我们选择怎样的生活方式，养成怎样的习惯，将会直接影响我们的未来。于是，我更加感恩父母给我的教育，是他们的引导，让我在新的环境下总能快速适应，找对节奏，直面挑战。

一个人的成功，受众多因素的影响。除却运气，一个人的底层思维方式、做事习惯，以及处事方法，往往左右一个人的成与败。然而，这一观点还未受到大多数家长的重视。不少家长认为孩子学习知识量的多少，对孩子未来的成功，可能占比更重。这也导致当下很多家长希望孩子提前学知识，课后补知识，生怕孩子落后，教育内卷的情况也越来越严重。反观我的成长故事，因为资源匮乏，我在乡下并未有过多机会接触最好的教育资源，然而通过培养好的学习习惯和生活方式，我在后来的学习中迅速地追赶上来了，底层思维甚至让我实现了弯道超车。由此可见，好的教育理念和底层逻辑，能最大限度地激发一个人的潜力，持久地影响一个人的生活。

教育的底层逻辑和思维是什么？究竟哪些才是好的教育理念？2021年，我的孩子出生，初为人父，我开始梳理我成长过程中父母的教育理念，试图还原父母当年教育我的方式。每个孩子的成长环境都不同，然而我相信，父母当年对我的教育方式，以及他们秉持的教育理念，对我的孩子而言，同样也是适用的。这便成了本书写作的第二大缘由，即通过我的成长故事，梳理出教育的底层逻辑，指导我的孩子的教育。

在这本书中，我将从五个角度出发，展开我所受益的家庭教育理念和方法，分享给在教育上不知所措或焦虑的父母。

本书的第一个部分，旨在解决现代家长的焦虑，剖析如何从改变教育底层逻辑开始，树立合理的教育理念。我会从教育是什么开始，逐一分析孩子成长过程中所需要培养的几个关键能力，父母如何"管"孩子，父母如何有效帮助孩子培养学习习惯和兴趣，如何走出舒适区，向优秀的榜样学习。这些话题是家庭教育的理论基石，只有梳理和明确了最核心的教育理念，父母才能更有的放矢地参与到孩子的成长与教育过程中。

第二部分，我将着重探讨如何建立良好的家庭关系与亲子沟通模式。家庭教育的执行离不开和谐的家庭关系，也需要父母和孩子的共同参与与维护。父母有父母期望的亲子模式，孩子也有孩子渴望的家庭关系，在教育焦虑普遍存在的当下，做有松弛感的父母，学会放手给孩子充分的信任，变得尤为重要。同时，学会与孩子共情，进行有效的亲子沟通，也是维系良好家庭关系的重要密码。

于我个人而言，我的父母通过构建和维系良好的家庭关系，在我成长中扮演了很重要的角色：一是帮助我养成了乐观豁达的心态，让我碰到困难时，仍能坚持不懈；二是帮助我塑造了自强自立的品质，每当我身处新的环境，我都能快速适应，并找到提升自我的途径。这些心态和品质的塑造，离不开良好的家庭环境。否则，太多的人会在逆境中自怨自艾，沉沦堕落。同时，这也离不开我父母良好的引导，让我能少走弯路，不走错路。可以说，好的亲子关系建设和家庭教育理念，是孩子成长过程的基石。基石摆正了，铺平了，房子才能建得越高越大。

本书的第三部分，着重讲述的是如何激发孩子的内驱力，把成长的原动力还给孩子。内驱力是一个人综合素养的一部分，属于一个人成才的内功。只有内功修炼好了，基础打牢了，孩子学习知识、技能才能快、准、狠。在这部分，我将综合阐述如何培养孩子的底层逻辑思维，面对没有标准答案的人生，如何做最好的决策，如何培养孩子辩证、批判和多维度的思考能力，如何引导孩子学会自学，形成"终身学习"的观念。同时，孩子也需要学会深度学习，提高学习转换率，提升和重塑记忆力，学会复盘思考，不断成长。

这些综合素养，是我逆境突围的关键因素，甚至可以说，是我成功走到今天的绝招。为什么这么说呢？作为传统意义上输在起跑线上的孩子，我们是无法与家境优渥的同龄人来比资源的。我们唯一能做的是通过后天的努力，提升自我，以实现弯道超车。这要求孩子能掌握一些核心底层思维，能迅速吸纳信息，转为己用。

本书的第四部分，着重讲述的是如何提高孩子的学习效率。对比第三部分的综合素养，我愿将其归纳为一个孩子成才路上的外功。比方如何合理拆分任务，如何高效管理时间，如何有效对抗拖延症，如何在信息时代学会迅速抓住知识重点，如何高效阅读，以及如何提高解决问题的能力。

外功的修炼非常重要，因为它们和孩子的学习成绩是直接挂钩的。同时，这也是很多家长常犯难的问题。在这一部分，我将分享我学习过程中所总结的学习心得、方法，帮助家长有效地指导孩子学习，解答孩子学习路上的疑难困惑。

最后一部分，我将讲述如何培养孩子的软实力与社会技能。学以致用，教育的目的不是将孩子培养成书呆子，而是能让孩子在走出校园后，在各行各业中充分施展他们的才能和潜力，走出一条属于自己的人生路。在社会这个大课堂里，职业技能、情绪管理、人际交往技能、自我包装能力等等都会影响一个人在自己的行业里是否走得长，走得远。作为孩子监护人的父母，如果能在家庭教育中提前培养孩子的软实力，并为孩子的未来搭建合适的桥梁，这会使得孩子在未来走得更快，更稳健。

2017 年，我曾受湖南卫视邀请，作为首期嘉宾，录制了何炅主持的《儿行千里》栏目，这是一档大型的家风类节目，其主旨通过分享不同家庭的故事，挖掘背后的家风。在节目里，何炅指出了当下一个非常尖锐的问题，**"现在家长最大的问题不是不关心孩子，而是不会教孩子"**。有句话概括得好，"好孩子都是教出来的，好习惯都是养出来的，好成绩都是帮出来的，而好父母也都是学出来的"。我希望通过这本书，让家长们在教育孩子这件事上，不再迷茫，不再焦虑，充分利用好已有的资源，做最优化的家庭教育！

# Part 1

## 解决现代家长的焦虑，
## 从改变教育底层逻辑开始

教育是人对人的主体间灵肉交流活动（尤其是老一代对年轻一代），包括知识内容的传授、生命内涵的领悟、意志行为的规范、并通过文化传递功能，将文化遗产教给年轻一代，使他们自由地生成，并启迪其自由天性。

——雅斯贝尔斯

# 01

## 教育是什么?

### 何为教育?

《什么是教育》一书作者雅斯贝尔斯开宗明义地指出,教育是人对人的主体间灵肉交流活动(尤其是老一代对年轻一代),包括知识内容的传授、生命内涵的领悟、意志行为的规范、并通过文化传递功能,将文化遗产教给年轻一代,使他们自由地生成,并启迪其自由天性。

狭义的教育是指专门组织的教育,比如学校教育;广义的教育则泛指一切有目的地影响人身心发展的社会实践活动。其中,家庭教育因其经年累月的时长,更是对一个人品性的塑造有不可估量的影响。

我们讨论家庭教育时,首先应该想明白教育的目的,找准方向,只有这样,才能有效地引导孩子健康成长。

在我们身边,经常会有这样一些家长:

(A) 孩子成绩下滑了，家长变得焦虑，于是家长帮孩子联系补习班，请私人家教，将孩子的休息时间填满，补习各种知识。然而，一学期下来，虽说培训的钱都花了，孩子成绩不仅没有提高，学习兴趣反而减少了。

(B) 家长工作很忙，每天起早贪黑地上班，回家后没有心思管孩子的教育。见了孩子，他们可能只会简单问几句学校的情况，对孩子所学知识并不清楚。孩子成绩下滑了，这类家长便开始责怪孩子不懂事，埋怨孩子不体会父母的辛苦，没能努力学习。

(C) 孩子要升学选专业了，向父母征询意见。可父母除了知道孩子学科成绩外，对孩子的能力不清楚，既不知孩子的兴趣，也不了解孩子的专长。于是，父母孩子都变得焦虑，不得不花钱找中介。用完中介，这些家长又后悔钱花得不值。

教育是一个长期的过程，需要家长多维度参与到孩子的学习、生活中，引导孩子发展其天性和能力。以上这些案例，无不反映着有些家长在家庭教育过程中的职能缺失。这使得他们或将教育看得功利化，只关注成绩，而未能注意孩子学习能力的培养；或忽略了家庭教育的相互参与，简单将孩子的成长推为孩子自己的责任；或疏忽了孩子个人素质的发展，缺乏对孩子全面的认知。

孩子的健康成长，未来的成功，或多或少，都受控于父母无形的手。究竟怎样做，才能教育出成功的孩子？怎样把控家庭教育的大方针，才能培养出孩子健全的人格和素养，以及出色的学习能力？

我的父亲有个朴素的观念，或多或少阐释了我家的家庭教育理念。小时候，父亲常和我说："伢子，你们去学堂读书，为的是多跟老师学点本事，学会做人，做一个能适应社会的人。"

那时，父亲对我的教育期待值很低。20世纪90年代的山村，有高中学历的人都是少数，父亲并不能料到我未来有机会上大学，甚至出国留学。在他眼里，只要能从学堂学点本事，打拼出一番事业，便是人生赢家了。

## 父亲眼里的"本事"

在父亲朴素的认知里，这么几个"本事"极为重要。

其一，识文断字。那时乡下读书人不多，识文断字可是个大本事。记得小时候，父亲常会和我讲这么一则故事：

古时有一个秀才，家境虽贫，却很会读书。秀才的对门住着一个地主，两家人之间就隔着一大片竹子。春节里，秀才写一副对联："门对千根竹，家藏万册书。"地主看到了很生气：凭什么我家的竹子被你写到了对联里去？于是地主把竹子全砍了。结果秀才在对联上各加了一个字，变成了"门对千根竹短，家藏万册书长"。地主看到后，气得不行，又把所有的竹子根给挖掉了，门前变成一片荒地，却见秀才不紧不慢，再添两字，变成"门对千根竹短无，家藏万册书长有"。

这样一个妙趣横生的故事，影响了我的整个童年。它让我深刻体会到了知识的力量，也帮我建立了对知识的敬畏心。我第一次清晰地感知到，文字是一把充满魔力的钥匙，能为我打开新世界的大门。很多年后，这个故事仍对我有着深深的触动。

其二，经世致用的本事。父亲的观念，仍是通过一个小故事传递的。

话说村里有个傻小子，想帮家里挣钱贴补家用，于是打主意在村里卖鸡蛋。鸡蛋的价格是五分钱一个，可傻小子算术不好，算不清楚该收多少钱。有一天，邻村的王妈碰到了卖蛋的傻小子，想打趣他，便问道："伢子，你这鸡蛋怎么卖？"傻小子回道："五分钱一个。"王妈接着问："那我花一毛钱买你的鸡蛋，你给我几个呀？"小伙子掰着手指左算右算，怎么也想不明白，着急了，便回答道："一毛钱不卖。鸡蛋五分钱一个，一毛钱不卖！"王妈被逗得哈哈笑，在村里传着这个故事，于是"鸡蛋五分钱一个，一毛钱不卖"的笑话就这么传开了。

父亲是以训诫的口吻将这个故事转述给我的，他想让我明白，经世致用的本事，比方算术，要活学活用。人不能死记硬背知识，不懂得变通，否则会被人欺负闹笑话。

其三，敢闯敢干的勇气。

20世纪90年代的湖南乡村，受改革开放的影响，很多人都开始到广东深圳去打工，父亲也是到省外打工的农民工之一。打工时，父亲见识了现代工业化的滚滚浪潮，领会到了什么叫"满世界都是挣钱的机会"。"走出去闯荡"成了他那一辈人的人生信条，也融入了我们的家庭生活。饭桌上、睡前故事，父亲曾不厌其烦地讲述着他所认识的那些打工人，如何在外面闯出了大名堂。这一度让我心驰神往。

其四，吃苦耐劳的狠劲。

父亲观察到我成长的大环境，他清楚地知道，自家孩子的成长环境比很多家庭要差，"穷人的孩子早当家"，我们更应该多花时间，去学习技能。童年里，父亲常会让我在学习之余，去田间干农活。对比之下，村里的其他孩子开心地享受了更多的童年时光。回头来看，这些面朝黄土背朝天的日子，培养了我的韧性，让我在以后的生活中遇到困难时，也不会觉得有多么苦。

父亲的这些教育原则，并没有多少高深的理论作依托。然而，多年以后，我经历东西文化熏陶，并在顶尖学府里受过教育后，我能清晰地体会到，这些教育理念的难能可贵。

教育不是一门玄学，不需要花里胡哨的方法和技能。大巧若拙，最朴素的，有时会是最有效的。

在我身边，那些来自哈佛、麻省理工的科学巨匠、成功商人、政治家、能言善辩的律师，尽管出生环境不同，成长经历千差万别，但他们成功的密码都极为相似——好像，每个优秀人士的背后，都有某类特性。他们受这些特性的滋养，茁壮成长，在自己的领域最终绽放。

顺着这个思路去想，如果我们能给孩子培养这些优秀人士共有的素养技能，孩子获得成功的概率便会大大提高。

## 通往教育成功的密码，究竟是什么呢?

本章，我想先分享五个成长密码，为孩子的教育方向定个基准。这五个密码，曾指导我一步步走到今天，也是我认为家庭教育需要坚持的几大理念。它们能帮助家庭规避内耗的教育方式，让孩子更好地发挥其天性。

● 密码一，家庭教育需要培养孩子对未知事物的好奇心。

孩子的天性都是好奇的，遇到不懂的，会问一个为什么；看到没见过的，喜欢拿手去摸，用嘴去尝。刻在人类基因里的好奇心，能引导人发现未知，为人生探路。

好奇心的培养并不一定需要高大上的资源和条件，关键是需要父母有意识地进行引导和指点。

生活里有太多的场合能培养孩子的好奇心了：譬如看到不同家具的设计风格，有的孩子会好奇，而家长便可以利用这样的机会，讲解这些家具背后的设计故事，甚至普及家居文化的发源历史。比如出行时，有的孩子会好奇汽车遥控电子锁背后的操作原理，这时，家长可以和孩子一起探讨无线电波传输的知识。

有了这样的探索精神，你会发现，生活中处处有机会教孩子，而孩子也处处有机会学习。

## ● 密码二，学会培养孩子独立自主的思辨力。

父亲故事里的傻小子之所以被嘲笑，是因为他不知道运用思辨能力，灵活变通，而思辨力的培养，需要经年累月的磨炼才能养成。

我们有的家长，对孩子过度呵护，生怕孩子犯一个错，栽一个跟头，每阶段都试图给孩子做好安排。可孩子的成长本就是一个不断试错的过程，当孩子遇到困难了，父母应该指导孩子拆解问题，而不是替孩子解决问题。过度的保护，看似是帮助孩子，实则是害了他们。因为孩子一旦进入社会，父母无法照顾到了，很多孩子就会栽跟头。

我成长时，独立自主的思辨力是被迫养成的。对于学习，我的父母能帮的地方本就很少，我只能靠自己想办法解决。从初中开始，我便自主安排我的学习生活，父母并不过度干预。高中文理分科，高考填报志愿，我都是自主决定的。大学选择专业、出国留学，我的父母也不曾给我指导。久而久之，我变成了一个能够为自己的选择负责的人。

## ● 密码三，努力培养出孩子跨出舒适区的勇气。

人是有惰性的，任何事情，做习惯了，总喜欢安于现状，不敢跳出舒适区。

很多孩子在学习时，缺乏敢闯敢干的勇气。理科学惯了，他们便觉得理科才是自己的特长，文科知识一概不碰。学习英语，总喜欢自己学，不敢与周围人进行口语交往，锻炼表达能力。这种惰性蔓延到生活中，我们不少人不敢找专业外的职业，也不愿意走出自己的交友圈拓展人脉。

这种固化思维虽让我们过得自在，可是时间久了，我们便会发现，自己慢慢地就颓下去了。做任何事情都变得没有激情，每天的生活也得过且过。慢慢地，我们成了自己讨厌的那一类人。

在跨出舒适区这一点上，我是深有体会的。我从高中一直学的都是理科，到哈佛，也是做自然科学的研究。刻板印象里，理科生常不善言辞，而我恰恰也不常在公共场合发言。哈佛毕业那一年，我收到了一封邮件，大意是，毕业生可以申请哈佛毕业典礼的演讲。这是学校给予学生的最高荣誉。

初看邮件，我想都没敢想。可一次偶然的机会，我与哈佛的一位教授聊天，她鼓励我去尝试一下。

"试都不试，你怎么知道自己不会成功呢?"教授说，"再说，即便失败了，你也没有什么损失啊。"

在教授的鼓励下，我走出了公众演讲的第一步。于我而言，这是个破冰式的尝试，它让我学习了如何写好演讲稿，进行英文演讲。也因为这次意外的突破，我也成了哈佛毕业典礼历史上首位登台演讲的中国人。

由此可见，跨出舒适区，有时能给我们带来意想不到的收获。

● 密码四，培养孩子持之以恒的耐心。

畅销书《异类》曾提到过"一万小时定律"。这条定律在很多名人身上体现——如比尔·盖茨、马友友——为成功付出努力时发现，没有人是能随便就能成功的，成功虽常有机缘巧合的因素，但更重要的是个人背后的努力。

比如，比尔·盖茨在同龄小孩都在玩的时候，便和保罗·艾伦一起学习计算机编程。20世纪90年代计算机并不普及，能接触到编程的孩子极少。盖茨几乎每天都花四五个小时来编程。试想一下，他比同龄的小孩，在计算机语言的学习上，领先了多少步。

学习是一个循序渐进的过程，只有通过点滴积累，由量变形成质变，人才会成为某个领域的行家。按《异类》一书的说法，做成功一件事需要花费至少一万小时的训练。三天打鱼，两天晒网，人难有成就。

● 密码五，是培养孩子乐观积极的心态。

心态能决定一个人面对挫折时，能否坚持下去。不少家境差的孩子，因缺乏引导，常会变得非常自卑。他们觉得自己这也不行，那也不行。在学校里，这些孩子往往木讷寡言；步入社会，这些孩子也像边缘人，缺乏存在感。

与之相反的，有的孩子在父母过度呵护的环境中成长，一切都以自己为中心，听不得别人批评。这些孩子容易有颗易碎的玻璃心，生活中碰到问题了，他们发现自己解决不了，心态就会崩溃。

人的一生，不论家境如何，总会遇到挫折与困难。父母作为过来人，应以导师和朋友的心态帮助孩子，不应该过度干预，甚至直接帮助他们解决问题，而是应该把这些挫折和困难当做孩子的练兵场。孩子只有经历了一些挫折，才知道自己能力的极限在哪。通过试炼，孩子才明白以怎样的心态面对未来类似的挑战，才能培养起面对生活的乐观心态，他们在未来才能走得长远。

在我成长的过程中，这五个密码始终贯穿我的生活和学习。它们为我点亮了一座灯塔，让我在迷茫时看到希望。久而久之，我也学会了主动利用这些密码，解锁生活新技能。衷心希望还在迷茫如何教育孩子的父母，以这五个密码为方向，帮助孩子健康成长。

# 02

## 父母"管得多"，
## 竟然管对了

### 父母的育儿经："管得多"

20 世纪 90 年代，随着改革开放政策的推行，中国与世界发达国家进一步接轨，广州、深圳等对外开放的城市蓬勃发展，一时间，新兴的产业园、制造厂在各地落地生根，吸引了全国数不清的淘金者来此闯荡，中国迎来了前所未有的打工潮。

湖南和广东相邻，交通便捷，第一批打工者从广东回来后，他们发家致富的故事很快便传开了，即使在偏远山村，也总会有跃跃欲试的务工人在田间阡陌，或是村口嘈杂的小卖部交流着从外面世界搜罗到的致富机会。每过一段时间，我总能在村口发现三三两两的务工人，背着厚重的行囊，登上远行的巴士，消失在起伏绵延的大山里。

那时，村里人除了种地，或是干点手工活，大伙都没有多少额外的收入。能在外头找个挣钱的营生，对一个家庭来说，是天上掉馅饼的机会。因为信息渠道有限，很多务工人需要托关系才能打听到外头的工作机会，因为机会难得，在自己找到工作后，村民常会挤破头把自家其他人也介绍过去，好给家里多争取一个挣钱的机会。也因为此，夫妻双双在外打工的家庭越来越多，而他们的孩子，便留给了家里的老人照顾。"留守儿童"就这样形成了。

我的父母曾有过这样的打工机会，他们也曾考虑过将我和弟弟留在家里，两人到外闯荡。尽管机会诱人，但他们仍隐约地觉得，把孩子托付给老人太草率，会对孩子成长不利。再者，我们家有两个小孩，老人不一定照顾得过来。思量再三，我的父母决定，无论如何，家里只能有一个人外出打工，父母中至少有一个人来照顾孩子。

"钱是自己挣的，也由自己决定怎么花。"父亲常说，"多挣点钱就多花点，少挣点钱就少花点，日子总能凑合过。"

即使日子清贫，我的父母也一直坚持了这套在其他村民看来有点"蠢笨"的持家之法。他们不在乎孩子物质生活有多么富足，衣服破了，补补就行；孩子嘴馋了，田间山野里可以寻野味。我的父亲是选择外出打工的人，母亲则留在了家里。照顾两个小孩的起居特别忙，加上家里的农活，母亲很是吃力。若是换成村里其他家庭，孩子大概率便会由爷爷奶奶搭把手照顾了。可母亲并不愿意麻烦爷爷奶奶。一来，母亲觉得上一辈的生活习惯和观念比较陈旧，她不是特别认同；二来，村里老人带孩子，基本只会照顾孩子的饮食起居。可母亲觉得养育一个孩子，并不是吃饱睡足就行这么简单，孩子的很多习惯，需要父母引导。尽管日子很忙，母亲也宁愿把我和弟弟带在身旁，或是让我们在她劳作的地方读书写作业，或是让我们一起参与田间劳作，一起分担家务。

村里的日子很简单，"日出而作，日落而息"大抵勾勒了那个供电还不稳定的年代中村民们的生活状态，文娱活动更是少得可怜。和我同辈的孩子，多由老人带着，成了我母亲口中的"野孩子"。他们每天在村里的山林、田间、山涧野玩，到饭点了，爷爷奶奶就把他们唤回家，然后周而复始。母亲不认同这样的养育方式。

"这些孩子全是皮的，"她常告诫我和弟弟，"路上碰到大人也不知道打招呼，只知道疯玩，一点长进也没有。"

为了让我和弟弟有长进，母亲在我们的日程中加了一些她认为重要的规矩。早晨我们不能睡懒觉，太阳晒到屁股就一定得起来。七八岁后，早餐最好学着自己做，不要老是由父母管着。粮食金贵，我们吃饭一定得光盘，不然下顿饭就得饿着。日间的学习，书包文具都得由自己整理，不能靠父母；放学回家，我们不能放下书包就去玩，而要先做完作业；学习碰到难题了，不能立马问大人，要自己先琢磨，实在无能为力了，才能去问大人。到田地里干活时，也不是单纯为了干活，母亲带着我们插秧时，会让我们计算秧苗的间距和水稻田里的秧苗数目；在水塘边洗衣服，母亲会指着浮在水面的木盆，让我和弟弟讲述曹冲称象的故事。

村里文化水平高的人不多，母亲会有意邀请村里一些有学识的老先生来家做客，让他们出一些有趣的难题，比如"鸡兔同笼"的题目，来考我和弟弟。来客的时候，母亲会和我们讲一些待人接物的道理，比如"大人说话的时候，小孩子不要随意插话"；家里来客吃饭了，小孩子需要给大人盛饭端茶；客人若是要走了，需要跟着送到门口等等。

父母的这些教育原则，对我和弟弟有着深远的影响，即便年龄尚小，我们也能从周围村民对我们哥俩的评价中，听出父母这些育儿原则的效果。

"何家的俩娃都特别懂事。"村里人每每看到我们兄弟俩，常会对其他人说。

村里不少人常会到我们家来取经，问如何带出懂事的孩子。可受制于自己的认知，我的父母并不能说出个所以然来，只能憨笑着说自己比其他父母"管得多"。

"管得多"是什么概念呢？我的父母究竟有没有一些高超的育儿诀窍，让两个孩子服管呢？回顾我童年的成长历程，父母并没有系统地梳理出条条框框的育儿经，运用的是他们所认同的一些朴素的常识和经验，并在日常的家庭教育中一以贯之。这些常识和经验之所以能起效，是因为它们触及了家庭教育的几个核心任务，反映的是教育的底层逻辑。

教育是多维度的，学校教育系统化地帮助孩子学习知识，而家庭教育则润物细无声地帮着孩子培养素养和习惯，这两者相辅相成，缺一不可。做最好的父母，首先需要厘清家庭教育的几个关键任务，明白父母在孩子成长过程中扮演的职能，才能助力孩子健全发展。

## 家庭教育中父母的角色与任务

在我看来，家庭教育需要完成如下几大任务，方能给孩子提供一个良好的成长环境。

一、父母要为孩子营造一个良好的、有相互参与度的家庭环境。

二、帮助孩子树立正确的价值观。

三、帮助孩子培养出属于他们的思维方式。

四、帮助孩子培养出良好的习惯。

五、帮助孩子培养步入社会的软实力。

我们逐一探讨每一个任务背后的含义，为本书其他章节所讨论的话题构建好理论框架。

● 任务一，为孩子营造一个良好的、有相互参与度的家庭环境。

与学校教育不同，家庭教育并没有一个固定的场所。它可以发生在吃饭时，在睡前，在家庭聚会时。正因为家庭教育场景的边界模糊，作为父母，更应该为孩子构建一个有辨识度的家庭教育环境，才能有效地培养孩子。

构建有辨识度的家庭教育场景，实则是将日常生活仪式化的一个过程，即让孩子下意识地明白，进入这个环境，便需要改变心态，进入"家庭学习"的状态。很多父母设定亲子时光，或陪孩子阅读，或陪孩子玩耍，便是这样一个道理。

不过，在我看来，日常生活的仪式化是一个系统的过程，包含时间、地点、人物和场景等众多因素，远比"亲子时光"复杂。

时间因素指的是将家庭中某个固定的时间段设为教育孩子的时间，如固定的阅读时间段、晨起锻炼时间段等等。

地点因素指的是将家里某个位置设置为教育的地点，孩子一旦进入这个场所，便需要"收心"开始学习。比如，如果能让孩子意识到，书房是个神圣的场所，进到书房，孩子最好不要大声喧哗，也要调整站姿、坐姿，久而久之，在孩子的认知里书房就是最佳的学习场所。

人物和场景因素指的是面对不同的人和交流场景，孩子调整出不同的心态来进行学习。比如我的母亲邀请村里有学识的长辈时，都会提前将家里整理好，并告诉我见到这位长辈后该如何问候和交流。这让我明白，这位客人很特殊，这在无形中便引导我进入了向长辈学习的状态。

最后，教育讲究知识和方法的传递，家庭教育也不外乎如此，而这个过程，需要大人和孩子共同参与。在村里，很多放养的孩子缺乏父母的引导，孩子只能跟同辈学习，有意无意便会学到一些坏习惯，而这些坏习惯一旦养成了，便很难改掉——这是我的父母反对完全放养孩子的原因。此外，谁来引导孩子也大有讲究。受制于成长背景，我们祖辈和父辈的认知观念是有很大区别的，父辈的认知和教育水平一般比祖辈要高，由他们来带孩子，效果通常会更好。也因为此，我的父母才不愿意将孩子变成留守儿童，交由家里的老人养育。

## ● 任务二，是帮助孩子树立正确的价值观。

望子成龙、望女成凤，几乎是天下所有父母的心愿。但要想孩子成才，父母在引导孩子的过程中，首先需要树立起正确的价值观。什么是该做的，什么是不该做的；什么是合法的，什么是不合法的；什么是值得学习的，什么是需要摒弃的。是非曲直的判断，是一个人为人处世的底层逻辑，能左右我们在关键问题上的抉择，只有根正了，孩子的天性才能更好地发展。

我的父母在底线原则问题上，规矩设立得特别严，孩子一旦越界了，惩罚也重。比如小偷小摸的情况，母亲就会说"小时偷针，大时偷金"，若发现孩子犯戒了还不承认，父亲会体罚我（当然我不是宣扬体罚，只是在那个年代的农村，体罚孩子很常见）。小孩子的谎言是很难逃脱大人眼睛的，我的父母会先和我讲道理，假如我仍不悔改，就会罚我饿一餐，或者抄写作业。

除了这些事关大是大非的原则，做人处世的价值判断和生活态度一般都是父母在生活中以言传身教的方式传递给孩子的。

在赚钱一事上，父母的态度就有别于村里其他父母，他们不希望孩子过早地受物质化的价值观影响，在与孩子的交流中，经常避开和挣钱相关的讨论。与之相反的，村里其他父母在和孩子聊天时，话题常离不开家庭的经济收入，对那些收入低的家庭常带着鄙夷的态度，也喜欢在物质上攀比。久而久之，这些孩子便可能会形成"唯钱至上"的价值观。孩子的认知无形中被父母影响，而农村父母的认知又很有局限，在他们的世界里，人生巅峰无非就是当个包工头赚大钱，少有人能看到更高层面的人生机会。

父亲常会说"人穷志不穷"，即使生活清贫，也不要轻易为五斗米折腰。农村的生活本就清贫，苦日子过惯了，很多人会不得不与生活和解，放下那不值钱的"面子"。可一旦对生活低头了，心里倔着的气泄掉了，人便不容易得到他人的尊重。我记得十岁那年，家里因爷爷和叔叔得病相继离世，穷得没有任何钱过日子。不少邻里表示可以借钱给我们，可父母并不愿意。那年夏天，父母带着我和弟弟，在村里没日没夜地帮那些需要插秧的家庭打工。一家人从早忙到晚，拿到钱的时候，别提有多开心了。

● **任务三，帮助孩子培养出属于他们自己的思维方式。**

小孩子对世界的认知是不完整的，也没有建立属于自己对世界的认知体系。虽说学校教育在一定程度上能培养孩子认识世界的思维方式，但家庭教育仍起到关键作用。

思维方式是指如何观察、分析和解决问题—— 一个人看到新的事物，从怎样的角度去观察，提出怎样的问题……培养系统化的思维方式对孩子的成长而言，大有裨益。孩子的天性是好奇的，有时能想出成人意料不到的问题，作为家长，这个时候应该学会甄别这些问题，判断这些问题问得是否恰当，并引导孩子去解决问题。

同时，一个问题的答案可能是多面的，有时没有所谓的标准答案，当孩子碰到这类问题，家长如果能够稍加引导，教孩子学会从多角度思考，便能起到锻炼强化孩子思维方式的效果。当思维方式建立好后，孩子会对事物有自己的观点，认知也会逐步升级。

在我小的时候，父亲常会讲一些历史故事，如"孔明挥泪斩马谡""空城计"等等。讲完故事，他会问我和弟弟：故事里的孔明为什么要斩马谡？处决合适吗？处决的后果如何？空城计要是遇到了其他的魏国将军，还能实施得了吗？为什么？我们会围绕故事展开头脑风暴，这对小孩子而言特别有意思。父亲通过多个问题引导我们思考，层层深入，不仅让我们记住了历史故事，更重要的是让我设身处地地在故事的环境下，来设想当时的人思考问题的方式。回答父亲的问题，我不仅需要学会分析和归纳故事所提供的信息，同时也需要用我的思维方式，做出属于我的判断。父亲提问式的引导方式不仅锻炼了我的思辨力，也让我明白，凡事都要看其所处的场景，设身处地，才能看得通透。

● **任务四，帮助孩子养成好的习惯。**

习惯，指的是由于重复或练习而巩固下来并变成需要的行动方式。

习惯是养成的，人的年龄越小，习惯的可塑性便越强，反之，习惯一旦定型，常会伴人一生。老话说，"三岁看老"，某种程度上，婴幼儿阶段是人习惯养成的关键期，父母介入越多，越能帮助孩子养成良好的习惯。

家庭教育的过程，实则是家长帮助孩子形成其处事的惯用方法和态度的过程。常见的习惯包括时间观念，做事情的优先取舍，对待挫折的方式和态度等等。

孩子的时间观念经常是缺失的，年幼的孩子甚至对什么时候该上学、放假都没有概念，更别说合理安排时间了。作为父母，有必要在家庭教育中，通过合适的引导，帮助孩子建立完整的时间观念。在我小时候，我的父母便会要求我做到今日事今日毕，如果作业多，即使陪我坐到深夜，我的父母也会监督我做完作业才能休息。同样的，我的父母也坚持"学习的时候努力学，玩的时候拼命玩"的观点，在我完成该做的事情后，一般不会干扰我的休闲。

一个人做事情的优先取舍，是否有条理，反映了这个人对事情轻重缓急的判断，这也是需要长期练习才能习得的。学习时，孩子的科目多，如何平衡各科的学习时间，全面发展，影响孩子的成绩。往更长远来看，社会中，人一般都会碰到多线程工作，究竟怎样化繁为简，有条理地处理好每个细节，都与孩子思考和解决问题的习惯相关。

最后便是对待挫折和困难的态度。人处顺境，有时难看出一个人的缺点，但若在逆境，人的处事习惯常会暴露无遗。比如有的孩子在学习上，一碰到稍难的问题，心态就变得很差，不愿意啃硬骨头，轻言放弃。还有的孩子，在生活中捅了娄子，没有承担风险的勇气，更愿意选择逃避。这些不好的习惯，或多或少是在家庭生活中，无数次不起眼的生活场景中养成的。作为父母，倘若能够利用生活场景，培养起孩子不惧困难的态度，同时让孩子明白，困难是人生成长道路上常见的事情，应放宽心，积极地面对。这对孩子未来的发展极其重要。

● **任务五，家庭教育需要帮助孩子培养步入社会的软实力。**

在当下的应试教育环境中，学校与家庭关注更多的是孩子的学习能力，而对孩子的综合素养和软实力的培养重视不够，可人是社会性动物，走出学校，所有人都要处理各种纷繁复杂的人际关系。于是，家庭不可避免地要承担帮助孩子提升社会交际软实力的教育责任。

新闻里，常有一些熊孩子的消息。在公共场合，这些孩子不顾他人感受，肆意吵闹；在学校，孩子仗着自己个头大，欺负班里其他小朋友；在游乐场，有的小孩子简直是小霸王，容不得其他任何人来碰他想玩的东西。

到了社会中，我们会看到有些人疏于待人接物，既不知和同辈搞好关系，也不知在职场为自己找门路；有的人共情能力很低，很难站在其他人角度想问题；有的人不会展示自我，在职场中存在感低，很难给自己找到发展的机会；还有的人欠缺表达能力，连自我介绍也容易闹笑话。

这些问题的症结，都与孩子缺失社会交际软实力的培养相关，而家庭教育能弥补这个环节的缺失。我的父母之所以在我们的成长过程中注重家教，教我们待人接物的基本礼数，便是这个道理。

总之，当我们讨论家庭教育的时候，如能从家庭教育的这五个核心任务为切入点，思考我们为什么需要家庭教育，我们需要在家庭教育中教会孩子一些什么基本原则，重新调整教育孩子的思路。我相信，那些曾经对孩子教育迷茫的家长，会有一个更加清晰的方向。

# 03

## 真正的教育是习惯养成

### 选了理科还要学文科吗?

高二文理分科,我选择了学理科。尽管理科班的主要学习任务是学习主课与物理、化学和生物,但在高二毕业会考之前的每周,我的课程表里仍有一节政治课、历史课和地理课。

可能因为高中多以高考为导向,高中毕业会考难度适中,对学生产生的压力也是适中的,同学们都能通过考试。所以在理科班,大部分学生会把注意力集中在主课和理科课程上。每次上文科类课程时,老师在讲台上讲知识,台下学生更多在做其他科目的习题。

临近毕业会考的某一天,历史老师布置了一个学习任务:将中国近现代史的历史重大事件做个总结,写出这些历史事件的意义。老师是要同学们在考试前做个总复习。

"老师知道你们理科学习忙,但这是你们高中的最后几节历史课了，希望同学们还是上心点，把老师布置的作业做完，也不至于在毕业考试时出娄子。"

老师一边苦口婆心地说着，一边把考点大纲发了下来。台下几个学生点了点头，大部分人还是在埋头复习其他科目。

我接过试卷大纲，上面罗列了几十个历史知识点，对比平时其他科目的作业量，不算太多，但也要好几个小时才能完成。我看了看自己的学习计划表，觉得只要挤一挤时间，应该能完成这些任务。下一节自习课，我便做起了历史老师布置的作业。

几天后，历史老师来班里检查作业，可没有想到的是，全班只有我按时完成了所有作业。不仅每道题我都认真作答了，更重要的是每道题我还总结了答题纲要。

"何江，你来和同学们分享一下，为什么你做作业这么认真啊？"历史老师一边传阅着我的作业，一边数落着班里其他同学。

"这是我的习惯，只要是我该完成的任务，我都会尽力做到最好。"

"你们都看看，这就是你们和年级第一名的差距。学习和天分不一定有必然联系，关键还是态度。有他这样的学习态度和习惯，成绩怎么可能不会好呢？"

思维和态度决定行动与习惯，习惯反之也会影响行动与思维。就像历史老师所说，天分不一定是一个人成才的决定因素，拥有好的习惯，人的生活会受益，成事的机会也更大。

## 习惯养成的背后是底层逻辑思维

在家庭教育中，父母都参与了孩子习惯的培养。但是，有的父母能培养出拥有优质习惯的孩子，有的父母则不行。这是怎么回事呢？在本章，我想通过梳理影响我们生活的几类关键习惯，教父母学会指导孩子规划日常活动，养成优质的生活习惯。

首先，我分享三个对我生活有重大影响的习惯，帮大家更直观地归类习惯，了解习惯养成的过程。

### ● 第一个对我影响深远的习惯，是今日事今日毕。

这个习惯直接影响了我做事的效率，也强化了我的时间观念。它的成因可追溯到小时候父母对于时间观念严格要求，体现在生活中的各种小事上，譬如父母安排的家务，如果不能在当天完成，他们不会让我睡觉。上学后，父母用同样的要求监督我的学业。每天，我可以自由安排学习和娱乐时间，可前提是，我需要保证在睡觉前完成功课。倘若我因贪玩而耽误了做作业，父母会守在旁边，监督我将功课完成，才允许我休息。

父母的教育方式，对我有两个直接的影响。其一，我对生活中的任务有了优先等级观念。为了能早点休息，我会挑选出最紧急的学习任务进行攻关，有时会选择放弃无关紧要的事情。其二，它驱使着我寻找提高办事效率的方法。我的学习任务基本是固定的，如果我提高阅读速率，提升记忆力，掌握高阶的解题诀窍，那么我花在学习上的时间会缩短，放松的时间反之会增加。这给了我寻找高效学习方法的内驱力：每隔一段时间，我会制定出一套不同的学习方法，利用阶段性学习任务，有意测试这套方法是否能提升效率。我将方法中最有效的部分保留下来，然后继续改进。久而久之，我拥有了自己的高效学习方法。

"今日事今日毕"的习惯从学生时代一直延续至今，它给我的生活带来了几个非常积极的影响：首先，我在生活中几乎没有拖延症。能早日完成的事情，我绝不会拖到最后一刻。其次，我对自己处理事情的能力有更直观的认识，能预估处理所需的时长，然后再合理安排自己的生活。最后，这个习惯也让我在他人心中建立了良好的信任度，别人一旦了解我按时完成任务的习惯，就会知道我是个靠谱的人，会愿意和我共事。

从农村到哈佛，再到福布斯创业榜，需要的是"今日事今日毕"背后的这份自律。

● **我的第二个关键习惯，是和他人说话时，如果场合重要，我会在开口前，先停顿十到十五秒。**

这个习惯关系到我们如何在他人面前表现自己，在我看来，它是个人自我展示的优化窗口。

这个习惯同样是我的父母培养起来的。父亲经常告诫我，说话之前，人要深思熟虑，只有这样，人才能为自己所说的话负责。在小时候，倘若大人一起讨论问题，我是不允许在一旁抢话的。如果我有话要说，须征得父母和客人同意，才可以发表意见。

父亲的这个做法在我当时看来，有点霸道。可父亲说，小孩子说话口无遮拦，要是不管着点，一来会打扰大人讲话，二来说出来的话也不一定经过认真思考。

我在高中时曾意识到这个习惯的重要性。有一次语文课上，老师让我们分析孔乙己"排出九文大钱"时"排"这个动作的含义。穷酸书生的自尊与虚荣，在鲁迅用的"排"字下，被刻画得淋漓尽致。老师提问后，班上有几位同学纷纷举手，可他们的回答或是答不到点上，或是思路不清晰。我大致能体会到文章里的意思，看着老师不停地摇头，我忍不住想来回答。可就在这次举手前，我突然问了自己，如果我要做得更好，该怎么回答老师的这个问题呢？举手之前，我暂停了十到十五秒，快速思考了回答要点和语言组织方式。我分析"排"有两层含义：其一，反映了孔乙己摆阔气，内心自得的心理。其二，在更深的层面，它反映了孔乙己作为穷酸文化人，在自身极其贫困时所保留的自尊与虚荣。接下来，我细致地讲述了支持这两层意思的论据。

我的回答得到了老师的表扬，老师甚至暂停下来，告诉班上同学，我的语言组织是如何到位，思路是如何清晰。受到这样的表扬我始料未及，从这堂课后，我便有意识地告诉自己，以后回答任何问题，我都应该采取类似的方式，答题之前，先酝酿十到十五秒。

**从那以后，这个动作成了我的习惯，并在后来一定程度上改变了我的人生。**改变的节点是在大学时期，有一次，香港理工大学的校长来我校访问，我作为学生代表被安排出席座谈会。座谈会集中讨论了内地与香港教育理念的区别，在原本安排的学生提问环节中，香港理工大学的校长突然将问题抛给到场的学生，问我们所期待的大学教育是怎样的。一时间，台下的学生面面相觑，不知所措。或许因为我常在十到十五秒内能整理出回答问题的思路，也练就了快速组织语言的能力。很快，我站了起来，将大学教育所需的多元化、交叉化，以及专业深耕化具体而细致地讲述了出来。我的观点并不完美，但打动了香港理工大学的校长，也给我的大学领导留下了很深的印象，座谈会后，校领导特地表扬了我的表现，而我也因此和香港理工大学的校长结识。几年后，我申请出国留学，其中一封推荐信就来自香港理工大学的校长。

● **我的第三个关键习惯，是在小事情上，愿意比别人多付出一点点。**

这些小事，包括在和一群人进门时，主动为人开门；在电梯里，主动为还未进门的人用手紧按开门按钮；在朋友家做客，饭后主动帮着清洗餐具，等等。很多人可能会对这样的小事不以为然。的确，你不去做，别人没有理由指责你。可是，只要你做了，身边一定会有注意到的人，而这有时会带来意想不到的收获。

在我来美国的第一年，有一次在超市收银台，见到了一个行色匆匆的中年男子，他的购物车堆满了生活用品，旁边还放着一块熨衣板。熨衣板因为太长，架在收银台上。中年男子可能在想其他事情，付钱时，没有在意买的熨衣板。出于习惯，我友善地提醒了他。他笑呵呵地点头感谢了我。可有意思的是，付完钱后，他再次忘记自己买了熨衣板，直接推车离开了。看着他离去，我有点为他着急。于是，我扛着他的熨衣板，追了出去。他听到我的呼唤，这才意识过来，恍然大悟地拍着脑袋，不好意思地再次谢谢我。原来，他是麻省理工学院经济系的一名教授，在购物时，正在想自己学术领域的问题，忘记了买的东西。教授告诉我，他很少遇到像我这么好心的陌生人，说一定要留下我的联系方式。这次机缘巧合，让我和这位教授成了好朋友，读博期间，我常去他家做客，也由此认识了更多不同领域和行业的专家。

从这件事情来看，生活中充满了机遇。只要我们比其他人多留个心，比他人多付出一点点，生活便会给我们意想不到的回馈。在我求学路上，很多企业家、知名教授和投资大咖，都是在类似的机缘巧合下认识的。由此，我更珍视这个小习惯对我生活的帮助。

倘若思考以上三个习惯背后的关联，不难发现，在我成长时，好的习惯让我在恰当的时机抓住了恰当的机会，使我即便在开局落后的情况下，也能快速找到方法，迎头赶上那些提前起跑的人。

## 核心习惯、辅助习惯和迷你习惯

那么，在人的成长过程中，哪些习惯重要，值得父母花时间帮孩子培养呢？这里，我先将人的习惯做一个分类，以便了解不同习惯的培养过程。

● **第一类习惯，我们可以定义为人的核心习惯。**

"今日事今日毕"可以算是一个核心习惯。

核心习惯是一个人生活中最重要的习惯，能让个人在多个领域中提升能力、取得进步。这是最难培养的习惯，也是父母在教育过程中最需要花时间帮孩子养成的习惯。

在我小时候，父母通过规划我的日常学习、娱乐时间，教我如何划分学业和生活中的任务等级，帮助我锻炼出在规定时间内完成规定任务的能力。这个核心习惯，影响了我的时间观念和办事效率，也锻炼了我处理多线程任务的能力。

● **第二类习惯，我们可以定义为人的辅助习惯。**

辅助习惯的作用是帮助完成核心习惯，没有它们，我们的能力、才华，不一定能得到最大限度的展示。就像我和人说话时，开口之前，先停顿十到十五秒。这个小习惯不一定能像核心习惯，左右我的人生，但在关键时刻，它能帮我有条理地呈现我的想法，极大地展示我的能力。

● **第三个习惯，我把它定义为人的迷你习惯。**

这些习惯很琐碎，看似不重要，但在不经意间，会给我们带来意想不到的收获。我们并不一定需要这些迷你习惯，但因为人生成长的过程中，机会有时可遇不可求，保留这些迷你习惯，我们更容易被命运女神青睐。

核心习惯、辅助习惯和迷你习惯相辅相成，积极地影响着我们的生活。在家庭教育里，父母倘若能有效区分，并有的放矢地培养孩子这三类习惯，孩子的成长一定会大受裨益。

可是，在帮助孩子养成习惯时，哪类好习惯需要养成，哪些坏习惯需要摒弃？怎么做，才能让这些好习惯成为孩子生活的一部分呢？

## 习惯养成的具体方法

一个习惯的养成一般遵循这三步：

日常行为→坚持某类日常行为，习得思维方式→思维方式套用到不同场景，形成做事习惯。

要想孩子的习惯最优，需要先改变孩子的日常行为。孩子通过重复一系列日常小事，从改变行为到逐渐养成好的习惯。这些日常小事涵盖生活的方方面面，孩子从多方面训练中改变行为并建立新习惯。比方说，如下是我常做的一些小事：

（1）起床后，将一天的任务列个清单；

（2）在一天内回复短信、微信和邮件；

（3）总是明确告知他人自己将做什么及日程安排；

（4）开会和约会提前五分钟到；

（5）睡前读半个小时书；

（6）半夜醒来不看手机；

（7）将生活琐事，如洗衣服、洗刷碗筷在最短时间内做完；

（8）一经介绍，就记住对方的名字；

（9）与人交谈时，保持良好的眼神接触；

（10）至少把每月收入的十分之一用于适合自己的某种投资；

（11）定期给家人或朋友打电话；

（12）在学校吃午饭时不一个人单独吃；

（13）定期健身；

（14）保证每天的饮食健康；

（15）少刷朋友圈，少看网剧；

（16）定期用日记记录生活点滴。

我的这些小习惯，有的是父母有意培养的，有的是自我归纳总结的。某种程度上，它们也是一种习惯，只不过这些习惯比较初级。

初级的行为习惯能规范我们的日常，久而久之，我们会因为坚持这些习惯而养成一定的思维方式。譬如，如果孩子能坚持开会提前到，短信定期回复，他便会逐渐变得替他人着想。孩子在学校吃午饭时多与人交流，聚会时，一经介绍，便记住他人名字，孩子会在生活中变得更加注重社交。又或者，孩子愿意将生活琐事快速做完，他会养成更好的时间观念。由此，孩子的日常行为会得到升级，他们会在潜意识里试图将某几种行为归类，并强化这类动作，这是优质思维方式的训练过程。

进入该阶段后，孩子便可以通过初级日常行为习惯延伸得到好的思维方式。同样，我罗列我在通过日常行为的提炼后，习惯用到的一些思维方式：

（1）多站在他人的角度想问题；

（2）鼓励自己每天学个新知识；

（3）做事有明确的优先等级；

（4）多为问题想个解决方案；

（5）永远信守承诺；

（6）带着问题去听他人讲话，带着问题进行阅读；

（7）说服他人时，多用实例论证；

（8）没有自我调查前，不轻易下结论；

（9）遇到想不通的问题，多征求他人意见；

（10）自己不擅长的工作，不轻易给人承诺。

可以看到，这些思维方式是比日常行为更高阶的思考习惯，它们直接影响了我们的日常行为。

如果父母能有意识地帮助孩子提炼出类似的行为准则，并给他们的日常行为习惯罗列清单，将这些清单划分到不同的行为准则里，孩子会逐渐地养成更高阶的底层思维模式。

人的思维模式一旦定型，会形成一定的思维准则，人们会在不同的生活场景中，用这些思维准则解决未知的生活问题。最后的生活准则成为个人的人生习惯，是最高阶的习惯，一旦养成，它们会长时间贯穿人们的生活，甚至在人们的潜意识中，影响人们的生活决策。

举个例子，我的人生习惯之一，是多从身边发掘机会。这属于人生原则，投射到生活里，会让我有如下的思考习惯：我会多聆听他人讲话，多站在他人的角度想问题，积极主动地承担任务与责任，等等。再往前推一级，这些思维习惯投射到生活日常，会让我习惯在讲话之前，停顿十到十五秒，在小事情上愿意比别人多付出一点点。结合上半部分的几个例子，你会理解，我为什么会在座谈会上，超市购物时，发掘到对我生活有帮助的机会。

同样，我也列举几个重要的人生习惯：

(1) 永远保持一颗好奇心；

(2) 多从身边发掘常人看不到的机会；

(3) 避免三分钟热度；

(4) 做事情要么不做，一旦开始，便做到最好；

(5) 多尝试学习舒适区以外的知识；

(6) 保持乐观积极的心态；

(7) 学的时候拼命学，玩的时候拼命玩。

通过这样的梳理，我想大家都该非常清楚习惯形成的三个阶段。帮助孩子养成优质习惯的过程，便是辅助完善和优化孩子的日常行为，梳理总结日常行为背后的思维习惯，再将这些思维习惯升级转换为孩子的人生习惯。美国投资教父，投资界的乔布斯 Ray Dalio（瑞·达利欧）在他的畅销书《原则》中提到，如果我们能坚持改变我们的两个习惯，不出一个月，我们会转变为一个完全不同的人。相信通过此，我们亦能为孩子培养出最佳的生活习惯。

# 04

## 兴趣是学习的起点，
## 从"有趣"到"志趣"

### 美国学生的中文学习

我在哈佛读博时，曾兼职担任哈佛本科生宿舍辅导员。哈佛学生入学第一年集中住在校园中心的哈佛园，到了大二，会被分配到离教学中心较远的十二个独立宿舍单元。我在的宿舍是 Lowell House（洛厄尔宿舍），一栋以哈佛校长 A. Lawrence Lowell（劳伦斯·洛厄尔）命名的欧式红砖建筑。

哈佛为了帮助学生更快地适应学习生活，每栋宿舍皆配备了将近三十名辅导员。这些辅导员包括哈佛大学的教授、博士后、博士研究生和硕士研究生，每个人都负责辅导学生学习和生活的某方面，我的任务是帮助学生解决生物学和中文方面的学习问题。

每周四，洛厄尔宿舍的食堂会设定一个答疑台，学习上碰到问题的学生会陆续过来和辅导员交流。有一天，在我的答疑台前出现了一个陌生的学生。

他叫 Tre（特雷），不是洛厄尔宿舍的学生，按理不应该出现在我们的答疑台。可特雷解释说，他的宿舍离教学楼比较远，为了节省时间，他更愿意来我们这找辅导员交流。

特雷学的是非洲文学，兼修美国历史，可他来咨询中文学习问题。第一次见面，特雷告诉我，他才开始学中文，希望能找一个中国人和他多聊聊天。他的中文磕磕绊绊，一句话里总要带几个英文单词，才能把话讲清楚。看着眼前这位美国学生如此好学，我欣然答应了他的请求，每周四和他练习半小时的中文口语。

一两个月后，特雷的中文提高了不少，他能用简单的词汇表述他的想法了。我好奇地问他，他的中文老师是怎么教的。

"我没有中文老师，"特雷告诉我，"我是自学的。"

"自学？"

"对啊，在网上看视频。"

我十分惊讶，细问下去，才发现特雷是个动漫迷。有一天，他在网上发现了中文配音的《七龙珠》，很是着迷，便决定开始学中文。中文的发音、词汇，他都是从网上中文视频里学的。

我不得不感叹于特雷的学习动力，可我心底里总觉得，他的语言学习缺乏系统的方法，中文难学，特雷不一定能学得长远。

我的想法很快便被证明是错的了。接下来几个月里，特雷凭着自己的热情，从书店买了很多中文参考书。只要有空，特雷就会花时间自学词汇、语法。每周四，我都能从和他的交流中，觉察出他的进步。

一年后，特雷告诉我，他能看一些中国的网络综艺节目了。他想了解最真切的中国生活，书里的描绘对他来说太抽象了，远不如看综艺节目来得直接。

"没准以后我还有机会去中国呢，"特雷告诉我说，"如果不了解中国人关心什么，怎么能行呢?"

我被特雷的学习热情给深深打动了。我从未见过一个学生，会用如此大的精力，去做和自己专业无关的事情。哈佛学生的课业很忙，像特雷所学的文学与历史专业，阅读量更是巨大，我很难想象特雷是如何挤出时间来学习中文的。可凭着兴趣，特雷坚持下来，并做到了。

两年后，特雷从哈佛毕业，并申请到了全额奖学金，到北京大学留学，主攻中美文学。最后一次在北京见到特雷，他的中文已经流利得让我听不出任何口音了，他告诉我说，实在没有想到，因为对中文感兴趣，他的职业选择也发生了改变。

很多家长在孩子求学时，经常头疼孩子学习没有兴趣，学什么都提不起热情。从心理学的角度来说，这是容易理解的。人类的大脑某种程度上不是用来思考的，太过复杂的思维活动容易让大脑产生疲怠感，这使得大脑倾向于选择不费力的思维模式。

可大脑的另一个神奇之处在于，解决问题的过程会让大脑产生奇妙的愉悦感——从生物学角度来说，是产生了愉悦信号分子多巴胺。如果大脑做出选择，尝试那些稍微复杂的思维活动，当这个思维活动完成后，大脑所获得的愉悦感甚至比进行那些简单思维活动时还要强烈。这也是为什么那些经历了复杂思维训练的人，常会觉得简单的问题太过无聊，他们甚至会主动寻找挑战，来获得他们渴求的满足感。

兴趣的培养，在某种意义上，是让大脑学会在面对简单和复杂两种思维活动时，首要选择复杂思维活动。学习新课程，培养特长爱好，首先要让大脑觉察出这些思维活动是有趣的，且能被驾驭。大脑有了充分的驾驭权，面对抉择时才不会选择避免思考，用一种积极的认识情绪面对未知的信息。

## 从"有趣"到"兴趣"，最终到"志趣"

**学习兴趣的养成有一个发生、发展的过程，从"有趣"，产生"兴趣"，才能导致"志趣"的发展。**我认为完成这个过程有四个必要的环节：一、提兴趣，让人感觉有趣；二、身临其境，理解为什么有趣；三、亲力亲为，积极参与；四、获得该有的心理奖励。很多家长忧心孩子的学习兴趣问题，但不知道如何培养。下面，我将用例子阐释如何引导孩子走过这四个必要环节，培养学习兴趣。

● **环节之一，帮助孩子提兴趣，让他们觉得要做的事情是有趣的。**

很多情况下，我们的教育都是填鸭式地给孩子灌输知识。

我们很少思考这样的教育方式是否合理，所教的知识是否真的有趣。

**要让孩子愿意学，首先得告诉孩子所学的东西是有趣的。**就像故事里的特雷，他开始学中文，是因为喜欢看中文动漫。看动漫有意思，特雷便觉得这件事情值得做。同样，我们在给孩子教学时，也要学会选择让他们感兴趣的话题和知识点。

举个例子，心理学作为一门学科，涉及许多复杂的理论知识，包括基础脑科学理论，也涉及很多社会学知识。很多人一碰到类似学科，便会头大。可如果换一个教学方式，让孩子了解到这门学科有意思，他们就会乐意学了。

麻省理工学院斯隆商学院教经济行为学的教授，Dan Ariely（丹·艾瑞利），曾在他的畅销书《怪诞行为学》中举过这样一个心理学案例：

艾瑞利教授在上网时，曾收到了美国著名经济期刊《经济学人》的订阅邮件。邮件里写了这样一个订阅价目表：

（1）电子版《经济学人》：59 美元/年

（2）纸质版《经济学人》：125 美元/年

（3）电子版和纸质版《经济学人》：125 美元/年

看到这三个价目表时，艾瑞利教授以为自己眼花了，第二个和第三个选项的标价怎么是一样的呢？任何智商正常的人，都会知道第三个比第二个选项更划得来，为什么还要列出第二个选项呢？

可艾瑞利教授转念又想，《经济学人》以严谨著称，不应该会犯这么低级的营销错误。如果他们没有错，那为什么会出现两个相同的定价呢？

艾瑞利教授将这个事例带到课堂，让100个学生来做选择：假设他们订这份杂志，会选择哪个选项呢？他的调查结果如下：

选项（1）：16个学生；选项（2）：0个学生；选项（3）：84个学生

答案揭晓的那一刻，艾瑞利教授明白了《经济学人》的狡猾用意：之所以设立第二个定价标准，《经济学人》并不是想引导读者去选它，而在于引导读者去选择第三项。作为消费者，我们不知道这份杂志的纸质版和电子版究竟值多少钱。不知道值多少钱，思维便没有所谓的锚定标准。于是《经济学人》聪明地给读者设定了一个锚定点：明码标出纸质版的价格。读者一对比，便会发现选第三项比第二项更实惠。基于贪小便宜的心理，读者便会容易倾向选择第三项，甚至忽视第一项的存在。最终，《经济学人》便达到了赚更多钱的目的。

这个例子，背后包含了心理学、社会学、经济学等不同学科的知识。当孩子接触这样一个实例时，他们会对心理学有一个更立体的认识，会知道这个学科不只有枯燥的理论，于是，孩子想要了解这个学科的兴趣会立马被提起来。

当我们试图培养起孩子学习兴趣时，不妨学习艾瑞利教授的方法，用生活中的例子打开孩子的好奇心。譬如说，为什么我们常在商店里看到产品定价是99.99元，而不是100元？为什么红绿灯上的红灯会被用来指示停，绿灯指示走？为什么天空飞过的飞机，有时会留下一条尾迹云，而有时不会？从身边的小事入手，改变教育的方式，让教学手段多元化，让孩子觉得所学的知识有意思，他们才会产生学习的兴趣。

● **环节之二，在于让孩子在学习时身临其境，具体地感受并理解所学的知识为什么有趣。**

理解任何概念都是要场景的，没有上下文的学习，会架空一个人的思维，让人不知所云。

学习和理解古诗词的时候，很多孩子可能不理解为什么有些词句用得好，为什么有些诗词，对意境的刻画生动。孟浩然的《春晓》，诗曰："春眠不觉晓，处处闻啼鸟；夜来风雨声，花落知多少。"很多孩子在学习时，难以理解这首诗恬淡自然、清新隽永的意境。我也有过同样的疑惑，直到有一天，雨后清晨，我看到家后院盛开的桃树，花瓣被细雨打落，纷纷飘散在空中，一瞬间，我被无以言说的美给打动了。那一刻，对春天的感知，我觉得没有一句话比"夜来风雨声，花落知多少"表达得更好。

**我们的知识源于生活，也是对生活的提炼。**数学、物理、社会学、历史学、语言学，无一不是对人类社会和自然界某种现象，或某类现象的总结归纳。要理解和学习这些概念，还需回归到生活中，身临其境地体会到这个知识点究竟如何反映我们的生活。

再以学习历史为例，很多教学方式都是单纯地罗列历史事件。孩子无法理解这件历史事件发生的背景、前提，以及古人在当时的历史背景下为什么会做那样的决定。许多孩子学完就忘，也不理解学习历史的意义。假设我们能把教历史的思路改一改，让孩子成为历史的演绎者，"穿越"回去，身临其境地理解特定历史事件里不同人是如何做的决定，同时假设如果没有做这样的决定，历史又会变成什么样子。孩子一定可以更深刻地理解这些知识点。

总之，父母要引导孩子在学习过程中学会设身处地，站在当事人的角度，推演事件背后的逻辑，更有效地掌握该学科的知识。

### ● 环节之三，在于变被动学习为主动学习，鼓励孩子亲力亲为，积极参与。

孩子觉得学习有意思，乐意深入地学，关键的一步在于主动学习。被动式的学习不能充分调动大脑的积极性，久而久之，大脑只会变成接收信息的机器，不会做更高层次的思考。

许多孩子学习时，会遇到这样的情况：一道复杂的物理或数学题，老师在上面讲了很多遍，自己就是理解不了。可是，如果有同学来问，这道题是怎么回事，自己在试着讲解的过程中，很快就能把出题的用意、解题的思路都想明白了。

之所有这样的区别，原因在于听老师讲课时，我们的大脑在习惯性地接收知识，很难分心去想其他的事情。可在讲解知识时，大脑不仅要学会调用原先所掌握的知识，同时要进行归纳、总结和分析，然后选择合适的表达方式和表达内容。主动的讲解过程调用了大脑高阶思维能力，让人在讲解完后，获得成就感。因为这种成就感，孩子学起来，会觉得更有意思，也才会学得深刻。

主动学习的过程，在自然科学类学科中特别重要。譬如生物学，在课堂上，无论老师讲解多少次细胞分裂的原理示意图、马达蛋白的作用机理，都不如在实验课堂里，将活的细胞放在显微镜下，让学生自己观察细胞如何分裂，马达蛋白如何牵着它的"货物"进行"运输"来得深刻。

在培养孩子学习兴趣时，家长可以试着创造机会，让孩子主动分享自己所学，让他们通过观察、动手，灵活地运用所学知识。

## ● 培养孩子学习兴趣的最后一个环节，在于让孩子获得该有的心理奖励。

没有奖励的学习过程是缺乏吸引力的，很多孩子厌学，原因之一便在于他们没有在学习时得到所期待的成就感。

当然，我指的奖励并不是物质上的奖励。不少家长为了鼓励孩子学习，常会给出一些物质上的奖励。譬如，孩子考试名次提前了，家长便会给孩子奖励一定的现金；或者完成布置的学习任务了，便给孩子买他们想要的玩具。在培养孩子的学习兴趣上，给予物质奖励是本末倒置的。孩子非但不能真正培养起对学习的兴趣，有时，他们甚至会拿这些物质条件为要挟，要求父母答应自己的条件，才肯学习。

**真正有意义的奖励是精神上的，让孩子意识到他们学好这些东西后，能够影响到他人或者自己，才能让一个孩子好学、乐学。**

小时候，我特别喜欢在母亲面前朗读课文。我之所以乐于做这件事情，是因为我知道母亲幼时没有机会学习，而她又爱学。在她面前朗读课文，不仅帮我复习了当天所学，更重要的是我觉得我帮着母亲也在学习。这对小孩子来说，是特别有成就感的，因为我会明晰地体会到，自己的所学是有意义的，它能帮助到身边最亲的人。因此，不论学科有多难，我都不会畏惧去学习。

在哈佛，有一门非常受本科生欢迎的计算机基础课，选课学生的三分之一从未接触过任何计算机理论和编程知识，但这不妨碍大家学习的兴趣。因为授课老师不仅深入浅出地讲解编程理论，更重要的是这位老师懂得引导学生们将所学知识应用到生活中，让他们了解所学知识在生活的每个角落都有用武之地。譬如说，这门课会布置贴近生活的课堂作业，帮助学校设计好的选课网站，或追踪校车何时到站的应用软件。学生们设计出最好的程序，学校会直接采用。到如今，这些软件已经被一届又一届的哈佛学生优化了，而所有上完课的学生，也为能做成这件事情而感到自豪。

由此可见，**引导我们的孩子体悟知识的力量，教会他们用**

**知识去影响他人或者自己，是多么重要**。孩子有了学习的兴趣和主动性，他们不会再纠结于到底学不学，相反，他们会驱动自己努力去学习。

# 05

## 自信是成长的底色：
## 教孩子走出舒适区

### 初中物理课与麻省理工

初中物理课上，有一个实验，是利用铁粉显示磁感线。

用一张白纸铺在一块磁铁上，然后，往白纸上撒细小的铁粉。受磁场的影响，撒在磁铁周围的铁粉会被磁化。如果轻轻敲击白纸，铁粉会沿着磁感线排列起来。

第一次接触这个实验时，我被磁场多变的形态给吸引了。不同形状的磁铁，南北两极磁感线分布不同，铁粉也会在指尖的敲击下呈现出完全不同的形状。

然而，这个实验有个麻烦之处，那就是很耗时间。要绘制一个新磁铁的磁感线，需要重新收集细密的铁粉末，一点点撒上白纸，并花很长时间敲击，才能使得铁粉呈现出磁感线分布。

初中课业重，我不想花太多时间重复这个过程，该怎么办呢？

我突然想到，如果铁粉分布在一个密闭的流动空间，受磁场影响，铁粉不就能在短时间内自动按磁感线排列了吗？我试着将铁粉装入一个透明水袋，密封好，重新做起了实验。果真，只要在水袋旁放上磁铁，几秒钟内，铁粉便会按磁感线的分布排列好。

　　这个发现让我很激动，我想，如果物理老师能用这个方法来教磁感线，岂不是更省时间？同时，利用流体，还可以搭建更复杂的磁铁模型，并用这个方法来研究其磁场分布。

　　可是，我的物理老师在学校以严厉闻名，学生要是不按他的方法来学，常会被批评，那些特别不听话的，甚至会被骂。因此，少有学生敢向老师提问。

　　"我该不该和老师说一说我的想法呢？"我问父母。

　　"你的老师虽是严厉，但毕竟还是讲道理的人。"父亲告诉我说，"要是你这个想法真可行，为什么不和老师说一说呢？"

　　"可学校里很少有同学会给老师提意见，我这么做，等于说老师之前的实验方法不够好，这会不会让老师觉得难堪？"我因上学比同班同学早两年，在学校很是胆小，也不愿意出风头。通常是老师说什么，我便做什么。

　　"难堪了又怎样？老师会把你吃掉？"父亲笑道，"伢子，学知识讲究的是探索讨论，要是你连和老师讨论的勇气都没有，何来学好知识呢？"

　　在父亲的鼓励下，第二天，我小心翼翼地将我的实验思路告诉了物理老师，也展示了如何用水袋快速绘制磁感线。没想到，老师非但没有批评我，反而告诉我说，我这个想法很好，他愿意在以后的实验课上推行。

"方法既然是你想出来的，要不你在下一堂物理课上，和同学们分享一下？"老师提着我自制的水袋，笑眯眯地问道。

我全然没有料到老师的回复，感到又惊又喜。那个在所有同学口中不苟言笑的老师，在那一刻，竟是那么可敬可爱。站在讲台前，我晃动着水袋里的铁粉，然后将磁铁贴近。磁铁贴上水袋的一刻，铁粉在水袋里翩翩起舞。我看到台下同学惊讶而又称赞的目光。

二十年后，在麻省理工学院博士后实验室里，我开启了纳米材料在癌症早期检测中的研究。有磁性的纳米材料在磁场作用下，能自发产热，这会使得吞噬了磁性纳米材料的细胞因受热而死亡。这不失为一个潜在的癌症疗法。想到纳米材料的特性，我突然回想起了当年利用液体显示磁感线的实验，于是，就像当年向初中物理老师提议一般，我向身为美国科学院、工程院、医学院院士的导师提起了磁控纳米材料进入癌细胞的实验。虽说我担心这个想法太过简单，但我觉得，如果不向导师提出并求证，怎知这个想法不行？没想到，听完我的讲述，导师两眼放光，称赞这个想法实属巧妙，也鼓励我放手去做。由此，我和纳米材料结缘，并在日后开发了多种检测癌症的方法。

这两件事情，看似并无多少关联，但却常会让我想起，是我在成长过程中为了突破自我所做的尝试。我原本不是一个自信的孩子，加上家境贫穷，童年、少年阶段也常会感到自卑，总觉得自己不如他人。然而，成长路上，受父母的鼓励，我常会做一些舒适区外的事情，比如提议改良老师的教学方法，在课堂上替代老师教学。

随着自我边界的突破，我逐渐发现，自己有能力做好一些其他人无法做的事情，甚至也常能另辟蹊径想出好点子。这些事情经历多了，我对自己的能力认知更全面了，自卑感便逐渐消失，取而代之的是由内而外的自信。**我相信，我能通过自己的努力，想他人所不能想，做他人所不能做。**

我们每个人对生活都有一定的期待。小时候，很多人有过远大的理想，当科学家、律师、企业家等，想成为改变世界的那个人。可随着年龄增长，很多人的理想慢慢变成了空谈。高中时，很多人只求考个不错的大学；好不容易考上大学，很多人只希望找个靠谱的工作；找到了工作，只求工作稳定，然后组建家庭，安安稳稳地过日子。人的成长是一个与生活和解的过程，人年龄越大，激情和理想越容易被生活消磨殆尽。曾经的踌躇满志，到如今，不过是年少时一个美丽的梦。

为什么有的人能突破自我，在不同人生阶段实现突围，而有的人却从意气风发到被岁月打磨成泯然于众人呢？回顾我的成长历程，我最大的体会是要想突围，人一定要学会打破自我设定的框架，尝试去做自己不敢不愿做的事情。只有突破舒适区，才能成就不一样的人生。

## 突破自我边界：舒适区、学习区和恐慌区

作为父母，很多人想帮孩子提升自信，可究竟怎么做，才能帮孩子实现自我突破呢？在我看来，要想助力孩子的成长蜕变，父母需要在如下几步使对力气：

(1) 帮孩子梳理现状，认清舒适区；

(2) 教孩子屏蔽刻板印象和不当标签，为未来创造更多的可能性；

(3) 杜绝横向比较，引导建立属于孩子自己的评判标准；

(4) 有"进化迭代"的观念，在生活中带孩子历练突围。

● **第一，我们来看如何帮助孩子梳理现状，认清舒适区。**

生活里，不少父母会碰到这样的场景：

孩子害怕在班上发言，每次回答老师问题，都讲得磕磕巴巴；

孩子有社交恐惧症，不愿和人多聊天，每次家庭聚会，孩子都怕见生人，更愿意躲在自己的房间里；

孩子看的书，浏览的新闻，都局限在很窄的领域，尽管父母劝说这不好，可孩子没有耐心去读那些不太了解的行业知识。

…………

这一系列场景反映的问题是孩子的思维过度倾向在舒适区

运作，因为一旦转换新环境，大脑需要一个重新调整和适应的过程，这使得他们的思维产生惰性，不愿做出改变。

密歇根大学教授 Noel Tichy（诺埃尔·蒂奇）曾将学习知识的状态分为三个区间：舒适区、学习区和恐慌区。

"舒适区"是学习难度低的知识或习以为常的事务，孩子处于舒适心理状态；"学习区"，对孩子来说有一定挑战，因而感到不适，但是不至于太难受。最外面一圈是"恐慌区"，是超出孩子能力范围太多的事物或知识，会让孩子心理产生严重不适，可能导致他们崩溃以致放弃学习。对于一个人来说，最理想的状态是处于"学习区"，学习具有适当挑战性的东西。一段时间后，"学习区"会慢慢变为"舒适区"，"舒适区"越变越大，而一部分的"恐慌区"也会相应变成"学习区"。

为什么这么说呢？这和大脑的运作模式有关。在舒适区内，大脑接触的都是熟悉的知识，没有得到任何新刺激或压力，神经细胞无法形成新的通路，孩子的技能与知识便不会有新提高。进入"学习区"后，孩子会进入一个相对焦虑的状态，即压力略高于普通水平的空间。这个时候，大脑神经元活动会明显活跃，人进入急速探索阶段，并试图在新环境中找到新的平衡，这是最优学习状态，成就感也会最佳。

父母在教育孩子的过程中，需要弄明白孩子的"舒适区""学习区""恐慌区"分别是什么。转化为具体的问题，可以是孩子最喜欢什么科目？孩子喜欢怎样的课外书？孩子喜欢动手操作吗？孩子是否喜欢在很多人面前说话？孩子敢于提问吗？

等等。只有了解清楚孩子的学习水平和程度，当孩子遇到新问题时，父母才能快速地对症下药，给出最佳建议。同时，父母对孩子能力会有更清晰的认知，也更容易为孩子制定合理的突破目标。

以我个人为例，我在哈佛读博期间，曾花五年写了本关于乡村的散文集。我是理科生，人文艺术类学科并不在行。博士期间，一次偶然的机会，我听了世界著名历史学家尼尔·弗格森教授关于经济全球化的一场报告，报告里，弗格森教授特别提到了近年来中国经济的崛起。他援引了很多国家政府层面的大数据。我注意到，教授似乎对中国社会底层的变化并不清楚。这个发现触动了我，报告结束后，我主动去找教授，谈到了我在农村所看到的中国这些年来突飞猛进的变化。

弗格森教授对我的很多观察特别感兴趣。他告诉我说，我的很多经历和见解值得记录下来，他说，如果我愿意写一本书，他会全力支持。

对于一个学生物的理科生来说，自然科学是我的"舒适区"，人文学科是我的"学习区"，而"写人文社科书籍"是我的"恐慌区"，也是我想都不敢想的。听到教授的建议，我很激动，可又担心自己做不下来。

我询问父母的意见。"能被这么有名的教授指导写书，这可是很多人求之不得的机会，如果不试试，你怎么知道自己不行呢？"父母告诉我，"再说了，要是错过了，你自己日后也会后悔。"

父母很清楚我在舒适区以及恐慌区的心理状态，他们极力劝我试试再说。这种说干就干的勇气，在接下来的五年里，一直支持着我打磨自己的第一本书稿。2017年，我的书在国内出版，我成了生物医学专业里少有的出版非虚构散文集的人。

● **第二，父母要帮孩子屏蔽刻板印象和不当标签，为孩子的未来创造更多的可能性。**

人是社会性动物，很难有人能完全不顾他人的评价。但我们应该引导孩子思考：他人的评价是否客观？否则，标签化的认知会限制孩子的成长潜力。

在我们身边，不少人一定听到过类似的一些评论：

男孩子学数理化更合适，女生更适合学文科；女孩子干活更细致，更适合做文秘类工作——这是给人贴的不当的性别标签。

在现在这个社会什么都看学历，工作面试初选211、985名校毕业生；孩子教育是拼爹的技术活，想要上名校，家里要是没有矿还是放弃吧——这是不当的社会标签。

孩子最好是找体制内工作，不仅稳定，而且工作时长也合适；孩子选择金融专业是最棒的，毕竟和钱打交道最近嘛，哪能赚不到钱呢——这是明显的职业标签。

人们或多或少会被标签化的言论影响，甚至，有的父母在给孩子的人生做抉择建议时，也依照这些论断来做判断。可是，父母们有没有想过，这些观点真的适用于自己的孩子吗？

在我成长过程中，有件事情对我影响极大，它让我充分意识到，生活可以有无限的可能性。它便是：出国留学。

我的家境普通，出国留学乍一听像是个遥远的梦。大三时，我曾和父母交流过毕业后的打算。像农村多数父母一般，他们的刻板印象是大学毕业后应该赶紧找工作，一来可以让我实现经济上的自立，二来也可以挣钱贴补家用。

可我所学的生物学专业就业机会并不多，很多工作岗位也有硕士、博士学位的硬性要求。我担心，倘若大学毕业后不深造，我就业选择的可能性很少，未来职业发展也会受限制。

"你的人生得由自己把握。"父母语重心长地对我说，"虽说爸妈希望你能早点挣钱，可你毕竟不是为爸妈过日子，这些人生的重大抉择，还是得由你自己说了算。"

这一次，我的父母选择了放手。我能想象，日后邻里间闲聊，会有多少人笑话他们读了大学的儿子不能给家里挣钱——这是事实，然而，他们并不在意。

有了父母支持，我心头的重担卸掉了一大半。我开始了博士项目的申请。在国外，博士项目只要申请者优秀，学校会提供全额学费和生活费。这机会对我实在太难得了，它不仅满足了我深造的愿望，也算半个工作，能缓解家里的经济负担。我打定主意，准备出国留学读博。

申请出国留学是个漫长的过程，英语、实习经历、综合素养的培养都至关重要，我不仅需要花长时间备战，同时也要做必要的培训、提交申请费。虽说家里经济吃紧，但我的父母勒紧了裤腰带，仍然全力支持我的决定。

有无数次，我都怀疑自己的选择是否正确。我选择留学，放弃了国内保研或找工作的机会，这相当于给自己断了退路，万一失败了，该怎么办呢？我该如何面对父母呢？我的父母给我做了坚强的后盾，他们一再告诉我，人生有时就是一个赌的过程，下注了便不要后悔。不论结果如何，他们都能坦然接受。

在父母的支持下，我咬牙坚持了下来。到最后，我成功申请到哈佛大学攻读博士学位，这是我从未想到的，我的人生也由此发生了彻底的改变。由此可见，父母在给孩子规划人生时，屏蔽刻板印象是多么重要。

● **第三，父母在帮助孩子自我突围时，需要杜绝横向比较，并引导孩子建立属于自己的评判标准。**

人生突围说到底是一个人成长的过程，而成长免不了有比较。

很多人习惯进行横向的比较：在学校，我们喜欢比较自家孩子与其他孩子的成绩；孩子找工作，我们喜欢比较孩子的工资、职位、头衔；孩子有了家庭，父母有时也会比较房子的价格。生活总陷在一个无休止的怪圈中，生活原本的意义被忽视了。

然而，每个人的起点是不一样的，家庭环境也不同。横向比较容易使父母在教育孩子的过程中产生焦虑。父母的焦虑投射到孩子身上，无形中会影响孩子的成长。

在我的成长中，父母有一个不错的习惯，他们会尽量规避与其他家庭进行比较。他们明白，横向比较是没有多少意义的，因为有的孩子天生就出生在优越的家境中，父母教育水平也高，更懂得培养孩子。要是我的父母以同样的标准来要求自己和孩子，大家都会因为看到与其他家庭的巨大差距而产生自卑感，同时也可能丧失斗志。

与之相反，他们更愿意引导我们和自己的昨天比，和自己的过去比。比方说，城里的孩子小学时已经开始学习英语了，而我直到初中，英语还学得磕磕巴巴。父母并不介意我和城里孩子的差距，相反，他们希望我每天都能有进步：每天记的单词至少要比前一天多几个，学会的短语在日常中要比之前多用几回。一点一滴积累，时间到了，我总会有所提升。

拒绝横向比较的原则贯穿了我人生突围赛的每一个阶段。事实上，在我走出农村，进入城市，后来再到美国的每一个阶段，看到那些比我条件更好、资质更优的同龄人，我最开始确实都会有自卑感。可觉察出自卑感后，我会告诉自己，这样的对比是不公平的，因为我们的起点不同，在同一个环境下，我唯一能做的，便是补齐自己的不足，让自己变得更加优秀。于是，我会更在意自己每天的小进步，我会为我每天多学会了几个英文单词，多了解到了一个不懂的新知识而开心。慢慢地，我和其他人的差距缩短了，甚至，我会超过那些我原来羡慕的同龄人。

● 最后，我们来探讨如何实现"进化迭代"，在生活中帮助孩子历练突围。

在自然界，无数生物组成生态圈，不同生物分别占据生态圈不同位置，彼此影响而又克制。这样一个生物学概念，在人类社会同样适用。每个人都有属于自己的生态圈，在这样一个人化的生态圈里，每个人根据自己的能力与资源，彼此争取相应的天地。这个想要争取的位置，便是人类社会生态圈里的"人设"。

孩子的人生突围和生态圈里的生物类似，都在走着定位、探索、出发、再定位、再探索、再出发的过程。这是所谓的"进化迭代"。

帮助孩子实现"进化迭代"的第一步，父母需要帮着孩子鉴定现阶段的进化参数。

以孩子的学习能力提升为例，如下几个问题能够帮助父母识别孩子的进化初始参数：

（1）孩子的年龄是多少？目前在什么学习阶段？

（2）三五年后，孩子所处的学习、生活阶段如何？要达到这个状态，孩子需要学习哪些科目，以及专业知识？

（3）孩子有什么好的习惯？这些习惯对于现阶段以及未来的学习，会有帮助吗？

（4）孩子目前最大的缺点是什么？如果选择两项最想改变的事情，会是什么？

（5）孩子每天学习时间多少？如果调整日常作息，每天可以多出多少学习时间？

（6）孩子同龄人目前是什么样的状态？孩子和其他人有什么不同吗？

这几个问题，目的在于系统地将孩子的现状勾勒出来。不要以为这些问题很平常，事实上，不少父母对孩子的这些问题了解并不全面。

"进化迭代"的第二步，在于边界探索。

初始参数只有被测试，才会知道它们是否对进化有用，这就像物种到了一个新环境，它必须去探索，才知道自己能否适应。

探索的过程，一般遵循初期广撒网，后期精准发力的原则。我以帮孩子寻找学习兴趣为例。比方说，有的父母想帮助孩子选专业，但孩子对多数学科并没有清晰的认知。这时，父母可以尝试给孩子做个计划表，用数周到数月的时间，引导孩子每段时间阅读一到两本行业的入门书籍，做好相关的笔记。如果孩子感兴趣的专业多，父母可以梳理不同专业，并提供合适的入门书籍清单——这是广撒网的探索期。

过了这段探索期后，孩子便不能再毫无目的地阅读和学习了。此时，父母应该引导孩子确定一个或几个具体点的方向，开始深入地钻研比较难懂的知识，看看孩子是否真的感兴趣，或者是否愿意学习。更进一步地，父母应该在深入学习的阶段，给孩子做合适的测试，通过交流、模拟考试，来判断孩子学习到了什么阶段。

在我们身边，很多父母对孩子的学习指导是盲目的，以为只要孩子多读多少本书，多学多少英文单词，能力就会得到提高。其实不然，学习的过程是需要有策略的，广撒网之后的精准发力，更能让孩子在短期内习得一些新技能。

"进化迭代"的最后一步，在于反馈。

进化论强调"适者生存"，这是自然界的反馈机制。父母是孩子最好的老师，孩子的学习突围，需要父母及时地给孩子做出反馈。

举个例子，对孩子所做的阶段性任务，父母进行如下问答尝试：

（1）孩子目前的任务是什么？要完成这个任务，孩子需要哪些要素？

（2）孩子目前掌握了哪些相关要素？哪些要素欠缺？

（3）如果孩子所做的任务能做成一门考试的话，会考哪些内容？

（4）如果孩子参加这门考试，谁是孩子的考官？哪儿是孩子的考场？考试形式如何？

（5）如果考试能提前被模拟，孩子该如何做？

反馈的形式需要可视化，才会对孩子有意义。譬如孩子想在一段时间内提高自己的沟通能力，他需要花一段时间积累沟通素材，练习自我表达，再去找人聊天，才能感受到自己的沟通能力是否得到提高。再比如，如果孩子想提高阅读能力，测试的方法只能是，一段时间内，父母评估孩子阅读的速度和对文段的理解能力是否真正有提高。在这个过程中，父母是孩子最好的测试对象，在交流中，父母完全可以创造合适的场合与环境，让孩子展示自己某阶段所学，通过正向的促进，步步为营地前进。

在本章中，我们首先讨论了提升自我的几大原则：不要给自己的人生设限，多走出舒适区，屏蔽刻板印象和不当标签，杜绝横向比较。然后，我们具体阐释了如何利用"进化迭代"，从鉴定"进化参数"，到边界探索，再到反馈，合理为人生定位。总之，利用这样"三步走"的机制，孩子会逐渐地拓宽自己的能力区间，更加自信地朝设定的目标前进。

# 06

## 让孩子与优秀的人为伍：
## 发挥榜样的力量

### "我总不能和一个女孩子一起走路上学吧？"

我上小学时，校车还未普及，村里的小孩只能步行上学。

在我们村的小学还未倒塌之前，去学校上学不是件难事。但我读一年级时，一场大雨淋垮了学校大半的教室，我们村的学生只得转学去邻村，徒步上学，便有点麻烦了。

我在的停钟村与邻近的竹山村之间，有四五里的路，其中隔着一座小山，年龄小的孩子，不敢独自穿过山头。徒步上学，孩子们多是结伴而行。

村里和我同班的同学并不多。除了邻居家一个男孩，再便是村头一个比我稍大的女孩子。出于方便，我想和邻居家的小男孩一起上学。

可是，我的父母并不同意。

"邻居家的伢子可不是个好榜样，在村里顽皮得很，"父亲郑重其事地告诉我，"你可不能和他走在一起！"

"我总不能和一个女孩子一起走路上学吧？"我抗议道，"班里同学都会笑话我的。"

"笑话又怎么了？会掉块肉吗？"父亲回道，"你又不是没见过邻居家的娃，天天只知道挖泥鳅抓螃蟹，从没把学习放在心上。倒是那个女伢子，文文静静的，你和她走在一起就合适多了。"

"要是我保证不和他玩这些东西，可以吗？"

"那也不行！你可以保证一天，一星期，但一个月，一年后呢？爸妈又不会时刻盯着你们，你很快就会染上些坏习惯的。"

父亲的意见很坚决，我拗不过他，只能听从他的建议。出于小孩子的自尊心，起先和村口的女孩上学时，我都离她远远的，生怕被村里其他人发现。可时间久了，我慢慢习惯了，也不再介意这些事情。

一如父亲所料，邻居家的孩子过于顽皮，经常旷课或在课堂上捣蛋。有一回，他逃课了一天，在邻村的水渠里抓黄鳝。老师以为他在路上出事故了，找到家长一起在村里找也没有找到。直到晚上，邻居家的孩子背着一书包黄鳝回家，大人们才松了口气。因为这件事，邻居家的孩子被父母打得嗷嗷直哭。

或许因为我和村口的女孩子一起走路上学，在大人眼里，我规矩多了。做事情文静稳重，也很细致。在学校，我比同班同学小两三岁，最开始，我的成绩处在中档。但慢慢地，我的成绩升上来了，到四五年级时，我每门考试基本都是满分。每次见到我的期末考试试卷，父母脸上都笑开了花。

"近朱者赤，近墨者黑"，聊起班里同学时，我的父母常会和我说这句话。在他们眼中，孩子是会相互影响的，优秀孩子的好习惯，会在日常交往中悄无声息地传递给身边的人，而部分孩子的一些坏习惯，一旦染上，便难改掉。要想学好，孩子的朋友圈一定要管好。孩子有了好榜样，成长之路才会顺畅。

## 错把"理想"当榜样

很多家长都听说过"与优秀的人为伍，相信榜样的力量"，可少有人知道怎么做才能为孩子树立合适的榜样，并将榜样的力量转换为孩子实实在在的内驱力。在这里，我首先指出父母在为孩子树榜样时常见的几个误区，帮大家调整培养孩子的策略。

● 第一个误区，是盲目地为孩子寻找榜样，并未考虑到这些榜样是否真能帮到孩子。

在哈佛读博时，我见过不少从国内来游学的学生团。他们多半由父母或老师陪同，在美国各大名校之间参观旅游。游学活动的初衷，是让孩子了解国外名校，树立好学习目标。游学活动也常会邀请名校教授、学生来做培训讲座，帮孩子拓宽眼界。

在这些活动里，家长的身影总显得格外活跃。每当知名教授来做讲座时，父母们便会蜂拥而至，围住演讲者，想获取对方的联系方式。有时，他们也会要求孩子和演讲者交流，试图从这些初次见面的优秀人士身上学会学习的诀窍。

我曾多次以演讲者身份参与这样的活动，越是和这些家长们交流，我便越发现，这样盲目而又短暂的社交是没有实际效果的。即使他们有机会拿到知名人士的联系方式，下一步，他们仍不知道怎么进行深入交流。

榜样之所以对孩子有用，是因为在生活中，以榜样为参考，孩子能看到更好的自己会是怎样。这便要求孩子与榜样有长时间的接触。这也解释了很多孩子即使听了很多场报告，参加了多场活动，能力仍未有显著提高的原因。因为，短时间里，孩子虽可以借此榜样为自己打气鼓励，时间一过，泄气了，孩子的生活便会恢复原状。

● 第二个误区，是榜样并未具象化。

我们有时在身边看到有父母以比尔·盖茨、埃隆·马斯克为标杆，给孩子树立人生努力的方向。

孩子的潜力是无限的，我们当然没有理由批评这些教导不切实际。父母灌输给孩子类似的榜样，但孩子可能连比尔·盖茨、埃隆·马斯克是谁都不知道，实用性有多少呢？

与之对比的另一种方法，是通过引导帮助孩子发掘榜样与目标。网上流传过一个非常温馨的视频，美国佛罗里达州一个五岁的小男孩，想当一名消防员。为了满足孩子的梦想，孩子的父母专门带他到市里消防部实习。消防员们面对着这样一个有热情的小大人，个个都非常喜爱，他们耐心地指导小男孩每个消防工具该怎么用，怎样在身处险境时自救等等。小男孩穿着消防员服和他们合影的那一幕，不知感染了多少人。

梦想是没有高下之分的，父母可以引导孩子成为影响世界的比尔·盖茨，也可以引导他们成为消防员。在大梦想和小梦想的区间里，为了让一切变得可操作，父母需要做的是设置一个看得见、具象化的榜样标杆。只有这样，孩子才能一步一个脚印地走下去，实现最终的梦想。譬如，如果你想孩子成为比尔·盖茨式的商人，那么，孩子前进的路上，除了比尔·盖茨，还需要阶段性的榜样，比如学习时的榜样、计算机编程榜样、商业运作榜样等。从身边孩子见得着的人入手，帮孩子定好每阶段需要完成的目标，同时带领孩子在每阶段进行实际演练，让孩子明白自己能力增长到哪一步了，孩子才会真的成长。人很难一步登天。如果榜样的设置太遥不可及，孩子既不知道如何来学习，也会难以坚持。与优秀的人为伍，向优秀的人学习，便都会是空谈。

● **第三个误区，是父母教孩子向榜样学习时，常要求孩子生搬硬套他人的方法。**

成功学在当下很流行，我们都想从优秀的人身上学习他们成功的诀窍，可学习时，很多人缺乏理性思考，不仔细想哪些成功学原则适用，哪些不适用。

前几年，网上盛传凌晨四点半哈佛学生仍在图书馆刻苦学习，甚至还有一本书，就叫《哈佛凌晨四点半》。这些文字放在哈佛照片旁，配上哈佛图书馆里的二十条格言，如："此刻打盹，你将做梦；而此刻学习，你将圆梦；狗一样地学，绅士一样地玩。"很多人觉得非常有道理，孩子之所以不成功，是因为没像哈佛学生那样努力学习，于是逼着孩子按这些成功学书籍里的教条来规划日常学习。

这些照片、格言，都是真的吗？并不是。它们其实都是杜撰出来的。为了辟谣，哈佛图书馆甚至特地发布了一条官方辟谣帖，提醒游客参观哈佛时，不要浪费时间找刻在墙上的格言。

教育孩子的过程中，给孩子偶尔来个鸡汤、强心剂，无伤大雅。可父母要是把鸡汤当做宝典，熬成毒鸡汤，而且天天逼着孩子喝，这就得不偿失了。

## 巧用"雷达导视图"，明确孩子的前进目标

接下来，我们讨论如何从榜样身上学习优秀品质。在这里，我先介绍一个"雷达导视图"，帮孩子分析学习的目标。

简单来说，导视图将孩子的学习任务简化为几个属性，这些属性是雷达需要探索的区域。如果孩子的某些属性有待提升，雷达覆盖区间便不完整。以下图为例，我将影响一个人成

功的几大关键属性画在了一张雷达导视图上，如颜色未覆盖的区域，代表领导力与执行力欠缺。

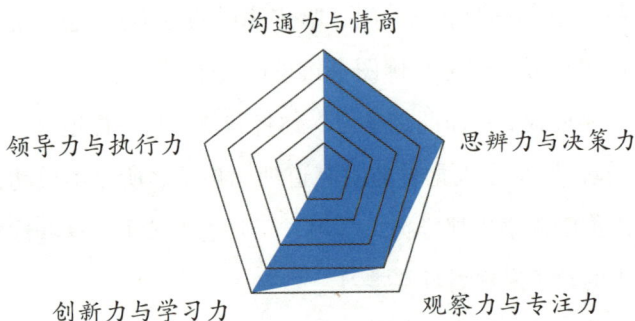

利用雷达导视图教孩子向榜样学习分为四步。

● **第一步**：将每个属性里孩子的缺点或不足，罗列出来。

我们做这步分析的目的是给孩子找出不足，好确定学习提高的方向，因此，孩子的优点在使用这个方法时可以暂且不列举出来。

譬如，在沟通力与情商一角，孩子可能会有如下的缺点：（1）讲话缺乏逻辑，话常说一半就没了；（2）说话不得要点，讲不到重心；（3）讲话时肢体语言僵硬，没有感染力；（4）不习惯和陌生人搭话；（5）聊天容易把天聊死……

在创新力与学习力一角，孩子可能会有如下的缺点：（1）习惯跟风，不愿主动想问题的解决方法；（2）学东西经常半途而废；（3）碰到有难度的问题，经常容易情绪崩溃；（4）长期记忆力很差，学的东西很容易忘记；（5）学东西的转换效率低，常做无用功……

以下，是一个示例雷达导视图。

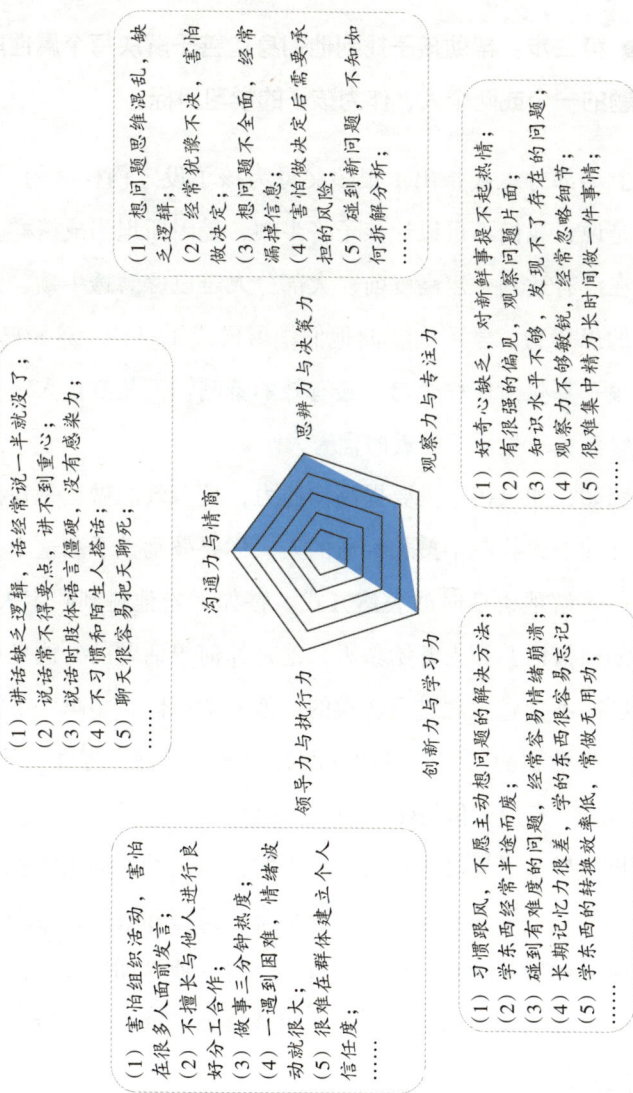

**思辨力与决策力**

(1) 想问题思维混乱，缺乏逻辑；
(2) 经常犹豫不决，害怕做决定；
(3) 想问题不全面，经常漏掉信息；
(4) 害怕做决定后需承担的风险；
(5) 碰到新问题，不知如何拆解分析；
……

**观察力与专注力**

(1) 好奇心缺乏，对新鲜事提不起热情；
(2) 有很强的偏见，观察问题片面；
(3) 知识水平不够，发现不了存在的问题；
(4) 观察力水平不够敏锐，经常忽略细节；
(5) 很难集中精力长时间做一件事情；

**沟通力与情商**

(1) 讲话缺乏逻辑，话经常说一半就没了；
(2) 说话常不得要点，讲不到重心；
(3) 说话时肢体语言僵硬，没有感染力；
(4) 不习惯和陌生人搭话；
(5) 聊天很容易把天聊死；
……

**创新力与学习力**

(1) 习惯跟风，不愿主动想问题的解决方法；
(2) 学东西经常半途而废；
(3) 碰到有难度的问题，经常容易情绪崩溃；
(4) 长期记忆力很差，学的东西很容易忘记；
(5) 学东西的转换效率低，常做无用功；
……

**领导力与执行力**

(1) 害怕组织活动，害怕在很多人面前发言；
(2) 不擅长与他人进行良好分工合作；
(3) 做事三分钟热度；
(4) 一遇到困难，情绪波动就很大；
(5) 很难在群体建立个人信任度；
……

这个梳理很重要，因为它能让孩子的每个问题都落到实地，孩子也好想问题的具体解决方案。

● **第二步：帮助孩子找到他们身边善于解决每个属性里具体问题的一个或两个人，作为孩子的学习目标。**

上半部分，我指出了很多父母为孩子设定榜样时的误区。并不是说，我们不可以让孩子将牛顿、爱因斯坦当成榜样。但是，在没有达到一定高度前，大部分人难以琢磨透牛顿、爱因斯坦的思辨力、学习力，向他们学习便成了空谈。这意味着，如果孩子真想向榜样学习，最有效的策略，是从身边入手，选择那些离孩子生活更贴近的优秀人士。

例如，如果孩子需要提高沟通力，最有效的做法是在孩子的朋友圈中，找一个擅长沟通的人。你要鼓励孩子和这个人多接触，了解他讲话时的表达方式。譬如，当他碰到陌生人时，一般如何搭话？和人开始聊天，他是如何想话题的？他是如何在话题间不失尴尬地进行转换的？他的知识储备多吗？平常有没有搜集话题的习惯？讲话有没有任何口头禅？停顿、语气、肢体语言，有没有值得学习的点？

想指导孩子提高领导力时，不妨让孩子看看周围特别会组织聚会的人——从发起活动，到筹备、运行和收尾，整个过程这个人具体做了哪些工作。和人共事时，他是如何说服他人工作的呢？如何为不同的人分工？团队碰到困难时，有没有承担风险的责任心？

通过这样的比对学习，孩子才能逐步地靠近优秀的沟通者。

我才入学哈佛时，提问能力并不是很好。每每和别人说话，我都是"嗯嗯"地点头，听报告一到提问环节，总想不出一两个深刻的问题。这一度让我很苦恼，我甚至怀疑自己的水平和能力。经过了一段焦虑期后，我将注意力放到了我一个非常要好的朋友身上。**我发现他每次提问时，都是从很具体的小事出发，引申出他的思考**。这个发现让我很兴奋，我开始向他学习，慢慢地，我的提问能力也得到了提高。

● **第三步**：让孩子找到与自己能力互补的人一起学习。

"与优秀的人为伍"，如果细想，这是个伪命题。为什么呢？如果孩子各方面都不如那个优秀的人，优秀者怎么愿意和孩子为伍呢？

打破这个伪命题，关键在于，找到孩子和优秀者互补的点，让孩子成为某个领域的优秀者。我们每个人身上总有一些他人不具备的优点，如果孩子的这些优点被对方认可，一起学习，双方才会实现互赢。

比尔·盖茨我们都不陌生，但比尔·盖茨背后的合作伙伴保罗·艾伦，很多人可能没怎么听过。保罗·艾伦是比尔·盖茨的学长，早在中学，保罗·艾伦便迷上了计算机，也正因为这个共同爱好，保罗·艾伦与比他低两个年级的盖茨成了好朋友，他们经常一起研究、讨论计算机，甚至比赛编程。保罗思维敏捷，极具创造力，而盖茨很细致，执行力极强，他们的合作相得益彰，这也为后来他们的成功奠定了基础。这就是互补的优秀人士的影响力。

我上学时，父母也常鼓励我去和能力互补的人学习。初中时，我的数理化学得好，但英语不行，父母便常让我去和班里英语学得好的同学一起学习互助。生活中，我做事情比较有耐心，但做决定时常瞻前顾后，为了培养我做决策的能力，父母常让我去听在外打工青年找工作和在外奋斗的故事，好让我知道做任何事情，都需要学会自己做分析决策。

怎么寻找与孩子能力互补的人呢？首先，根据雷达导视图所梳理的个人优缺点，找出孩子最突出的一两个优点。比如做事特别认真细致，处理大事小事、每项任务都照顾得全面；比如善于观察，经常能提醒他人，帮助他人避免常犯的一些错误；再比如乐意付出，不图回报，等等。

下一步是在孩子的朋友圈里，找出需要这些品质的人。譬如有人在团队工作时，经常犯拖延症，拖团队后腿；有些人不够自律，自学时容易被其他事情分心，等等。

最后，通过和与孩子能力互补的人沟通，商讨一个合作场景，并将合作的期待真诚地分享出来。比如学习习惯方面，如果孩子的自律性差，并想找一个自律的同学一起自习，当孩子找到这个人时，父母可以告诉孩子不必遮掩自己自律差的短处，真诚地告诉对方，想从对方那学习到什么。同时，孩子也可以向对方提议，能给对方带来什么帮助：譬如孩子想问题思维活跃，如果对方在学习时，碰到卡住思路的难关，有一个人在身边一起讨论，能活跃思路，那孩子也能帮助对方提升学习效率。

● **第四步：让孩子的社交圈多元化。**

**没有人是完美的，这意味着当父母想让孩子改善习惯时，需要参照多个优秀人士来学习。**同时，人的能力随着时间会得到改变，每隔一段时间，父母也要帮孩子调整学习策略，选择最适合当下学习的榜样。这意味着孩子的社交圈需要多元，可选择的榜样越多，自我提升才快。

作为学生物的理科生，我的社交圈比一般理科生要广。我的朋友里，有做传统媒体新闻的，有做艺术的，有做投资的，也有作家、律师、书法家、成功的企业家、教授、中学老师、编辑……每个不同职业的人里，总会有我能学习的闪光点，有了多元的社交圈，我更容易看到自己在某些方面的不足，也更能有针对性地提升自己各方面的能力。

我是如何拓展我的朋友圈的呢？有一个诀窍，是学会与陌生人进行深层次高质量的交流。我们和陌生人打交道，交流时常会浮于表面。若想打开话匣子，我们需要学会引出话题。比如，我常用的一个讲话模式，是**"先用一句话简洁地陈述一个事实，然后给出我对这个事实的看法，或这个事件发生的原因"**。

举个例子：**"我擅长和人打交道，之所以在行，是因为喜欢研究人的心理，会听'话中话'的含义"，"我喜欢读历史，历史之所以有意思，是因为我常从过去发生的事件中，得到现在仍适用的生活经验"。

这两个例子，前半句都是事实类信息，后半部分是引申与观点。他人听到前半部分信息，会对我有一个简单的了解，加上后半部分信息，能引发他人与我进一步交流的兴趣。"事实信息+观点陈述"的句式能让对方了解我的喜好与思考方式，也能为对方提供好的话题切入点。这样，我更容易与他人进行深层次交流。这个讲话模式，帮我结识了很多不同领域的朋友和学习的榜样。

总之，在帮助孩子树立合适榜样的路上，父母作为过来人，一定是需要参与指导的。只有这样，孩子才能在生活中找到合适的学习榜样，并将榜样的力量转化为学习动力，实现人生不同阶段的提升。

# Part 2

## 建立良好的家庭关系，
## 把情绪输出转变为情感沟通

教学的艺术不在于传授本领，而在于激励、唤醒和鼓舞。

———第斯多惠

# 07

## 孩子渴望的家庭关系：也许是陪伴，而不只是陪读、陪学

### 养猪还是买自行车？

十一岁那年，我升入了镇上的初中。

与小学时每村都有个学校不同，镇上几十个村庄只有两所初中，而我的初中学校离家有十多里路。这中间，隔着七八个村落，要去学校，我须沿着山脚蜿蜒的山路行走。倘若步行，大概要花一个多小时才能从家走到学校。

"妈，你能不能给我买辆自行车？"开学前，我央求母亲，"要是骑自行车，我到学校可方便多了。"

"伢子，妈也想给你买，可给你和弟弟交了学杂费后，爸妈口袋里实在没剩什么钱了。你看能不能等一等？"

"学校的早自习七点就开始了，要是不想迟到，我五点多就得起床走了。我听人说，早晨山路很黑，我实在害怕。"

"妈知道伢子上学苦，可妈也没办法。你看家里收入现在

就靠这些刚出生的小猪仔了。要不这样，等猪仔长大了，爸妈卖了钱，再给你买自行车？"

母亲领我到家里的猪栏旁，数着那些正在吸奶的粉嫩猪仔。那些年，除了父亲打工的微薄收入，以及家里水田产的粮食，额外收入都靠饲养牲畜得来。我自然知道父母的艰辛，听到母亲这么说，我只得相信母亲的承诺，希望猪仔能顺利长大，好在日后卖个好价钱。

然而，村里的生活未必事如人愿。牲畜饲养本就是个难活，稍一个不小心，猪仔可能会被母猪压死，或淋雨染病。接下来的几个月，我看着栏里的猪仔从原来的十多只，慢慢地变成了十只、九只、八只。

每逢猪仔生病，父母都操碎了心，或是研磨草药一口一口地喂养病猪，或是背着猪仔深夜到邻村的兽医家寻药。然而，很多病即使兽医也无能为力。看着猪仔一个个死去，父母愈发愁了。而我，也感到买自行车的希望越来越渺茫了。

然而，三个月后的一天，放学回家，我看到了一辆崭新的自行车摆在家门口。

"妈，这是谁家的自行车？"

"这是给伢子你买的呀！"母亲笑着走出来，"怎么样，喜欢吗？"

"太喜欢了！可是，妈，你们怎么有钱买它呀？咱家的猪仔不是没剩几个了吗？要是把卖猪仔的钱换成自行车了，那咱家其他开销该怎么办呀？"

"我起先也是不同意的。可跟你爸商量，你爸说，既然我之前做了承诺给你买自行车，就一定要践行。这次猪仔换的钱不多，不能给你买个更好的自行车。希望你小心地用着它，爸妈可没钱再给你买一辆了。"

看着父母省吃俭用为我买下的自行车，我格外懂得眼前这一切的来之不易。

2017年，我们一家受湖南卫视邀请，作为首期嘉宾，录制了何炅主持的大型家风类节目《儿行千里》。录制节目前，节目组给我们提了个问题：何家的家风是什么？

听到问题，我不禁想到了很多年前的这件小事，想起了父母为了我的教育含辛茹苦地付出，想到了他们立下承诺便会排除万难执行的毅力，他们贴心的陪伴与教导，以及以身作则的榜样。

要论培养子女的方法，我的父母很难有条有理地罗列条陈。然而，在节目中，父母所描述的我们一家人的生活状态，饭桌上的欢声笑语，以及他们朴素的家庭教育原则，让何炅以及家风观察员复旦大学钱文忠教授眼前一亮。如钱文忠教授所说，再贫瘠的土壤，只要培育得当，也能开出灿烂的花朵，这就是家风的能量。

## 何为家风？

何为家风？它通常是指一个家庭、家族提倡并能身体力行

**和言传身教，用以约束和规范家庭成员的风尚和作风。**

人是社会性动物，个体进入社会，便需要遵从一定的社会行事准则。家庭作为最小的社会群体，是社会结构中的基本单位。每个家庭的处事准则，则构成了我们社会文化多面体中的一面。

中国传统文化提倡"修身，齐家，治国，平天下"的观点，家风是其中最基本、最持久的精神动力。自古以来，我们便注重家风的培养。《千字文》《增广贤文》《颜氏家训》，这些流传甚广的家风读物，在今天仍有很多受众。不过，传统的家风注重伦常，已然与现代社会脱节。当我们讨论家风时，需要考虑时代差异，构建与时代潮流相符的家风。

家庭教育，需要良好的家风随行，孩子成长才有优质的环境，教育方法才能有效地推行。因此，探讨何为家风，何为好的家风，显得尤为重要。于我个人而言，家风对我养成习惯、树立为人处世的原则起了莫大的作用，也让我在逆境中茁壮成长。可以说，倘若我的父母当年没有注重家风建设，我长大后和生活在底层的大部分孩子可能不会有两样。因此，我想通过本章，分享在我成长中起到关键作用的家风建设。

家风的表现形式多样，但好的家风万变不离其宗。在我看来，好的家风应当包含如下几大要素：

（1）家风应当有侧重点，有目的地培养下一代的素养或技能；

（2）家风需要有人能身体力行，如果无法执行，便形同虚设；

(3) 家风条例正反相行，既要告诉下一代该做什么，也要告诉不该做什么；

(4) 家风应该体现对下一代个体的尊重；

(5) 家风应该通过实例进行正向引导。

不少父母在教育孩子时，可能没有仔细思考过家风，也没有制定过家风条例。在本章，我将结合我的成长经历，示例如何通过建设家风，助力孩子成长。

● 良好家风的第一大要素，在于有侧重点、有目的性地培养下一代的素养或技能。

我们之所以建设家风，是想通过这些条例，指导孩子的言行。每个家庭背景各不相同，这也导致了制定家风时，侧重点会有不同。

举例来说，有的家庭注重读书入仕，认为孩子的领导能力、组织能力在未来仕途中相当关键，有类似意愿的家庭，需要给孩子多创造机会，通过实践习得相关能力；有的家庭有意让孩子经商，而经商往往需要长袖善舞的人际交往能力，在教育孩子时，便不得不考虑为孩子多增加社交机会；再或者，有的家庭希望孩子未来学习艺术，艺术创作常需要创造性思维，家风由此不能僵化，而应充分迎合孩子的想象力和创造力。

在我成长的过程中，我们家的家风特点是重教育。之所以重教育，是因为在农村，读书仍是改变孩子命运的捷径。"书中自有黄金屋""万般皆下品，唯有读书高"，我的父亲从小便对我和弟弟灌输这样的概念，让我们明白，我们的重心，应放在学习上。家里什么都可以省，但唯独孩子的教育不可以省。

有件小事对我的触动特别大。

我小学毕业那年，父母间发生了一次口角。我的父母平时很少争吵。那天，母亲少见地动怒了。原来，父亲自作主张，把我的小学课本以两毛钱一斤很便宜的价钱，卖给了收废品的，母亲知道了很是愤怒，她无法容忍父亲把书当废品的行为。这件事情让我当时有点哭笑不得。不过，即便是到了今天，每每看到有人不珍惜图书的行为，我都会想起父母当年的口角。

这件事情表明在我家，孩子的教育至关重要，其他事情都可以为教育让位。

● **良好家风的第二大要素，在于需要有人能身体力行地执行。**

**家风需要执剑人，如果没有人来执行，一切都是形同虚设。执行的过程需要人真心投入，**否则，在孩子看来，父母不过就是在走形式，家风便成了摆设。

举个例子，很多家庭都想培养孩子爱读书的习惯。怎么培养呢？不少父母可能觉得，我坐在孩子身边，看着孩子读书、做作业，就能培养出孩子的好习惯了。其实不然。

**如《儿行千里》的家风观察员钱文忠教授所指出的，陪伴**

并不等同于陪读，陪学。陪伴不一定要有内容，但一定要传达出一种心心相印，是生命的一种贴近。

譬如我的父母，在选择外出谋生赚钱还是待在家里带孩子这件事情上，会优先考虑留在孩子身边。在选择留下来的那一刻，他们传递给我们的信息是：即使自己生活过得艰苦，也不会忽视孩子的教育。

在陪伴孩子学习时，我的父母也选择深度地参与。母亲文化水平不高，但她喜欢读书，任何写有文字的东西，她都看得津津有味：村里杂货店里裹东西的报纸，药瓶上的说明书，黄历……她都喜欢读。母亲识字，但仅限于一些常用字。要是碰到复杂的，她要比画很久，分析部首，才能大致明白意思。也因此，母亲特别喜欢看两个儿子读书的模样。放学回家，我和弟弟便会在母亲面前朗诵当天学的课文。她坐在我们旁边，一边干活，一边静静地听我们朗诵。

因为这样一种心心相印的陪伴，我和弟弟觉得学习是一件有意思的事情，甚至，我们会因为能够为母亲读课文、教母亲认字这样的事倍感自豪。

反之，有的家长虽然坐在孩子旁边陪孩子做作业，但他们的动作、表情，都显示出自己是不乐意的，或迫不得已。他们玩着手机，对孩子到底学了什么并不感兴趣，也不关心孩子学习的难关、进度。久而久之，父母的不情愿传递给了孩子，孩子也丢失了学习的动力，再多的陪读、陪学都没有意义。

● 良好家风的第三大要素，在于需要正反相行，既要告诉孩子该做什么，也要告诉不该做什么。

对孩子而言，很多道理是抽象的、模糊的。大道理讲多了，孩子容易听得不耐烦，教育效果也不好。

好的家风应该将这些抽象的、模糊的概念具象化，用生活实例告诉孩子，哪些事情是可以做的，哪些事情是应该避免的。

在我小时候，父亲常会在饭桌上讲一些他认为重要的家训。比如"交友需胜己，似我不如无""己所不欲，勿施于人""男儿有泪不轻弹，男儿膝下有黄金""忍得一时气，免得百日忧"。

父亲也会通过自己在外打工的见闻，告诉我和弟弟村外的故事，让我们多长见识。比如，父亲早年打鱼时，因为资历尚浅，常被捕鱼队里老人欺负少发工资。

"为什么不举报他们呢？"我和弟弟都为父亲打抱不平。

"才进社会的时候，万事还是需要学着忍耐，"父亲告诫我们，"倘若我当时耐不住性子，告发那些老工友，我很有可能便在打鱼队里待不下去了。你们娃俩现在就吃不到爸打的鱼喽。"

当然，除了这些正面该践行的例子，家风也需要画好界线，界定哪些是反面例子，是万万不能让孩子习得的。

比如在我们家，打牌是不可触碰的一根红线。孩子不能学打牌，父母更不能玩牌。父母觉得，一旦家人染上了这个坏习惯，离赌博便不远了。在穿着上，父母要求孩子不能穿名牌，以免染上攀比的习气。父母也不允许我们打电子游戏，一旦发现，便会严厉惩处。

● **良好家风的第四大要素，在于体现对孩子的尊重。**

部分父母常喜欢在孩子面前把自己当成权威，总以过来人的姿态教孩子，这个该怎么做，那个该怎么做。在孩子的成长过程中，大到孩子上学的补习班、兴趣班安排，小到孩子该怎么穿衣服，该怎么坐、站，很多父母都会管。

**父母的管教在家庭教育中当然很有必要，但是，管教的过程需要充分尊重孩子作为个体的独立性，倾听孩子的想法，管教才会有效。否则，威权式的管教容易造成孩子的逆反心理。**

这就意味着，父母在制定家风时，不能是一言堂，而要多和孩子沟通。

比如我父亲的一个训诫"交友需胜己，似我不如无"。在小时候，我便向他指出，这一观点有逻辑漏洞。

"如果人人都遵循这样的交友原则，我结交的朋友都比我更强，"我问父亲，"那在对方眼里，我便不如对方了，那这个人为什么要结交我这样的朋友呢？"

父亲被我问得哑口无言，他觉得我的提问很好，但是据他的观察，这条交友原则在生活中却十分适用。

"你能不能想想，这条原则在什么情况下才是对的呢？"父亲问道。

年幼的我并不知道答案，直到多年后，我读到孔子的"三人行，必有我师"，意识到每个人都有其独特的值得学习的地方时，我才恍然大悟。

这个故事告诉我们，家风条例是有其局限性的，一个原则，换一个场景，可能便不再是对的。于是我们需要为家庭营造一个民主的氛围，让孩子也参与到这个讨论中来，只有这样，家风的设立才会合理。

● **最后，良好的家风应该通过实例进行正向引导。**

家风亦是规矩，规矩从严，有时候会让孩子产生逆反心理。这也是为什么在家风制定时，需要多制定能正向引导孩子的条例，通过鼓励，让孩子朝这些方向努力。而鼓励的过程，需要实例，才更有说服力。

在注重教育的家庭中，"知识改变命运"常被当做信条。要让孩子相信知识的力量，很多家长常用讲大道理的方法，但效果却不好。如果父母用一个身边的例子告诉孩子，某某通过教育，从逆境中突围，成就自己的人生，会更容易让孩子信服。

在我小时候，父母为我和弟弟常举的例子，是邻村的一家四姐妹。20 世纪 90 年代的农村，很多家庭仍然重男轻女，四姐妹的爷爷奶奶，甚至父母，都不是特别喜欢她们。长辈们更希望能生一个男孩，好养儿防老。可能因为长辈的偏见，四姐妹自打懂事起就变得十分自立，她们在学校成绩极其优异，因为她们不想在以后，因为性别，由父母安排自己的人生。果不其然，这四姐妹高中读完后，都考上了大学，成了邻村里的骄傲。

在设立榜样这件事情上，我的父母别出心裁地选择了身边的事例，避免了用书本里那些与我们生活有距离的例子，来教我们读书的意义。这使得我们有了更加具象的参考系，也更明白自己努力读书，会为人生带来什么改变。

总之，每个家庭都有每个家庭独特的家风，我希望本章内容，能帮助大家清晰地勾勒出家风的要素。愿家长们能制定出最适合自己孩子成长的家风，助力孩子成长。

# 08

## 长线投资的基本功：
## 做有松弛感的父母

### 我们和爸爸的故事时光

在我读小学时，每周五晚上，父亲都会给我和弟弟讲一个睡前故事。

父亲的故事来源很杂，"华山救母""穆桂英挂帅""草船借箭""刘海砍樵""南柯一梦"，或是村里人口口相传的民间故事，或是来自花鼓戏唱段，或来自父亲听到的野史典籍。

那时乡下少有家庭买儿童读物，而父亲的故事库存有限，很快他便不能满足我们听故事的要求了。

"爸爸没钱给你们去买故事书，不过，爸爸倒是有个不错的主意，"有一天，父亲对我们说，"故事都是人编的，爸爸既然给你们讲了那么多故事，你们看看能不能也给爸爸讲几个啊？"

"可我们不知道有什么故事可以讲。"我和弟弟答道。

"那爸爸之前给你们讲的故事，你们看看哪些可以重新讲?"

"这准行! 我们可全记得呢! 砍樵的刘海哥和蛤蟆精斗法的故事，我都可以唱几句哩。"

那些年，《刘海砍樵》在乡下传唱甚广，几乎每个小孩都能像模像样地哼唱几句"胡大姐，你是我的妻。海哥哥，你是我的夫哇"，然后蹦跳地学着花鼓戏里的人物来回对戏。

"那爸给你们定个规矩吧，爸爸每给你们讲个故事，你们兄弟俩下周就得和爸妈重讲一遍。要是讲不出来，爸就不给你们讲新故事了。"

"那要是我们能讲出来呢?"

"那爸保准你们有新故事听。"父亲松了一口气，想着两个孩子应该不至于有能力记住那么多故事。

"一言为定!"

父亲的故事并不复杂，也有趣味，想要记住它们并不难。我和弟弟比对几次，便能把基本的故事梗概拼凑出来。同时，每次轮到父亲讲新故事时，我们俩心眼也多了，总会想方设法地记录一些关键词。因此，我们很少在复述故事时出错。

"这样下去可不行，爸爸很快就没新故事可讲了。"父亲朝我们说道，"我得给你们再立个规矩: 爸爸讲的故事很多都没有结尾，你们总爱问爸爸故事之后还发生了什么。爸爸其实也不知道，你们看能不能自己学着编故事，讲讲这些故事的后续?"

"那我们编好了故事，有什么奖励吗？"

"奖励肯定是有的，故事编得好的那个，可以听爸爸压箱底最有意思的系列故事。"

记忆中童年很长一段时光，我都是在和父亲斗智斗勇，试图弄明白他最有意思的系列故事究竟是什么。每次说服父亲讲出一个新故事，他总会说，那不是他最有趣的，我们还得继续努力编故事。

在那些数不清的夜晚，我和弟弟琢磨着父亲故事里形形色色的人物，以及他们亦真亦幻、虚虚实实的纠葛冲突。我们用粉笔头、小木棍，在土砖墙上做着只有我们能懂的记号，然后对着暗号一遍又一遍地回述着故事。

我不出意外地成了班里的故事大王，每逢老师组织的讲故事活动，我的手举得总是最高。老师则常夸我记忆力好，语言组织能力强。

后来，我长大了，睡前故事变得不好玩了，父亲也不再给我们定这样那样的规矩了，我却保持了写东西、编故事的习惯。看着房檐下的燕子巢，我有时幻想在向南飞过冬的燕子腿上绑一封信，没准南方城里某个少年会读到信并邀请我去城里游玩。父亲笑说我这是白日做梦，可我却喜欢做这样的梦。

再后来，我上高中了，进城读大学了，出国留学了，每到一个新地方，我总发现，人们喜欢和会讲故事的人交朋友。故事讲得越好，喝彩的人越多。即使是严谨的自然科学研究，我的导师也会告诉我说："You have to tell a good story." ——

你必须会讲好故事。

你看，这就是一个奇怪的轮回，不论你飞得多高多远，到头来，还得靠最初习得的能力在这个社会生活。

## 以最佳的心态来为孩子的未来铺路

我们常听人说，教育是一种投资。其实，这话只说对了一半，**更确切地说，教育是一种长线投资。习得的习惯、技能，很有可能陪伴孩子一生**，影响他们的学习、工作和生活。在孩子成长早期，做好教育投资，为孩子搭建好的成长环境，培养好的习惯与能力，对孩子的未来至关重要。

不过，投资讲求回报。选择什么来投？投入多少成本合适？什么时候投入回报的比例会高？对于家庭教育，多数父母会考虑这些问题。为了更好地回答它们，我们首先需要弄明白一个大前提，即：对比短期投资，我们在做长线投资时，更需要注意些什么问题呢？了解了这个前提，我们才能调整投资策略，**以最佳的心态来为孩子的未来铺路**。

在我看来，家庭教育作为一种长线程投资，有如下几点因素需要被考虑：

（1）家庭教育作为长线投资，需要摒弃功利主义；

（2）家庭教育讲究循序渐进；

（3）家庭教育需要多元化多策略投资，父母需要学会合理分工；

（4）家庭教育需要因时制宜，灵活变通投资策略。

● **第一个要素：作为长线投资，家庭教育需要摒弃功利主义。**

这可能和不少家长对教育的认识有出入：我们之所以教育孩子，是想让孩子日后成才，这本就有功利性。那么，怎么能摒弃功利主义呢？

这个问题如果换一个角度来想，便不会再矛盾。师者，传道授业解惑也。**教育讲求的是成就自我，让每个孩子舒展自己的天性，走出自己的人生路。这和世俗意义上的成功并不相同。当孩子弄清楚自己一生追求与热爱的事物，教育的意义才会彰显。**

在我们身边，不少家长对孩子的教育目标是偏功利的。"上清华北大""出国留学""毕业后进世界五百强企业"等口号，常出现在孩子的学习目标清单里。在此类目标指导下，父母很早就会给孩子报奥赛培训班，找上名校的捷径。有的父母为了孩子毕业后能找到好工作，很早就给孩子选专业，让孩子提前学习该类专业知识。还有的父母过度焦虑孩子的知识储备，网上流传的海淀区父母给四岁孩子学习量子力学，便是家庭教育内卷的一个极端例子。

给孩子定学习目标，本无可厚非，但如果目标的设立过度功利，便可能会误导孩子的学业和生活。比如，许多奥赛成绩突出的孩子，因为大部分精力花在了奥赛培训上，往往严重偏科。虽说他们在初高中学业优秀，可到了大学，不少人很有可能在通识教育上落后，毕业后走向未必如均衡发展的孩子好。

社会对人才的需求变幻不定，我们很难预测二十年后社会变成什么样子，哪个专业会更火，更容易就业。过早给孩子确定兴趣和专业，很有可能适得其反，限制孩子兴趣和专业的培养和成长。

在培养孩子的过程中，**我更赞成一种非功利的、渗透式的培养方法**。引导培养孩子的综合技能，远比考试成绩重要。就像开篇的故事，我的父亲讲完故事后，让我们复述并编故事，初衷并不是想帮我提高学习成绩，而是单纯地让孩子快速入睡。然而，"无心插柳柳成荫"，不仅培养了我们的记忆力，也综合训练了我们的语言组织能力、想象力，最终甚至帮助了我们的学习。

这样非功利的教育原则贯穿了我的成长。在我的求学路上，父母并没有给我设立过具体的学习目标。名校、高薪职位，很少出现在我们家庭的日常对话里。我只模糊地知道，父母希望我能通过读书走出乡村，至于走出后做什么，他们没有具体的概念。在这样一个模糊概念的引导下，要想成才，便需要一个人全面的发展。学习能力、社交技能、情商等等都需要得到锻炼。这种理念下培养出来的人，即使不杰出，综合素质至少不会太差。

● 第二个要素：家庭教育讲究循序渐进。

教育是一个渐进的过程，俗话说"一口气很难吃成一个胖子"，对教育进行投资，也要掌握好火候，不能揠苗助长。

循序渐进之所以重要，是因为人的认知本就是一个分级的过程，一个人只有认知达到了一定水平，才有可能理解、消化更高层的抽象知识和概念。

近些年，因为教育焦虑，不少家长让孩子提前学知识。比如有的孩子尚在小学，家长便让他们学习量子力学、区块链知识。有的父母为了让孩子提早拥有实习经历，孩子小学、初中时便想方设法地让他们进入科学实验室进行课题研究。并不是说这样做完全不行，但多数情况下，孩子因为年龄过小，认知尚不完善，并不能完全理解和消化这些高深的知识。虽说这些孩子能头头是道地和他人讲"薛定谔的猫""电梯悖论"等概念，但细究下去，他们多半只是记住了一些名词概念，并不能理解背后的逻辑。等孩子长大了，不感兴趣了，他们原先记住的东西都会抛到脑后，过早学习这些知识的意义便不大。反之，如果孩子学会的是想问题的习惯、提问的方法以及解决问题的策略，即使没有接触这些知识点，他们日后也有能力迎头赶上。

教育需要循序渐进的另一个原因，是因为知识本身也有一个严密的逻辑体系。从小学到初中、高中、大学，学科知识从难度上来说是逐层递增的，只有学会了初等数学，孩子才能理解微积分和数论。同时，不同学科之间，也有其逻辑体系，从简单到复杂，从实验到理论，知识环环相扣。这也是为什么我们能利用生活实例观察理解牛顿经典力学，但到天体力学、弦论，便需要引入抽象的公式理论来进行推导了。

顺着这个逻辑，我们便可以理解，为何我的父亲在训练孩子讲故事这件事情上，采用的也是个多步骤的过程：首先通过自己讲述故事，勾起孩子对故事的兴趣。然后，父亲尝试让我们来复述故事，培养我们消化信息以及背诵的能力。当我们的记忆力与理解力跟上去了，父亲才开始尝试让我们编故事。试想一下，如果父亲一开始就让两个孩子编故事，教育效果一定不会好。

● **第三个要素：家庭教育需要多元化多策略投资，父母需要学会合理分工。**

投资有风险，为了规避风险，投资人经常讲的一个概念便是多元化投资，即不能将鸡蛋放在同一个篮子里。对于家庭教育，我们同样也要采用类似的多元化投资策略。

孩子的成长包括多方面，学习成绩、生活技能、习惯、社交技能、情商、兴趣特长等等，需要得到全面发展。如果我们只关注孩子某个或某几个技能的培养，忽略了孩子的综合能力，长远看来，并不是最佳的投资方式。

以我的成长为例，虽说我的父母很在意我的学习成绩，但在生活中，他们并未忽略对我其他素质的培养。在他们的引导下，我常和村里的长辈们讨论一些社会话题，虽说小孩子的观点不一定到位，但父母会让我细心观察大人讨论，学会区分大人们话里的观点和结论。我也常在家庭聚会中代父母迎客，以学习待客社交之道。有意识的引导能帮助孩子无形中养成很多好的综合品质。

同样，孩子的专业学习、兴趣培养也不能过于单一。不少父母在孩子尚小时，根据孩子在生活中表现出来的一些习惯，便规划孩子未来适合学文科、理科或艺术。这些判断往往没经过严谨的论证，更重要的是，孩子并没有接触或学习过那些兴趣之外的知识，如果父母不假思索地给孩子划分好专业或兴趣，便有可能过早限制了孩子的成长。

我在学校时，理科比文科要好，我的父母也觉得我适合学理。但是，即便我理科优秀，父母也希望我不要放松文科的学习，因为步入社会后，很多文科思维对一个人的成长、情商很有帮助。在他们的监督下，即使高考压力大，一有时间，我仍会选择读名著小说、诗词歌赋。我的阅读习惯保持到了大学，甚至大学之后。来到哈佛，我有幸接触了很多全球著名的经济学家、历史学家，初听他们讲座，我并不觉得陌生，这也使得我能有机会和这些学者、意见领袖进行深入的交流。试想，倘若我很早就专攻理科，放弃文科学习，我便很难有机会和这些不同领域的专家们交流。

最后，**投资的过程讲究打组合拳，通过多人联合投资，来降低自身风险**。这是因为不同背景的投资人，带来的经验是不一样的，多重组合能帮助我们规避一些不常注意的风险。在家庭教育中，很多教育理念其实是人人所知的常识，然而，同样的话，从不同人口里说出来，带来的效果却完全不一样。这也意味着，父母在教育的过程中需要有分工，甚至，**父母还需要找有其他职能分工的人，来传递只有这些人才适合传递的理念和观点**。

举个例子，在一个家庭中，不少父母有唱"红脸白脸"的分工。那些严肃的规矩、惩罚，往往是由红脸来执行的，而鼓励、呵护则是由白脸来执行——我们家父亲常喜欢唱红脸，母亲则喜欢扮演白脸。父亲走南闯北的机会比母亲多，见识也广，因此，在我们家，为人处世的原则、社会机遇、社交能力等，多半由父亲来言传，而母亲则将一些好的生活习惯、生活技能传授给孩子。如此分工有一个好处，就是孩子不会有太强的逆反心理，因为父母都是从心出发，根据他们的生活经验来教孩子，而非空穴来风。

● **第四个要素：教育需要因时制宜，灵活变通投资策略。**

教育是一个渐进的过程，随着孩子的成长，认知水平发生变化，父母的教育策略也需要因时制宜地调整，方能有效促进孩子成长。

中国社会飞速发展，人的成长环境变化更快，隔代之间的差异也越来越大。比如我和我的弟弟，虽说只相差了两岁，但80年代和90年代的孩子关注的事情、面临的问题就很不一样。

和我一起长大的孩子，很多都有兄弟姐妹，父母对孩子的教育也没有那么上心。可到我弟弟上学时，大部分同龄人是独生子女，同时，很多大人都开始选择外出打工，孩子们便缺乏父母在身边的教育和引导。社会的大环境在变化，父母需要敏锐地感知社会环境、社会变化对孩子成长带来的影响，并做出相对应的策略来教育孩子。那时，我的父母看到独生子女家庭越来越重视孩子的教育，父母给孩子寻找更多学习资源。虽然我的父母明白对待孩子要教育公平，但受环境影响，父母还是愿意多给弟弟买学习资料，甚至一度考虑过送他到镇上的学校读书——这是我在同样年龄段时根本无法想象的待遇。

教育讲究因材施教，每个孩子都是独立的个体，天性各有不同，我们需要根据孩子不同的天性，推行与之对应的教育方法。我的天性比较沉稳，而我的弟弟天性好动。在培养我们的记忆力上，我的父母是区别对待我和弟弟的。于我，父母只要将学校里课文段落标注好，给我背诵任务，我往往就能按部就班地完成。而要让我弟弟完成相对应的任务，我的父母有时要想办法引导弟弟学习利用身边的物体——比如玩具、图片，和他所需要记诵的知识点关联起来，通过互动探索以及空间信息提示，来帮助弟弟的记忆。同一个家庭，不同的孩子，父母的教育方法各不相同。

随着成长，孩子会从懵懂无知，进入叛逆的青春期，再到充满学习压力的高中，再到大学，每个阶段，孩子面临的问题都不同，父母更不能以一成不变的教育方式来指导孩子不同阶段的学习。比方说，有的父母在孩子尚小时，对孩子的学习、生活介入比较多，凡事都愿意为孩子操心。随着孩子成长，如果父母不选择放手，让孩子自己去探索的话，孩子的自主能力便很难得到培养。"妈宝男"便是家长过度呵护造成的极端例子。我的父母在我上初中时，便选择让我和弟弟为自己的学习日常规划做主，便是这个道理。这样"放羊式"的培养，父母只要方法得当，并在孩子走弯路时及时指正，往往能更早地培养出自强自立的孩子。

　　总之，当我们在思考给孩子的教育做投资之时，能沉下心来，理清作为长期投资的要诀，我们对孩子的成长才能给出有指导性的意见。

# 09

## 尊重与爱：
## 建立良好的亲子关系

### 高考前的寂静

2005 年高考前两个月，我进入了紧张的冲刺备考阶段。我的高中是寄宿制，除了周末和月底的休假，学生都不允许出校。家长除了特殊情况，也很少来学校看孩子。可在最后的一个月里，一切似乎都在悄然变化着。

来学校探望孩子的家长越来越多了，他们带着营养餐、零食，以及精致的生活用品，大包小包地拎到教室或寝室。学校的食堂虽然正常开放，可有的家长觉得食堂的菜品有限，远不如自己烧的菜好，担心孩子吃得不好。有的家长坐在孩子课桌旁，千叮万嘱着孩子一定要吃好睡好，并时不时地询问着学习和备考的进度。

"孩子你什么事情都不要操心，爸妈都给你照应着，你全心全意备考就好。"几乎每个家长都会这么和孩子说。

起初家长还只是给孩子在饭点送饭。慢慢地，有的家长开始在校园里等孩子下课，每天课程结束，家长会专程陪伴孩子到寝室或自习室学习。再后来，有的家长觉得学校有时候太过吵闹，多人寝室也影响孩子的睡眠，于是便和学校申请走读。有条件的家庭甚至在学校附近租房陪孩子上学。本就被堆积如山的复习任务压着的孩子，在家长的监督和陪伴下，更加局促不安。我能从同学的眼神里清楚地看到他们的不安，好像如果不努力，他们便有愧于父母的付出。

　　和很多同学的家长相对比，我的父母简直是另类。整个学期，除了开学交学费，我的父母都没有来过学校。我的父亲那时在外打工，和我联系不多。母亲则让我由着自己的时间，在方便时给她打电话告知下学习的情况就行。那时座机电话收费不菲，我每个月的生活费也不多，于是顶多一周才给母亲打个电话。

　　高考前一周，我给父母分别打了个电话，告诉他们我马上要高考了，需要抓紧复习，没有时间跟他们聊太长的天，等高考之后再和他们通电话。

　　"伢子，你还有什么需要我们帮忙的吗?"母亲在电话那头关切地问道。

　　"没有啥需要帮的，"我回答道，"也不是你们来替我考试，能帮到啥呢?"

　　母亲呵呵地笑了："也是，伢子你按自己的节奏来就好，考完后爸妈再来接你回家。"

我挂掉电话，看到寝室探望孩子的同学父母略带惊讶的表情。有个家长忍不住评论了句："你爸妈真是沉得住气。"

　　我笑了，告诉他说："从小我的父母对我学习就管得少。"按父母的话说，他们书读得少，教不了我，孩子成绩好坏都得靠自己。在我父母眼里，可能高考和其他的考试也没有太多的不一样吧。

　　几天后，我走进考场，完成了青少年阶段最重要的一次大考。高考结束，见到在校门外等待的父母，我开心地告诉他们，按自己的估分，家里应该会有第一个重点大学生了。

　　父母听到这个好消息，脸上绽放着灿烂的笑容："伢子你别提我们俩这阵子多紧张了。你爸前阵子专门从工地回来，就在家里等着听你高考的消息。高考前几天我们天天和你班主任打电话，询问你学习的情况，就怕你出状况，好在一切都顺利。"

　　"看来你们也没有我想象的那样能沉得住气嘛。"我笑着调侃道，"可我怎么从来都没从班主任那听到你们的消息呢？我原以为你们都挺无所谓的呢。"

　　"我们和班主任特地叮嘱了，不想干扰你学习，就没让他告诉你。关心则乱嘛，电话多了，给你太多无形的压力，反而可能影响你高考。再说，我们也充分相信你能考好，就没必要添乱了。"

## 学会放手，给孩子充分的信任

在当下的亲子关系中，我们不难发现，对孩子缺乏信任感成为一个普遍存在的问题。许多父母过度干涉孩子的生活，怀疑他们的能力和判断力，甚至对孩子的选择和决定持质疑态度。

需要父母们注意的是，对孩子缺乏信任常常表现在多方面。在学业上，许多父母过度关注孩子的成绩，唯成绩论，不断询问考试情况，甚至亲自帮助孩子完成作业。这样的干涉虽然出于父母的好意，但也可能让孩子感到压力倍增，产生学习焦虑。即使孩子取得了好成绩，他们也会因感受到父母的期望和压力，害怕自己的表现不如父母期望的那样优秀。

在孩子的兴趣爱好培养上，有些父母会持怀疑态度，不信任孩子有能力找到自己的兴趣。他们可能认为孩子选择的兴趣没有前途，或者不符合他们设定的成就标准。例如，如果孩子对艺术或音乐有兴趣，父母可能会认为这样的爱好并不能带来稳定的职业发展，而希望孩子朝着更"实际"的方向发展。

近年来，由于教育"内卷"，不少父母越来越焦虑孩子未来的出路，很早就会给孩子规划好成长路线，安排孩子按部就班地学习父母提前选好的课程。父母的过度参与，使得孩子没有自由成长的空间。孩子努力地长成父母期待的样子，唯独缺失自己的声音。这种情况下，孩子可能失去了对自己内心真正需求的探索和发展机会，无法找到真正属于自己的兴趣和梦想。

在孩子的生活中，父母对孩子自主安排时间缺乏信任感是另一个方面。许多父母过度监控孩子的日常活动，限制他们的自由时间，甚至为他们制定严格的时间表。在家里，不少父母会事先为孩子决定他们的学习时间、兴趣班时间和娱乐时间，要求他按照规定的时间表来进行活动。有的孩子想在学习之余玩电子游戏放松，可父母认为游戏会让孩子沉迷其中而忽略学业，在家里严令禁止玩游戏。尽管这些做法可能出于父母的关心和担忧，但往往会让孩子感到受限和压抑，缺乏探索和发展的机会。不少孩子选择逃课去网吧玩游戏，或多或少是想逃离父母的高压政策，找回自己的时间。

缺乏信任的亲子关系可能对孩子产生负面影响。**孩子在成长过程中，是渴望得到父母的支持和理解的，他们希望在家庭中找到一个安全的港湾，他们希望自己被认可，自己的声音能够被听到，自己的想法能被实践**。当父母对孩子的兴趣和能力缺乏信心时，孩子可能会感到沮丧和无助，甚至会对自己的价值产生怀疑。这种信任的缺失还可能导致孩子不敢表达自己的想法和感受，害怕与父母沟通，进一步加深家庭成员之间的隔阂。亲子关系僵化，孩子和父母一聊天，就鸡飞狗跳吵翻天，一定程度上与缺乏信任的亲子关系有关。

# 良好的亲子关系：信任、理解、沟通和关爱

怎么建立良好的亲子关系？

要回答这个问题，我们首先需要明白良好亲子关系的几大关键点：

其一，在良好的亲子关系中，父母对孩子充满信任，相信他们具有自主决策和解决问题的能力。

其二，父母会尊重孩子的独特性，理解他们的兴趣和需求，并给予他们适当的支持和鼓励。

其三，良好的亲子关系也意味着开放的沟通渠道。父母鼓励孩子表达自己的想法和感受，倾听他们的心声，并真诚地与他们交流。在这种沟通中，孩子感受到被尊重和理解，能够坦诚地与父母分享自己的内心世界。

其四，父母给予孩子足够的支持和鼓励。无论是在学业、兴趣爱好还是其他方面，父母都是孩子的支持者和激励者，帮助他们克服困难，树立自信心。

其五，良好的亲子关系还意味着在家庭中建立了明确的界限和规矩，使孩子知道什么是可以接受的行为，什么是不可以的。这样的规矩能够给孩子提供安全感和稳定性，同时也有助于培养他们的责任感和自律性。

最后，良好的亲子关系建立在彼此理解和包容的基础上。父母理解孩子的需求和情感，尊重他们的个性，而孩子也愿意

理解和体谅父母的角色和责任。在这种理解和包容中，家庭成员之间形成了紧密的情感联系。

总的来说，良好的亲子关系是父母和孩子之间建立了健康、稳固的情感纽带，通过信任、理解、沟通和关爱，让孩子在温暖、安全的家庭环境中茁壮成长。这样的关系有助于培养孩子的自信心、责任感和社交能力，使他们在成长过程中得到全面的支持和指导。

接下来，我结合自身的成长故事，分享建立良好家庭关系的诀窍。

● 诀窍一：做会倾听与尊重孩子的父母。

在良好的亲子关系中，倾听与尊重是至关重要的。父母应该学会真诚地与孩子进行交流，倾听他们的感受和想法。当孩子与父母分享自己的内心世界时，父母要耐心地倾听，不要轻易打断或忽视他们的意见。**倾听的态度能让孩子感受到被重视和认可，是建立起亲密情感联系的基础**。

同时，父母也应该尊重孩子的独特性和个性差异。每个孩子都是独特的个体，有不同的需求、兴趣和看法。父母要理解并接纳孩子的个性，不将他们强行塑造成自己期望的样子。父母**尊重孩子的个性可以增强孩子的自尊心和自信心，让孩子感受到自己是被接纳和尊重的**。

在我的家庭里，我和弟弟有着截然不同的性格，我个性沉稳冷静，弟弟好动张扬。每天放学回家，弟弟总会手舞足蹈地讲述学校的一天，而我却很少评论。父母喜欢弟弟的活泼，因为他总能让稍显沉闷的家庭显得多了几分生气，父母自然乐意听弟弟的讲述。村里的大人也常评论说，弟弟脑袋灵光，会是个有出息的娃。或许是担心我听到这样的评论心里不舒服，我的父母总会在这个时候说，大儿子也有他自己的过人之处。

"虽说大伢子不大爱说话，但每次他想说点什么，总能说到点子上。"父母说道，"我们自然对他说的东西也更加上心。"

父母轻描淡写的一句话，实则对我有莫大的鼓励，因为他们让我知道，自己的声音的的确确被听到了，而且听得很认真。我不会因为自己的个性不同而被忽视。

● 诀窍二：以身作则，成为孩子的榜样。

父母是孩子最好的榜样。父母的行为和态度会深深地影响孩子的行为习惯和价值观。因此，父母要以积极、正面的方式影响孩子，并教导他们正确的价值观和行为准则。

如果父母希望孩子学会诚实守信、尊重他人，那么父母自己就要以身作则，给孩子树立一个良好的榜样，帮助他们树立正确的价值观和行为准则。

以身作则在更深的心理意识层面，体现的是父母真正把孩子视为具有独立的人格的个体，而非"小孩子"来对待。因为在亲子关系中，双方只有是对等的，父母才不会"双标"。在不"双标"的前提下，孩子才更愿意信任父母。

在我小时候，因为农村条件艰苦，去县城玩成了村里所有小孩的梦想。有一年，不知道什么缘由，父亲突然说，要是我和弟弟期末成绩好，便带我们去逛一天县城。这对年幼的我们来说不知有多大的吸引力，整个学期，我们兄弟俩加倍努力，在期末考出了非常优异的成绩。临近暑假，我们都在憧憬美好的县城之行。可不巧的是，叔叔在那一年被诊断出癌症，治病的花销耗光了家里的积蓄，我原以为县城之行就此泡汤了。可没想到的是，父亲硬是借钱凑足了车费，让我们兄弟俩圆了梦。

在家庭中，父母时刻都在平衡成人和孩子世界的大事小事。作为成人，我们有时习惯性地认为，成人的事情才是真正的大事，小孩子的事情可缓则缓，要是不做，有时也不一定有什么后果。可在小孩子的眼里，事情却不是这样的。作为父母，我们需要认清同一件事情在成人和孩子眼里的不同视角，以身作则，杜绝"双标"，才能赢得孩子的信任。

● 诀窍三：学会激励和赞赏，容许孩子犯错。

**激励和赞赏是鼓励孩子积极行为的有效方式。**当孩子做出正确的决定或表现出良好的行为时，父母应该给予积极的反馈和肯定。激励的方式可以增强孩子的自信心和动力，让他们知道自己做得很好。当孩子在学校取得进步或在家里做了值得肯定的事情时，父母可以及时表扬他们，鼓励他们继续努力。

**给孩子试错的机会也是培养他们成长的重要方式。**孩子在成长过程中难免会犯错误，这恰巧是他们可以学习和获得成长的一部分。作为父母，此时不应过度批评或惩罚孩子的错误，而是要帮助他们认识到问题所在，并教导他们如何从错误中吸取经验教训。通过容忍孩子的错误，父母可以传达出"犯错是可以接受的，重要的是从中学习"的理念，让孩子更加勇于尝试和探索。

**在越来越"内卷"的教育环境下，多数家长容易学会激励和赞赏，但往往难以容忍孩子犯错，也不知道在孩子犯错时怎么做才合适**。孩子考试成绩落后了，升学没能进入理想的学校，甚至留级了等等，类似的问题常会让家长焦虑，有的家长会责怪孩子在学习生活中的失误，焦虑也扩散到了孩子身上。但指责非但不能解决问题，反而会加剧焦虑的情绪，甚至使得亲子关系恶化。

反过来想，孩子的教育本就是一个不停试错犯错、打怪升级的过程。孩子犯错了，作为家长，应当帮助孩子进行全面的复盘分析，学会如何不再在同一个地方犯错，这对孩子的成长才更重要。

● **诀窍四：尊重孩子的隐私，做不要过度越界的父母。**

孩子在成长过程中需要一定的独立空间来探索自己的兴趣和爱好，以及处理个人问题和情感。父母应该给予他们足够的信任和自主权，让他们有机会独立思考和决策。过度干涉孩子的隐私可能会让他们感到束缚和不安，甚至导致亲子沟通障碍，影响亲子关系的发展。

尊重孩子的隐私也包括不要过度追问他们的私人事务，不要在没有得到孩子同意的情况下擅自查看他们的日记、手机或电脑。孩子需要知道自己有一片私密的天地，可以自由地表达想法和情感，而不用担心被父母过度监视或评判。

**作为父母，我们可以营造开放的沟通氛围，鼓励孩子主动分享自己的想法和感受。当孩子愿意向我们倾诉时，我们要以开放包容的态度倾听，不要轻易做出批评或判断。**尊重孩子的隐私，让他们感受到被信任和尊重，这样的亲子关系将更加健康和稳固。

我上学时，一直有写日记的习惯。我的日记和作业本经常放在家里的公共空间，父母整理房间的时候，很容易翻看到日记。可很多次偶然的机会，我看到母亲在打扫房间时，明明有机会翻看我的日记本，却从不有意地读我的日记。

母亲的举动让我很是感动，可能也因为此，我反而有了愿意主动分享日记给父母的想法。有时家庭晚餐过后，我便将日记本里自己觉得有意思的篇章读给父母听。一家人其乐融融地听着日记本里的故事，温馨而又甜蜜。

信任感的建立是需要父母孩子双方共同经营的，任何一方的过度越界，都容易导致亲子关系的僵化。

### ● 诀窍五：制定合理的规则让孩子遵守。

在建立良好的亲子关系中，虽然信任是关键，但仍然需要一些基本的规则和界限。这些规则可以帮助孩子建立秩序和安全感，并促进孩子健康成长。然而，制定规则时，最好与孩子一起完成，让他们参与其中，从而增加他们对规则的理解和遵守。

让孩子一起制定规则可以增强他们的责任感和参与感。父母可以在孩子适当的年龄阶段与孩子讨论制定哪些规则，孩子会感到被尊重和重视。同时，父母也可以解释制定规则的原因和意义，让孩子理解这些规则是为了保护他们，和帮助他们更好地生活。

制定规则时，要确保这些规则是合理且适用的。不要设置过多过严的规定，而是重点关注最重要的事项，让孩子更容易理解和遵守。此外，规则也应该具有灵活性，以适应孩子不同的发展阶段和需求。

以下是一些建议可以被制定的实用规则：

(1) 安全规则：包括不在陌生人面前透露个人信息、不随意离开家或学校、不随便接受陌生人的礼物等，以保护孩子的安全。

(2) 家庭作息规则：规定家庭成员的作息时间，如规定就寝时间、起床时间、用餐时间等，以保持健康的生活习惯。

(3) 学习规则：鼓励孩子自主制订学习计划，保证完成作业和学习任务，培养良好的学习习惯和自律能力。

(4) 社交规则：教导孩子如何与他人友好相处，尊重他人的权利和感受，培养良好的社交礼仪。

(5) 使用电子设备规则：因时制宜地限制孩子使用手机、

电脑、平板等电子设备的时间和内容，确保孩子合理使用科技产品。

（6）家务分工规则：鼓励孩子参与家务，根据年龄适度分配家务任务，培养责任感和团队合作意识。

（7）管理金钱规则：教导孩子如何理智管理零花钱和奖励，培养理财意识和节约习惯。

这些规则只是一些示例，实际制定规则应根据家庭的具体情况和孩子的需求来决定。重要的是确保规则是合理的、可执行的，并且父母与孩子一起制定规则，让孩子参与其中，增加孩子对规则的理解和遵守。

● 诀窍六：学会放手，给孩子充分的信任。

我认为这是所有诀窍中最重要也是最难真正执行的。孩子成长的过程中，总需要适时地独立面对一些挑战和问题，父母不要总是代替他们做决定，而要相信他们能够自己解决困难。

放手不代表不关心，而是在适当的时候给予孩子更多的自由和责任。这样的做法有助于培养孩子的自主性和自信心，让他们学会如何面对挑战和解决问题。同时，也让他们知道父母对他们的信任和支持，从而增强亲子之间的情感连接。

放手的前提是父母要了解孩子的状态，了解孩子所处的发展阶段和成熟程度，根据他们的年龄和能力适度地给予他们更多的自主权和责任。只有时机成熟了，放手才有意义。

放手的过程需要父母的耐心和理解。放手不是一蹴而就的过程，需要逐渐进行。可以从一些简单的事情开始，逐渐增加孩子的自主权，同时在背后给予他们必要的支持和鼓励。

有时，孩子可能会犯错误或做出不成熟的决定，但这是成长过程中的一部分。父母应该容忍孩子的错误，并引导他们从中吸取经验教训，而不是过度批评或指责。同时，父母也可以适时地给予孩子必要的指导和支持，让他们在自主中成长。

回过头来分析高考时我父母的处理方式。

首先，我的父母并不是完全不管不顾的。相反，他们知道高考对我的重要性，也想尽他们的能力帮助我。他们和班主任的通话印证了这一点。

可是，我的父母并没有采用大多数人的做法，过度地参与到孩子的学习和生活中，因为他们隐约地能感受到，这会给孩子带来精神压力。万一孩子考砸了，会不会觉得有愧于父母的付出呢？有没有可能这种过多的参与，让本就紧张的神经更加绷紧了呢？在这个时候，我的父母选择放手，营造出平常的氛围，反而能帮助我更加放松地备考。

当然，我的父母之所以能够如此淡然处之，也是因为在和我长期相处的过程中，摸清了我的习惯和能力，他们知道孩子需要什么，不需要什么，于是能够有底气地选择放手。

总之，这些诀窍能帮助父母和孩子建立、完善信任感。当父母对孩子充满信任，孩子也会更加自信和坚定地追求自己的梦想。他们会感到在家庭中得到支持和肯定，而这种家庭的温暖将成为他们成长道路上最重要的动力。

# 10

## 有效沟通的密码：
## 与孩子共情

### "谈钱真的伤感情?"

高中的时候，我的家境有了很大改观，父亲在外已经打鱼将近十年，我们家渐渐有了点存款。家中的老房子在雪中垮掉后，新房子很快就建起来了。家里扩建了猪圈，多养了几头猪仔，还多承包了好几亩水田，每到收获季节，粮仓里就会多出好几千斤稻谷。

同时，我们家逐渐能够买得起一些在过去看起来是奢侈品的物件了：1999 年，我们买回了第一台黑白电视机；2002 年，我们家安装了电话。高中后，我和母亲的交流多在电话里。每次我们通电话，一定是母亲先不停地絮叨一会儿，好像要把家里所有新鲜事和困扰都讲完，才给我讲话的机会。

"儿子啊，前几天来了一群人推销洗衣机，比手洗衣服还是简单得多，我在考虑是不是要买一个。"

我没有特别在意母亲的话。我懂她的性格，她舍不得花钱买洗衣机。她去凑热闹，无非是图那几包赠送的洗衣粉。村里的老人很是爱贪这些便宜，母亲自然也不例外。

　　"我最近在学怎么缠电动机里面的线圈。儿子，你见过那些电动机吗？几个月前，几个做生意的有钱人来我们村了，他们要做电动机，想雇村里的闲人来帮着做。想学的人可以去听课，他们会教大家怎么编线圈。学成了，可以把电线领回家，在家里进行加工。我去听了课，编线圈比我当时织渔网简单多了，我应该做得了这份活儿。儿子，你怎么看？"

　　母亲也就在几个月前才第一次看到电动机的内部构造，却有这样的信心，真是让我惊讶。不过，我感兴趣的倒不是母亲会不会接这个工作，而是工业化的滚滚浪潮让母亲的手艺有了新的用武之地。

　　"儿子，你知道灵芝吧？好多人说灵芝一斤要几千块钱，是不是真的呀？你叔外婆前一阵子在山里捡柴的时候，捡到了一株灵芝，卖了不少钱。山里应该还有，你能告诉我灵芝到底长什么样吗？一般长在什么地方呢？我也想进山里去看看，没准我哪一天也能捡回好几千块钱呢。"

　　母亲口中的很多事情都和钱脱不了关系。

　　"有几个老人最近跟我提起过一件事，讲的是天上的流星。据说那东西捡到了也很值钱，一小块能值好几十万。儿子，你想想，要是哪天流星从天上掉下来，掉到我家后院子里，那该多好，我们就一辈子不愁吃穿了。"

一说话便停不下来是母亲的一大特征，她也爱和我闲聊村里人的家常事：哪个小伙子结婚了，哪个姑娘出嫁了，邻居家的老奶奶办了气派的七十大寿寿宴，某家农户的水牛生病不能耕田了……各种大事小事，只要母亲能够想到，她都会和我在电话里说起。

母亲的絮叨虽然琐碎，我听着却觉得很有意思，因为这些平常得再也不能平常的话，是我远在他乡求学时获悉家乡变化的主要信息渠道。即便到了美国留学，学习工作再忙，我也保持了和母亲几乎每天通一个电话的习惯。

村里的长辈很是羡慕母亲，总夸她会培养孩子，个个都孝顺。

"我家的娃，一个月指望能打一个电话回来，就很不错了。"邻居有点无奈地向母亲抱怨，"我们两口子根本不知道儿子在外面忙什么，去了哪。好容易过节盼回家了，他又要和村里的那群朋友聚，一家人连坐下来好好说话的机会都没有。你家两个伢子怎么都那么孝顺呢？"

## 积极、有效的语言才能称之为沟通

孩子的成长过程中，亲子沟通是亲子关系建立过程中至关重要的一环。无论是陪伴、教育还是鼓励孩子，都需要通过良好的沟通来实现。

然而，有些家长对此感到十分苦恼：与孩子的交流非常困难，无论怎样苦口婆心地教导，孩子似乎总是对大人说的话左耳进、右耳出，甚至产生抗拒情绪；孩子不愿意和父母沟通交流，对家长故意疏远，父母不知道孩子每天关注什么，孩子也不感兴趣父母的日常；家长和孩子在沟通中缺乏相互的理解与支持，孩子无法真正体会到父母的关爱，亲子关系紧张，一旦有裂痕，父母和孩子便容易出现争执等。而另一方面，也有些家长却发现与孩子的沟通非常愉快，能够更好、更快地了解孩子的内心世界和想法，并且能够及时传递自己的意见和建议给孩子。

造成亲子沟通不畅的原因可能是多样的，在这里，我先简单地罗列最主要的几大类原因：

（1）缺乏共情。

父母没有从孩子的角度想问题，无法真正理解和共情孩子的感受和需求，导致沟通缺乏亲近感和温暖。

共情是指能够站在对方的角度去理解和感受对方的情绪和需求，这在亲子关系中尤为重要。父母有时可能因为自己的经历、观念或情绪而无法真正理解孩子的感受和需求，导致沟通变得疏远和冷漠。

更重要的，成人的视角和孩子的视角是不一样的，同一件事情家长和孩子可能会有完全不一样的看法。比如，孩子因为在学校遭受同学的欺凌而情绪低落，回到家后，孩子试图向父母倾诉自己的不快和委屈。可父母并没有真正听进去，而是不耐烦地打断孩子，说：“别想太多了，学校里其他的事情不重要，你只需要好好学习就行了。”这样的回应会让孩子感觉自己的感受被忽视了，而且无法得到支持和理解。

（2）话语权不均衡。

在沟通中，可能存在话语权不均衡的情况，一方占据主导地位，而另一方缺乏表达的机会和空间。有时父母可能采用了不当的沟通方式，例如过于强势或命令式的语言，导致孩子感到不受尊重和理解。

在家庭关系中，父母天然地有话语权优势，他们不仅年长，生活阅历也多，更容易觉得自己的想法是对的，孩子的想法不成熟。于是，总希望孩子按照自己的想法来做事情。

孩子的职业规划便是亲子沟通中常出问题的环节。我见过一些家庭，父亲经商成功，父母便不顾孩子的意愿，一心希望孩子以后选择金融相关的专业。孩子若是说，自己以后想学文学、国学，父母会打断孩子的话，语重心长地告诉孩子说："学习国学将来是很难就业的，你看社会上有多少人靠着国学有饭碗的？倒是做金融，老爸有自己的社交圈，以后可以帮到你，你也有更大的发展前景。"

这个家长的话有错吗？客观上来看，并没有错，而且有理有据。但他并没有考虑孩子真正的兴趣，也占据着绝对的话语权，使得孩子的声音被忽视和轻视。

（3）沟通频率不足。

父母和孩子可能由于忙碌的生活而缺乏充分的沟通时间，导致信息传递不及时，感情交流不够充分。

反过来，因为沟通频率不足，家长和孩子双方都不太清楚对方在做什么，关注什么，于是找到共同话题便更难了，这也使得沟通更加难以启动。

我和父母的交流非常频繁，但并不是说每天的聊天时间都很长。随着我走出学校，步入社会，我的工作也越来越忙，能够和父母沟通的时间自然有限。但是，每天几分钟的嘘寒问暖，能够了解父母在忙什么，也能告知父母我在干什么。久而久之，双方沟通便有得聊，也能聊得深入。

（4）"双标"和批评。

父母可能对孩子有双重标准，或者过于批评孩子的行为和决定，让孩子感到不被理解和认可。

比如有两个孩子的家庭，父母对长幼的区别双标对待，很容易导致孩子委屈。大孩子成长的时候，家长会买新衣服，新鞋子。有时候因为两个孩子年龄相差不大，大孩子穿过的衣服家长会让小孩子穿。小孩子抱怨时，父母会说："衣服都是穿穿就旧了，买不买新衣服没有什么区别。"有时，父母还会抱怨孩子不懂事，要买新衣服是不替父母考虑，等等。这样的双标和批评，很容易让孩子不信任父母。

另外，父母常常用"我们这么做都是为你好"来为自己的双标和批评辩解。他们认为自己的行为是出于关心和爱护，但却忽略了孩子的真实感受和需求。孩子可能会觉得父母的所谓"好意"只是掩盖了他们对自己的不理解和不支持。

（5）不尊重隐私。

有时父母可能过度干涉孩子的私人空间和隐私，让孩子感到不受尊重和被束缚。

这是导致亲子交流出现裂痕的重要因素之一。孩子尚小的时候，隐私和个人空间的意识还不够强烈，父母总觉得事事为孩子操心是在帮孩子。可孩子长大了，有了隐私意识后，父母要学会给亲子关系划界线，尊重孩子的隐私，不过度窥探孩子的隐私。只有这样，孩子才会在有信任感的家庭环境下成长，才愿意和家长交流。

（6）不会控制情绪。

沟通过程中，可能出现争吵和冲突，双方情绪激动的情况，会影响沟通的目的和效果。

人的情绪表达能力是随着年龄增长而日渐成熟的。孩子年龄越小，想法有时越难表达出来或是表述清楚。作为家长，需要充分理解孩子，并引导孩子用合适的方式表达情绪。

同样的，家长也需要做好情绪管理，不能孩子一出现问题，比如玩电子游戏，便生气，发怒。这会导致孩子害怕找父母来进行沟通。

（7）不给予足够支持和鼓励。

在交流中，父母可能忽略孩子的努力和成就，未能给予足够的支持和鼓励。

人与人的交流，某种程度上，是渴望自己的声音被听到，渴望自己作为个体得到对方的认可。孩子成长过程中的成就，如果得不到父母的支持和鼓励，孩子便会觉得自己没有必要再分享给父母。久而久之，亲子交流也会变得不畅。

以上因素都可能影响亲子之间的理解和信任，进而影响孩子的情感发展和成长。解决亲子沟通问题的关键在于改善沟通技巧，学会共情和尊重孩子的感受和需求，以及建立积极、开放、理解的沟通渠道。通过有效沟通，父母和孩子之间可以建立更加亲密和健康的关系，促进彼此的成长与发展。

## 一起成为孩子，一起成为大人

那么怎么做，才能建立良好的亲子交流模式呢？

● **方法一**：寻找共同的兴趣爱好，建立共情基点，促进亲子之间的情感连接。

建立共同的兴趣爱好是促进亲子交流的一种有效途径。父母可以主动了解孩子感兴趣的事物，尝试与他们共同参与其中，无论是一起玩游戏、看电影、阅读书籍，还是一起运动、绘画等等。通过共同的活动，父母和孩子可以增进彼此的了解，建立更深层次的情感连接。同时，这样的交流也会让孩子感受到父母的支持和陪伴，增强亲子间的默契和信任。

如今，家长在孩子生活中的参与度其实是很高的，可是在很多情况下，家长的参与却是单向的，并不能像孩子一样感受和体会到这件事情的乐趣。比如陪读，参加孩子的夏令营等等，家长身在其中，却并不会像孩子一样以好奇的眼光审视新鲜的事物，有时也没有热情去和孩子一起去玩耍、享受。这导致的是情感共鸣的缺失，**孩子会觉得，大人有大人感兴趣的事情，孩子有孩子的世界，这两个世界是有隔阂的。**

在美国时，我看到了一个和国内不一样的亲子相处模式。很多美国家长喜欢与孩子打成一片，玩孩子喜欢的电子游戏，和孩子比赛，小学生和成年人会对星球大战里正反派的能力痴迷地辩论着。有时会让人觉得这些家长很幼稚，但这种把孩子当做朋友的相处模式，能使得亲子沟通变得十分顺畅，孩子也更愿意和父母分享自己的生活。

● **方法二：改变话术，学会用请求代替命令、要求和唠叨。**

前文提到话语权的不平衡，容易导致父母将自己的想法强加到孩子身上，也使得孩子容易产生抵触心理。要改变这个状态，一个很容易施行的诀窍，是在日常的亲子交流中，改变话术，尽量避免用命令、要求的口吻说话。相反，父母可以学会用温和的语气和请求的方式来表达自己的想法和期望，有时父母适当地示弱反而可以把主动权交到孩子手上。

举个简单的例子："你能不能帮妈妈扫下地？"

这个简单的句子其实就包含了要求的口吻。不管出于什么意图，当父母以被打扰、厌烦、失望或者生气的口气说"能不能"时，孩子听到的都是这句话的弦外之音：你必须去做这件事。

比"能不能"效果还差的就是反问，比如："你难道就不能帮妈妈扫下地?"反问句不仅对孩子不起作用,还会传递负面信息,使得孩子更不愿意合作。

但是,如果父母改变语气,改成如下的表述方式:"你帮妈妈扫下地好吗?"意味就不同了,不仅口吻和缓了,而且请求式沟通可以让孩子感受到被尊重和理解,甚至被需要,双方更容易达成合作和配合。

此外,父母还可以采用开放式的问题来引导对话,例如:"今天在学校过得怎么样?"或者"你有什么有趣的事情想和我分享?"这样的问题可以激发孩子更多的思考和表达,让沟通更加畅通和深入。

● **方法三**:学会培养孩子的情感表达能力。

人的情感体验有时是难以用词汇形容的,孩子年龄越小,便越难准确地表述自己的所思所想。要想培养孩子的情感表达能力,可以分如下几个步骤来实现:

(1)创造情感表达环境:建立一个支持性的沟通环境,父母要时刻倾听孩子的感受和想法。当孩子表达情感时,父母要耐心聆听,并用肯定的方式回应,让孩子感到被理解和认可。在适当的时候,也可以分享自己的情感和经历,让孩子知道你也曾有类似的感受,从而建立情感上的共鸣。

(2)给予情感词汇:帮助孩子学习情感词汇,让他们能够准确地用语言表达自己的情感。比如,通过故事、绘本或角色扮演的方式,引导孩子认识和描述不同的情感,如喜悦、愤怒、难过、感动、孤独等。

（3）培养情感认知：帮助孩子认识自己的情感，并理解情感与行为之间的关系。父母可以询问孩子："你为什么会感到这样？"或者"你觉得这种情感会让你怎么做？"这样的问题可以引导孩子思考情感的来源和影响。

（4）引导表情和身体语言：引导孩子注意他人的面部表情和身体语言，这有助于他们更好地理解他人的情感，并学会用非语言方式表达自己的情感。

（5）多元化情感表达的媒介：语言不一定能把人的情绪情感准确传递，但倘若辅以音乐、图片、影像，甚至其他艺术形式，孩子的情感认知便会得到更丰富的提升。

（6）建立情感连接：与孩子共度愉快的时光，增进亲子之间的情感连接。父母与孩子可以一起玩游戏、做手工、读故事等，这样的亲子互动有助于孩子更自然地表达情感。

（7）角色扮演：通过角色扮演的方式，模拟不同情境下的情感表达。父母可以与孩子一起扮演不同的角色，演绎不同情感表达的场景，让孩子在游戏中学会表达自己的感受。同样的，父母也可以在角色互换的过程中，理解孩子所关注的问题。

（8）利用生活实例来示范解决冲突的途径：在家庭中，难免会有冲突和不愉快的时刻。父母要引导孩子学会用言语表达冲突和需求，而不是采用攻击性的行为。

以上方法需要家长的耐心和指导，不是一蹴而就的过程。

通过持续的练习和鼓励，孩子会逐渐培养出良好的情感表达能力，从而建立更为健康和亲密的家庭关系。

● **方法四：学会识别孩子的个性，根据孩子性格调整亲子交流模式。**

每个孩子都有独特的个性和性格特点，理解并尊重这些个性差异对于建立良好的亲子关系至关重要。

美国心理学博士约翰·格雷在《孩子来自天堂》一书中，将孩子的性情分为四种：敏感型、活跃型、反应型、接受型。

敏感型孩子比较脆弱，容易激动，多愁善感。他们最需要的是认同感，一旦认同感被满足，他们的改变意识、行动意识都能得到很好的激发。敏感型的孩子需要更多的理解来化解抵触情绪，他们对自己的需求很明确，喜欢倾诉、抱怨，如果你能帮着分担情绪，他们就很高兴。

活跃型的孩子不太关心自己的内心，对自己的影响力更在意。很多喜欢跳舞、唱歌、表演，性格外向、好强的孩子，属于活跃型。他们关心的是做事的流程、细节、结果，如果我们能辅助他在"做"这件事上，搞定限制、规则和指导，这类孩子的抵触心理就会化解，而且能充分培养他的领导力。让他忙起来，消耗他的精力，鼓励他行动，肯定他的成功，原谅他的错误，学会私底下分析他的错误，是家长能给活跃型孩子最好的沟通模式。

反应型的孩子喜欢刺激性活动、新鲜事物，喜欢探索事物之间的关系，也就是我们常说的三分钟热度小孩。他们需要分散注意力并给予适当的引导，如果没有好的引导、正确的支持，这类孩子就会缺乏责任感和自律能力。

接受型的孩子更关心生活的规律，喜欢被剧透，他们期待知道接下来会发生什么，什么值得期待。这类孩子对陌生环境、陌生人适应性较差，喜欢生活按部就班，讨厌变化。父母要尊重他的规律，不要凡事都要催促，不然他会奋力反抗。挑一些固定的事情建立生活中的仪式感，表达的时候用"什么时间，我们会做什么事"来建立良好的沟通方式。

不同性格的孩子对沟通方式和表达需求有不同的偏好，因此，父母要学会识别孩子的个性，以及根据孩子的性格特点来调整亲子交流模式。**父母究竟怎么做，才能建立有效的交流模式呢？**

首先，家长要观察与了解孩子的性格特点。父母要细心观察孩子的行为和反应，尝试了解孩子的性格特点。有些孩子可能外向活泼，喜欢与人交流，而有些孩子可能内向敏感，更喜欢独自思考。了解孩子的个性，有助于父母选择更适合的交流方式。

其次，家长要尊重孩子的节奏。有些孩子可能需要更多的时间来适应新环境，父母要给予他们足够的空间和时间，不要强迫孩子立刻回答问题或表达情感，而是耐心等待他们感到舒适才进行交流。

另外，家长要适应孩子的喜好。家长可以根据孩子的兴趣爱好来开展交流活动。如果孩子喜欢绘画，可以通过画画来表达情感；如果孩子喜欢阅读，可以通过阅读故事书来展开亲子交流。同时，家长也要对孩子给予个性化的支持。根据孩子的性格特点，给予他们个性化的支持和鼓励。有些孩子可能更需要肯定和赞扬，而有些孩子可能更需要安慰和理解。

同时，家长要在交流时避免比较和批评。不同的孩子有不同的优势和劣势，父母要避免将孩子与其他孩子进行比较，并且不要过于批评他们的个性。要以尊重和包容的态度对待孩子的个性，帮助他们建立积极的自我认知。

最后，亲子交流需要鼓励自我表达。家长需要鼓励孩子坦率地表达自己的感受和想法，不要评判或指责他们的观点。父母要展现出开放和理解的姿态，让孩子感到自己可以自由地表达。

通过以上的方法，家长可以建立有效的亲子交流模式，为孩子的成长和发展提供良好的支持和引导。好的亲子关系将有助于孩子情感的健康发展，增进亲子之间的信任和理解，共同构建幸福和谐的家庭氛围。

# Part 3

## 激发孩子的内驱力，
## 把成长的原动力还给孩子

知教育者，与其守成法，毋宁尚自然；与其求划一，毋宁展个性。

——蔡元培

# 11

## 面对没有标准答案的人生，
## 孩子如何做出"最好"的决策？

### 高考、选专业、出国留学、考研，
### 这些人生的选择……

高二，因为学习成绩优异，我被班主任告知，我有机会申请国内几所自主招生的少年班学院。

"中科大、西安交大的少年班在全国都是赫赫有名的，你入学年龄小，是我们学校少有的几个有资格报名的学生，你考虑下，看看要不要报名试试。"

班主任老师把少年班招生考试的资料递给了我，让我和家长商量一下。

"考少年班有什么特别的地方吗？"我问道。

"少年班考试在高二，如果考上了，你就不要参加高考了，这相当于给自己省了一年学习时间。"老师用手指了指招生资料上的考试时间，"也因为这个，少年班的同学年龄普遍很小，有的学生甚至十三四岁就读大学了。"

我看到少年班的宣传资料上，赫然写着"天才班""神童班"这样的标语，上面还有不少杰出校友，有的大名在全国更是如雷贯耳。我很是心动，下课后，拿起了电话，问父母该怎么办。

"伢子，你和爸妈说说，你自己是怎么想的？"父母从没听说过少年班，一时给不出具体意见。

"能提前一年上大学，我觉得挺不错的。况且，这几个大学都不错，即使通过高考考上了，我也会很开心。"一想到高三的压力，我就畏惧，我觉得眼前的机会会让自己少吃点苦。

"凡事总有个利弊，你讲的都是好处，那不好的地方有想过吗？"

"全国有少年班的大学就那么几个，对比高考后填志愿，我大学选项会少很多。万一我更喜欢其他的大学呢？"我回答道。可心里，我仍觉得即使错过了其他大学，似乎也不是大问题。

"老话说，鱼和熊掌不可兼得，权衡起来，爸妈也不知道哪条路更好。不过，伢子，爸妈有点担心你的年龄问题。这么小就读大学，你吃得消吗？"

"我也不清楚。"的确，我只看到了这个机会给我带来的好处，可是否适合我，我是否能理解，是否能胜任，我并没有考虑过。

"要是你自己也不知道答案，最好多打听些信息，再做决定。宣传册上的信息是有用，可也不能盲信。你想想，如果现在就去读大学，你心理上准备好了吗？生活能自理适应吗？不要看宣传册上那些'天才''神童'的故事就觉得自己也是神童，最后还得看自己情况来定。"

父母的提醒让我醍醐灌顶。的确，我被宣传册上的故事触动了，也因为压力，迫不及待地想结束高中生活。可是，从乡村到县城，我刚经历了生活环境的大变迁，到高二才勉强适应县城的生活。若是此时我去读大学，我能适应省外的生活吗？再者，少年班专业学什么，学习环境又如何？我都不知道。说到底，我不仅对自身的生活能力不自信，更不清楚这连级跳的过程，学习是否跟得上。

我是一个习惯在有足够把握情况下才做决定的人，这一次，我看不清自己在这一局中的走向，于是，我选择了放弃。

人生路上，会有很多取舍，进与退有时难做决断。放弃这次机会，我不知道对我的人生带来了多少影响，但我并不后悔。

少年班报考事件后的几年，我又陆续碰到了多个对我人生影响深远的决策点：

高考后，我报考哪所大学，什么专业？

大学毕业，我是选择工作，还是在国内读研，或者出国留学？

博士阶段，我选择哪位导师和什么研究方向做学问？

博士毕业，我是选择留在学术界做学问，还是去工业界找工作，还是选择创业？

这些问题，和当年少年班的报考一样，没有所谓的标准答案。每做一个抉择，我能回头来重新选择的概率几乎为零。未来数年，甚至数十年的人生，也都会被这几个决策左右。怎样做，才能让自己的抉择最合理？做怎样的选择，才能做到"人生如棋，落子无悔"？

哈佛大学著名教育学家 Tony Wagner（托尼·瓦格纳）教授曾列出 21 世纪必备的七项生存技能，其中，思辨能力便是七大技能之首。思辨能力反映的是一个人思考问题的方式，即能否从不同角度看待一件事情，理性而又客观地分析问题和信息，并做出合理的判断。

## 在没有标准答案的人生中"游戏"

在我的成长路上，面对以上问题，我自认为决策都很合理，这也使得我走到了今天的位置。然而，在身边，我见过的缺乏思辨力的孩子大有人在。许多孩子一碰到复杂问题，或者没有标准答案的人生选择题，便不知所措。这是怎么回事呢？

在我看来，孩子思辨力缺失，有如下几个原因：

● 其一，碰到新讯息时，往往不知道如何提问，只会跟风被动接受。

这或多或少与我们的教育方式相关。在学校和家庭教育里，我们的孩子多半是被动地接受知识。老师和家长教什么，孩子便学什么。该背的知识点背好了，孩子就很满足。

这种教育方式下成长起来的孩子，多半习惯跟风从众，很难学会提出一个好问题。在他们眼里，老师和家长是权威，他们只会被动地接受权威的观点，不懂得质疑。久而久之，这些孩子只满足于记诵和抄录，成了所谓的"书呆子"。

我刚到哈佛时，便有过这种"书呆子"的体会。我在国内的本科教育有着扎实的理论基础，生物学各个分支，我都深入系统地学习过，每个科目重点我也倒背如流。可到了哈佛，我发现老师的讲课方式完全变了，成了案例教学。他们会以一个问题入手，从点到面，逐步剖析知识点。每个学生都要参与到讨论中，运用自己所学知识，分析、设计研究课题，找到应对方式。每次讨论，我都变得哑口无言。

我并不是不懂那些知识点，也不是因为语言不过关，更主要的，我是不知道该说什么，该问什么。我的观念里，上课就是坐在那儿，好好听讲，把老师讲的知识点记录、消化好。我不会去想，老师讲的一定都对吗，有没有其他方式解决老师提的问题，在这种被动学习的思维模式下，我只会照背书本上的一些内容。然而，在自然科学研究领域，很多未解决的问题并没有所谓的标准答案，跟风照背根本解决不了问题。

类似的例子也常发生在我们身边，比如有的孩子选专业时，没有主见，听说金融专业好，便跟风申报类似专业，而不去思考自己是否适合；比如新媒体时代，网络从众效应明显，很多孩子喜欢关注网络大 V，跟风模仿网红，不少孩子动辄花费数千数万元打赏博主，却没有思考过，这些网络大 V 传递的信息，对自己是否有用；再比如，有的孩子选择第一份工作，盲目地听父母建议，偏好体制内的工作机会，可他们没有想过，体制内的机会是否与期待值相符，等等。

要学会做决策，首先要做的，便是对所接收的信息打个问号，弄明白信息和自己的关联，决策才会做得靠谱。

● 其二，认知能力停步在了记忆、理解的简单层次，不会对知识信息进行分析、归纳、评论和创造，这导致做决策时思维混乱，常做出让人后悔的决定。

人学习知识的过程，由如下几阶段组成：记忆、理解、应用、分析、评价和创造六方面。其中记忆、理解、应用被称为低阶思维，而分析、综合、评价被称为高阶思维。高阶思维是发生在较高认知水平层次上的心智活动，做决策时，往往需要运用高阶思维能力。

我们身边不少孩子，在记忆和理解新的知识时，往往没有多少问题，但是一旦要进行归纳总结再创造时，孩子便犯难了。

有的孩子学英语时，能轻松地背诵成百上千的单词，掌握不同的短句语法，可当他们学习计算机编程语言时，却不知如何上手了。虽说英语和编程属于两个不同学科，但两者都是人类传递信息的一种方式，都有其固定的词汇和语法。在高阶思维的把控下，我们其实是可以将两个学科的学习逻辑和方法相互运用的。然而，我们少有人能看到不同学科知识的关联，也不会利用交叉学科思维进行学习。

再有一些孩子在历史考试时，能系统地罗列出如王安石变法等历史事件的时代背景、变法政策对宋代社会的影响，以及该事件与其他朝代变革的异同等重要知识点。但当他们处理生活中的事情时，类似的逻辑思维能力却谜一样地消失了。选择工作时，不知如何分析工作性质，也不知道自己的兴趣，更别提对社会趋势的判断了。好像，我们学校所学的思维方式，只是纸上谈兵，生活中并没有用武之地。

然而，学校教育是孩子思维的练兵场，我们之所以学习课本知识，是想培养出高阶的思维方式，以应用到生活上来。

我在学习理科时，掌握的一个有用的高阶思维是如何有条理地拆分问题，并给出系统的解答方式。在日常生活中，我会利用这个思维模式，辅助我有条不紊地做决策。比如大学毕业后何去何从的问题，我会像对待数学题一样，把它拆解成多个可能性，每个可能的选择条件下，我会像罗列解题条件一般，罗列出做这个选择时我能接受的条件、我的现状，以及我选择后可能的人生走势。最后，我会做反证，假设在这个可能性下，我做另外一个选择，后果会是怎样呢。这么一来，原本复杂的问题被拆解开了，每个可能性的优缺点也被清晰地罗列出来，于是，我便能更有把握地做决策。

由此可见学会分析、归纳、评论与创造，对人做决策有多大的作用。

● **第三，我们做决策时，经常患得患失，导致我们不能全面地思考清楚问题。**

人做决定时，往往在潜意识里综合考虑利益得失。决策越关键，我们对利益的考虑也便越执着。这常导致我们做决定时，只关注了眼前，而忽略了全局，致使很多问题不能全面地考虑清楚。

比如，有的孩子学习时，明明学习方法不对劲，需要调整。可他们担心调整的过程会打乱现有的学习节奏，导致学习成绩下滑。于是，他们变得不敢试错，越临近中考高考，试错成本越高，孩子越不愿意更换学习方法。长此以往，孩子只会运用一个固定的低效学习方法，学习很难有大的突破。

再比如，有的孩子高考选择专业时，犹豫不定：是选择和父母所从事职业相似的专业呢，还是根据自己的学习所长，选择一个新专业？如果选择前者，一来父母对这个行业熟悉，能够给自己提供恰当的指导；二来父母有一定的资源，没准在以后能为自己铺路搭桥。选择后者，虽说自己更喜欢，但一切都要靠自己重新探索，真的值得吗？在这得失关系的考虑中，不少人更容易看到眼前的利益，因为这是可感可触的。然而，这样的选择真正合适吗？并不见得。

很多时候，人生的选择题没有最优答案，过多地计较当下的得失，可能导致未来自己会失去更多。

● **第四，我们很多人做选择时不擅长回归常识进行思考。**

不少人认为，面对新知识、新场景，自己容易被忽悠，是因为不懂——这其实是给自己不愿意深度思考找的借口。任何知识，只要孩子愿意去拆解分析，最终都可以归纳总结成简单的逻辑体系，而这个逻辑体系的对与错，往往能依据常识来做判断。

中国古代有个"自相矛盾"的成语故事，说的便是如何回归常识，进行逻辑辩证分析。传说楚国有个卖兵器的人，到市场上去卖矛和盾。他举着盾说："我的盾是世界上最坚固的，不论怎样锋利的东西也不能刺穿它。"接着，这个人又拿起一支矛，向围观的人说："我的矛是世界上最尖利的，不论什么东西都能刺穿。"这个时候，围观的人便问了："如果拿你的矛去戳你的盾，会怎样呢？"围观的人先是一愣，突然爆发一阵大笑，便都散了，那个卖兵器的人，只得灰溜溜地走了。

不少人在生活里缺乏判断力，容易被忽悠，其实就是缺乏回归常识思考的能力。比如，我们常看到保健品和某些药被宣传得神乎其神，几乎能治百病。回归常识去想，地球上，全人类的平均寿命是多少？哪几个因素导致近年来人的平均寿命延长？如果不是这些保健品和药，这个宣传多半是假的。因为如果它们能治百病，每个人便都可以活到上百岁了。

"外来的和尚会念经"，生活里还有些常见的产品，被贴上了高大上的标签，比如"量子鞋垫""能打碎细胞壁的搅拌机"

"含有 20 种营养元素的护肤品"等等。看到这些标签，很多人会觉得这个产品好，甚至愿意花高价来买。可如果回归常识来想，鞋垫就是鞋垫，量子力学和它八竿子打不着。再好的搅拌机，也是用刀片旋转力来打碎东西，力大的搅拌机，无非将东西打得碎一点。至于那些强调含有多种元素的产品，一个苹果就含有 20 多种营养元素，强调"含有 20 种营养元素"的意义又在哪呢？

也就是说，面对新信息，我们需要教会孩子做两件事情：一是学会用最简单的逻辑来描述它们，如果有逻辑矛盾的地方，这个信息多半不可靠；二是学会简化信息，不要被高大上的形容词、宣传语给吸引，将那些修饰语去掉，重新关注最关键的信息，然后和常识进行比对。很多孩子选专业时，被高大上的专业词吸引，结果进了大学，才发现专业的学习根本不是那么回事，后悔得想换专业。倘若能回归常识，简化信息，很有可能便不会走这样的弯路。

## 寻找到属于自己的人生答案

有什么好方法能帮助孩子练就更高阶的思辨力，强化所学呢？

● 第一个方法，是"科学思辨法"。

这是练就高阶思辨力最核心、最根本的方法，如果孩子能把这个方法学透，高阶思辨能力会大幅提升。

"科学思辨法"起源于16世纪，核心代表是英国哲学家弗朗西斯·培根和法国哲学家笛卡尔。他们为现代科学和哲学的发展打下了坚实的基础，到如今，这套思辨体系仍在各领域使用，比如现代科学研究，便是以这套思辨法来进行的。在西方，学生从小学开始就要用这套思辨法写作业、做课题。

"科学思辨法"分为如下四步：

第一：提出问题和假设。

日常接收的信息一般分为两类：观点类信息和事实类信息。对于这两类信息，我们都不能被动接受，而要抱着怀疑的态度问："这个观点是对的吗？""这个观点适用于什么情况？""这个事实陈述是否准确？"等等。根据接收的信息，提出问题，如果某些观点与认知相左，便需要提出假设。

第二：根据所提的问题与假设找证据和材料。

罗列出支持这个观点的所有关键点，然后搜寻相关证据。当证据不存在时，甚至可以动手实验，将所有的材料搜集齐全。这是"科学思辨法"最花时间的步骤。

第三：对所搜集的材料做分析，检验假设的真伪。

辨别一个观点的对错，一般是在证明其"充分必要性"。比如"A导致B发生"这样一个简单的逻辑，充分性指的是：有了A就能充分导致B的发生，但是，A并不是导致B发生的唯一因素，其他因素同样能导致B发生；必要性指的是，没有A，B便不能发生，但是，有了A，B不一定发生。只有当条件必要充分时，A才能导致B的发生。

搜集证据和材料后，要利用材料论证假设的充分必要性，当我们能充分证明这两方面的逻辑时，这个假设就是对的。

第四：根据分析检验的结果做出解释，并写成报告或文章。

根据论据材料做了分析后，我们一般会有结论，要用一两句话简单总结起来，甚至做成报告或文章，分析过程才有实质存档。

接下来，我用"手机辐射会不会致癌"这个例子来阐释"科学思辨法"。手机在现代生活中成了必不可少的通信工具，关于手机辐射的担忧从手机诞生之初就有，很多人对手机辐射的危害性了解并不全面，担心因为过度使用手机而得癌症，甚至不敢在睡觉时把手机放床头。真的是这样吗？我们首先不妨来求证下，这个观点是否正确。

**你的提问和假设：**

手机辐射不会致癌。

**你开始搜集资料：**

辐射一般分为两种：电离辐射和非电离辐射。电离辐射是由直接或间接的电离粒子或二者混合组成的辐射，它会破坏 DNA 的结构，从而影响身体健康。非电离辐射是指能量比较低，并不能使物质原子或分子产生电离的辐射。非电离辐射包括低能量的电磁辐射。有紫外线、红外线、微波及无线电波等。它们的能量不高，只会令物质内的粒子震动，温度上升。手机散发的辐射属于非电离辐射。

我们的身边一直都有辐射，自然界中，任何温度高于绝对零度（-273℃）的物体都会产生辐射，也就是说一切物体都会产生辐射，以热辐射或其他诸多形式产生，绝大多数并不会对人体产生危害。而自然界中的天然辐射分别来自太阳、宇宙射线及地壳中的放射性核素等，人类已经适应天然辐射的环境。

西班牙巴塞罗那环境流行病学研究中心的研究发现：常规使用手机并不会增加脑肿瘤的患病风险。美国食品药品管理局发表了一份声明，称"没有发现充分的证据表明，暴露在当前的射频暴露极限或以下会对人的健康产生不良影响"。

**你的分析：**

在综合多方数据分析，以及国家对于手机辐射做出明确的安全值限的同时，目前没有证据表明，手机的辐射会引起癌症在内的恶性疾病。

**你的结论：**

目前没有证据表明手机辐射会致癌。

● **第二个方法，是"模拟辩论法"。**

真相可以通过辩论来接近。通过辩论，我们也能了解自我和他人思考方式的差异。以辩论赛为参考，这个方法分如下几步：

第一步，确定辩题。将有争议的观点抽离出来，作为辩论的核心话题。

第二步，选择正反方观点。

第三步，准备辩论稿。即根据所选择的观点，确定支持该观点最强的几个论点；同时，我们也要找出支持这几个论点的相关论据。接着，利用反向思维，找出对方最脆弱的几个论点，并找出驳斥的证据与信息。

第四步，推演整个辩论过程。想象某个论点被陈述后，对方如何驳斥攻击。我们需要梳理出哪些信息可能对自己不利，哪些概念容易引起歧义，哪些因果容易模糊，等等。在大脑里模拟推演，只有这样，我们才能有理有据地说服对方。

以"留学读大学在现如今究竟有没有用"作为辩题，我来展示这个高阶思辨能力。

**正方观点：**

留学读大学有用

**正方论点：**

（1）很多专业国外大学比国内大学要好，留学能帮助学生接受到更好的专业训练。

（2）留学能培养和锻炼一个人的自主生活能力，这对以后进入社会极其重要。

（3）留学能拓展人的视野，亲身体会、感悟另一种语言文化，这对人的成长也极其重要。

**反方观点：**

留学读大学无用

**反方论点：**

(1) 国内很多大学的专业学科已经高于国际平均水平，在这些学校上学，你可以得到很好的专业训练。

(2) 留学生群体日渐增多，留学文凭含金量不如从前，而留学学费又很高，这是个不值得的投资。

(3) 现代科技拉近了距离，足不出户就能了解世界不同地区文化，留学扩展视野是个伪命题。

从这两派观点，可以看到，当正反方各执一词，攻击对方时，听的人便能从辩论中发现哪些信息和自我最相关。随着辩论逐层深入，我们会形成属于自己的观点，也会加深对问题的看法。

也就是说，当面对那些不太确定的观点和信息时，我们不妨教孩子利用"模拟辩论法"，尝试和自己正反辩论，这会帮助孩子在犹豫不定的时刻做决策。

● **第三个方法，是"思考提纲法"。**

这是我在面对复杂问题做决策时，常用的一个方法。小到学科复习，大到解决公司产品问题，我都遵循类似的思维方式。它的作用在于，迅速梳理当下问题，制定最合适策略。

如下，是思考提纲法的几个最核心问题：

(1) 核心问题是什么？

(2) 这个问题的背景是什么？

(3) 和现在这个问题有关的人物和因素有哪些？

（4）哪些是导致这个问题的关键原因？

（5）哪些是次要原因？

（6）解决这个问题有哪些方法？

（7）解决这个问题，你现在欠缺哪些条件或者资源？

（8）如何去弥补这些条件上的欠缺？

（9）时间规划是怎样的，先做什么？再做什么？最后做什么？

如果孩子每碰到一个问题时，都利用类似的思考提纲来分析问题，逻辑思维一定会迅速提高，做事情也更加有条不紊。

● **最后一个方法，是"SWOT 分析法"。**

SWOT 分析是基于内外部竞争环境的态势分析，该方法通过将研究对象密切相关的各种主要内部优势、劣势和外部的机会和威胁等，通过调查列举出来，并依照矩阵形式排列，然后用系统分析的思想，把各种因素相互匹配起来加以分析，从而得出相应的结论。

S（strengths）是优势，W（weaknesses）是劣势，O（opportunities）是机会，T（threats）是威胁。这个方法在企业决策中经常使用，比如做企业时，公司会考虑到的SWOT有如下几个参数：

**优势**
- 擅长什么
- 有什么新技术
- 能做什么别人做不到的
- 顾客为什么来
- 最近因什么而成功

**劣势**
- 什么做不来
- 缺乏什么技术
- 别人哪些比我们好
- 缺乏哪些客户
- 最近因什么而失败

**机会**
- 有什么新技术问世
- 有什么新市场开放
- 有什么市场壁垒解除
- 竞争对手有什么失误
- 市场的天花板是否有增长

**威胁**
- 大量竞争对手进入行业
- 政策缩紧
- 经济衰退
- 顾客需求变化

　　该方法同样也可以运用到学习生活中，比如，孩子选择专业时，可以综合分析孩子的优势、劣势，社会上的就业机会与潜在风险。做决策时，才能尽量做到万无一失。

　　总之，人的思辨力影响我们生活的方方面面。学会培养思辨力，并用系统的方法指导孩子的日常，在遇到人生重大节点时，孩子便能做更好的决策。选对路，少走弯路，孩子的人生也会更顺畅。

# 12

## 如何培养孩子辩证、批判和多维度思考能力？

在上一章，我们集中讨论了如何帮助孩子培养决策力，在关键节点做决定的问题。决定做得好与坏，与做决策时思虑是否周全，有很大的关联。本章，我们将讨论延伸到思维方式，一起探讨如何帮助孩子培养思维缜密力的问题。

生活中，不少家长碰到过孩子的这些问题：

打开孩子的家庭作业或试卷，每次看到孩子犯错的地方，都是一些最简单的问题，或是把数字写错了，或是算题时算漏了一半。若是问孩子，这些知识点孩子其实都会，可就是因为毛手毛脚，丢掉分数。

有的孩子在学习时，没有主见。每次老师提问，想让学生各抒己见，可孩子总是想不出好的点，只能附和或重复别人说过的，孩子的发言得不到老师的重视。

有的孩子求职时，硬实力和其他孩子旗鼓相当，可在面试最后一阶段，孩子回答问题时遗漏了一个重要信息，最后差人一步，痛失工作机会。

这些场景，无不反映了孩子思维缜密力不够的问题。或是毛躁粗心，导致想问题时想不清楚；或是没有主见，无法提出有新意的观点，只能人云亦云；或是在关键场合失误，最后无法展示自我能力，得不到他人的赏识。

## 大脑的"骗局"

我们首先来看导致孩子思考问题不周全的几大原因。

● **第一个原因，是很多孩子的注意力不集中。**

孩子的专注力随环境和年龄而改变。婴幼儿时期，孩子专注力涣散。婴儿看到好奇的事物，很有可能会被吸引而放下手头的事物。随着年龄增长，孩子的专注力会逐渐提高，然而，这个提升过程很受环境的影响，而父母的培养也起了莫大的作用。

有的家庭，不管孩子是否在学习，家长都把电视机开着，父母自己打牌，或者和人聊天。这些做法不可避免地对孩子造成干扰，使孩子不能集中精力去学习。久而久之，孩子便开始毛毛躁躁，养成"一心二用"的坏习惯。

在我成长时，我的父母极力营造一个让孩子专心学习的环境。如果孩子写作业，我的父母说话会压低声音。如果想监督我的作业，他们会安静地坐在身旁，一边忙他们手头的工作，一边静静地打量我的作业进程，尽量让我不被过分干扰。

给孩子以充足的空间，让孩子专注于当下的事情，久而久之，孩子的注意力便会强化集中。

● **第二个原因，是思维惰性，使得孩子乐于接受结论，却不去关注思考的过程。**

我们的大脑是倾向于"懒"的，越是需要耗费脑力的活动，大脑越会选择逃避。这就使得我们看问题时，为了快速找到答案，选择性地忽略数据和论证过程，甚至一看到结论，就习惯性地关闭思考，并告诉自己懂了。

不少孩子做题粗心，并不是因为不懂，而是因为思维惰性，没有做进一步思考。倘若孩子愿意多花几秒钟多读题和审题，很多因粗心所遗漏的信息点就会被察觉到。

这个思维惰性倘若延伸到生活中，孩子做决定就会变得盲目。比如高考填志愿，很多人在报考学校和选专业时，会找人询问信息。他们咨询的信息非常简单：哪几个专业就业形势好？哪些专业最热门？如果了解到某个方向出路不错，自己分数恰好又达到了招生分数线时，十有八九，他们就会选择该专业。

但在做这个决定时，孩子是没有动用自主思考能力的。他们没有细致地思考别人是如何得出结论的：如果某专业出路不错，那读完这个专业，毕业生择业方向有哪些呢？一般能找到什么类型的工作？工作几年后职业发展空间如何？这个学校毕业生就业率是多少？毕业起薪多少？再者，这个专业要学些什么知识？是不是自己最感兴趣的？等等。

在没有调查或有足够多数据前，听了他人结论就轻信，我们不一定能做最好的决断。由此可见，思维惰性对人们做人生抉择，有多么大的副作用。要想让孩子思考问题能全面，不再粗心，不再人云亦云，孩子更需要在思考问题时，多问一个为什么。

● **第三个原因，是情绪管理不当，使得孩子无法进行理性思考。**

人的左右大脑分别控制理性思维与情绪，当我们处理复杂事物时，往往需要理性冷静地分析，如果掺杂过多不确定的情绪，我们的思辨力就会下降。

**情绪过度紧张，是造成孩子思辨力下降的常见原因之一。**过度紧张会使得大脑神经元反应过慢，有些问题便想不清楚。比如，有的孩子平常考试成绩不错，可每逢大考，孩子过度紧张，反而发挥不好。有的孩子甚至在高考时，因为心态太过紧绷，没有发挥出真实水平，需要复读。反之，那些拥有平常心的孩子在大考时能超常发挥，便是这个原因。

**情绪起伏不定，也是造成孩子判断力下降的常见原因之一。**人在过度激动时，做决定往往不理智，有时会做出反常的举动。比如有的孩子会逃课休学，等过阵子情绪恢复了，这些孩子又往往会为自己的冲动而后悔。

我上学时，父母一直注重培养我遇事冷静细心的能力。培养这样的能力要通过长期做某件事来磨砺心智，我的父母采取的方法是让我练书法。当宣纸打开，黑墨在白纸上一撇一捺地行走时，我能在瞬间感受到内心的平和与宁静。对字帖临摹，不仅锻炼了耐心，也让我通过摹写每个笔画更关注细节。

● 第四个原因，是我们培养孩子思考力时，常反其道而行之，笼统灌输概念，致使孩子不会从本源上分析问题。

思考力反映的是一个人对事物的认知。通常情况下，要认识这个世界，我们首先需要观察身边事物，只有这样，我们才会对事物产生一定的体验，最后形成某个判断和概念。

比如，我们观察椅子，椅子的四条腿能支撑起椅身，少了一条腿，椅子可能会放不稳或倒掉。于是，我们得出结论，椅子的腿主要起支撑作用。再比如，我们观察四季，春夏秋冬，植被因四季更迭而发生改变，于是我们能用植被变化大致判断四季分界。

可是，在我们的教育系统里，多数情况下，这些概念都不是这么循序渐进教的。相反，在孩子还没有充分认识和观察事物前，家长和老师先将概念和观点灌输给孩子，这常使得孩子对世界的判断失真，孩子难以从自身真实的体会和探索中获得对世界的认知。

举个例子，孩子在学校学习"何为四季"，老师会告诉学生说，"一年有四季"，"春天是万物生长的季节，而秋天则代表收获"等固定概念。这些概念是对的吗？是，但又不全是。

地球上有些地方，一年有明显的四季之分，可到了赤道或南北两极，四季就不明显了。因为温度与雨水，万物的确在春天更容易生长，可有些地区，一年只分"旱季"和"雨季"，生长和收获的时节在那儿会被打乱，以上概念便不再是对的了。

固有概念的灌输，加上追求标准答案的教育风气，加深了学生的认知偏见。比如我们自小被教导"1+1=2""两点之间直线距离最短"，它们是标准答案、数学公理，这丝毫不能被挑战。可是，这些公理、标准答案一定是对的吗？事实上，"1+1=2""两点之间直线距离最短"，放到宇宙天文的尺度，就不一定是对的了。

由此可见，我们的常见教育思路，习惯灌输给孩子概念，而忽略由观察而得出结论的过程，这使得很多孩子缺乏洞悉问题的能力，他们的思维也很难做到缜密。

● **最后一个原因，是孩子过度在意他人的看法，产生了从众心理。**

从众心理之所以产生，是因为我们在一群人里，习惯了大多数人做事和想问题的方式。如果我们尝试去改变，可能会招致其他人的批评或异样的眼光，这使得我们为了避免麻烦而从众。

小到个人穿着打扮，大到世界观、价值观、爱情观等，每个人无时无刻不被身边人影响着。很多孩子自小就在意他人的想法，穿件新衣服，别人可能无心评论了句不痛不痒的话，结果以为是在说自己穿得不好看，一天都不开心；学习成绩没达标，很多孩子就老觉得别人看不起自己，连走路都不敢在他人面前抬头。这些脆弱的心理表现，都是因为孩子太在乎他人眼光。

过度在乎他人看法会带来两个负面影响：一是对失败的承受力降低，一遇挫折，就容易心理崩溃；二是不敢冒险，看到别人干了什么，自己也依葫芦画瓢地做。这不仅使自己活得很累，也让自己和他人的区分度减小，在一群人里很难脱颖而出。久而久之，孩子便会变得随大流，人云亦云。

## 三个方法提高思考力

上一部分所述五点，分别从思考力的起源、外部环境因素，以及个人心理因素，探讨了导致孩子思维缜密力低，思考问题不全面的具体原因。那么，有什么好方法能帮助孩子提高思考力吗？这里，我来分享我常用的三个方法。

● 第一个方法，是"反证法"。

如上所说，不少孩子思考力缺失，想问题不全面的一个原因是训练方式有误。这使得我们轻易接受某类概念，而不做深层次思考。要解决这个问题，最佳的方法是"反证法"。

"反证法"是逻辑学里非常经典的方法，我们学数学时，常会用这个方法证明某些公式、定理。简单来说，对于论点

"A能导致B发生"，若要证明这个论点是错的，论证的快捷方式可以是找到"A"无法导致"B"发生的案例，通过积累案例，击垮这个论点。

通过"反证法"来看，"一年有四季""春天是万物生长的季节，而秋天则是收获的季节"，这两个观点，便都有逻辑漏洞。

以"一年有四季"为例，反证法的第一步，是将这个结论推翻，建立一个对立的观点：一年不一定有四季。

第二步，根据对立观点找到相应证据。找证据的过程，其实就是给这个论点添加附加条件，即确定在哪些情况下，反对论点能成立。比如，在极寒或赤道地区，一年便不一定四季分明。论据里的"极寒或赤道地区"，便是附加条件。

第三步，也是最关键的一步，即找出为什么在附加条件下，对立观点能成立。只有这样，我们才能更深层次地理解问题的关键。比如之所以四季在"极寒或赤道地区"不存在，是因为我们地球公转和自转时，以一定角度倾斜，这导致地球不同地域接受阳光的时间随着公转而不同。我们多数人不会将"反证法"运用到这一步，这也是导致看问题浮于表面的一个重要原因。

反证法可以运用到很多场合。比如我们常听人说，"只有考上好大学，将来才有出息"。这个观点对吗？很多情况下，是不对的。比如马云，毕业于杭州师范大学，并不是大家口中所说的985名校。也就是说人不一定需要考上好大学，才会有出息。如果只将"反证法"用到这里，我们其实还是没想明白"导致人有出息"的原因。这时，我们不妨追问：哪些条件导致那些没考上好大学的人在社会上成功了呢？这样，我们才真正抓到了问题本质。

"反证法"几乎无处不在，生活中，不少孩子处理问题时，想得不完善，或者有些点根本就没想到，或多或少，是因为没有通过反向逻辑，追问更深层的原因，从而导致解决问题时的能力差人一步。

## ● 第二个方法，是"假设分析法"。

想问题要想缜密，关键是多方位的因素都要考虑到。这便意味着我们需要从多维度分析问题的原因，甚至大胆提出假设，求证问题的答案。

举个简单的例子，比如电脑无法开机，我们可能首先想到的，是电脑电池是否还有电力。假如电池没有问题，那么接下来，我们可能会怀疑电脑的显卡是不是有问题。如果我们把显卡拔出，换成新的显卡，电脑还是无法开机，这个假设就不再成立了。我们可能会下一个怀疑不常出现的问题，比如电脑内存。这时，我们选择将电脑内存条拔出，在其他电脑上测试，排查问题。

在这个例子中，大家可以看到，我们思维经历的是一个假设、排除、再假设、再排除的过程。我们会将出现问题的可能性原因逐一罗列出来，根据出问题的概率，从最容易出问题的点开始排查。如果我们的假设通过测试不成立，我们会进一步测试下一个可能性，直至找出问题。

在使用假设分析法思考问题时，需要注意如下几点：

其一，假设之前，我们需要对问题进行系统的分析，尽可能地罗列出导致问题发生的所有原因。

其二，对于不同原因，我们需要对其权重进行赋值。或根据以往经验，或根据他人建议，对多个原因进行重组，罗列出它们的优先级，以最有可能导致问题的点作为切入口，开始解决问题。否则，这样一个思维过程会极其耗时耗力，也会常做无用功。

其三，一次尽量只做一种情况的假设。同时做过多的假设，会让问题失去焦点，同时也分散自身注意力与精力，反而影响处理问题的效率。验证一个假设后，继续提出另一个假设，逐步缩窄问题的范围，找到最终的答案。

综上所述，我们通过提出假设，进行推理验证，能有效地将导致问题发生的方方面面的原因排查出来。

● 第三个方法，是"推演法"。

"推演法"，顾名思义，是对当下观点或概念的一个延伸推导，重在一个"推"字。

一个观点，如果是普适正确的，一定可以推及至多个场合，否则这个观点自身便有逻辑问题。我们可以利用这个特点，推演未来可能发生的事情，并和观点比对，看看两者之间能否自洽。如果推导与观点所陈述的事情不相符，那么这个观点极有可能是错的。

举个例子，我们常听人说，吃油炸食物能引发心血管疾病。怎么利用该"推演法"来判断这个观点是不是正确呢？

第一步，将论点关键信息细分。比如油炸食物可以分为含胆固醇高的，含反式脂肪酸高，和含正式脂肪酸高的食物；血管疾病，可以分为高血压、高血脂、脂肪肝、肝硬化、动脉硬化等等。有了这样的细节划分，我们才能利用推演法进行下一步推导。

第二步，将细分信息放在原有观点下，搜集证据进行验证。比如吃含胆固醇高的食物，科学研究表明，肝硬化、动脉硬化的概率将大大增高，吃正式脂肪酸含量高的食物，同样血脂和血压也会增高。也就是说，根据此方法进行推演，这条观点有它的合理之处。

第三步，和"反证法"的第三步类似，我们要进一步琢磨，为什么这些推演的场景成立或不成立，只有这样，我们才能更深层次地理解这个观点。比如胆固醇之所以会导致肝硬化或动脉硬化，是因为这个脂肪分子会嵌入人体细胞，使得细胞膜的硬度增大，宏观反应便是肝硬化或动脉硬化。了解了这个深层的原因，我们才能更加有理有据地说服别人，为什么吃含胆固醇高的食物不好。

生活中，我们很多场景都是可以利用"推演法"进行推导验证的，大家不妨参考以上的案例，进行三步推导训练。

总之，我们若想孩子成为一个思维缜密的人，需要做的便是引导孩子规避注意力不集中、思维惰性、情绪失控、笼统被动地接受概念、过度在意他人看法等思维误区。继而教孩子运用合适的思维训练方法，如反证法、假设分析法、推演法等，帮助孩子进行思维强化训练。久而久之，我相信，孩子一定会变成一个想问题、做事情周全到位的人。

# 13

## 引导孩子学会自学，
## 形成"终身学习"的观念

### 学校教育和社会职场之间的断层

**自学，指的是在没有其他人的指导和教育的情况下，通过个人的方法学习到一定的技能或知识。**很多优秀的人都拥有强大的自主学习能力，这使得他们在面对未知事物时，不会心存畏惧，反而能跳出自身舒适区，勇往直前地学习新知识。

在应试教育模式下，我们的孩子其实是很少需要自学的。在学校，每门学科都有固定的学习点，老师会以既定的方式教授相关内容，孩子很少有必要主动学习考点外的知识。即便进行自学，多数孩子也只是进行提前预习，很少学习与考试无关的新内容。这也使得很多孩子在学校，不常注重自学能力的培养。

然而，当孩子走出学校，进入社会后，书本内容与社会脱节了，孩子便要学习新知识。

很多孩子进入新岗位，比如土木建筑专业，需要考资格证，如结构工程师证、建造师证等；找体制内工作，孩子需要考公务员。这些考试的内容和学校所教授的知识体系很不相同，很多孩子学起来一头雾水。

毕业后，有的孩子从事的工作与学校所学专业并无多少关联。初入职，孩子需要从头学习与工作相关的所有内容。自学能力强的人很快便能上手，而有的人则要花费很多时间和精力，才能勉强掌握皮毛。

还有的孩子想在工作中得到提升，想通过学新知识来加强自己专业能力。然而，如何系统地学习这些知识，实现能力突破，很多孩子并没有有效的方法。

我在小学、初中、高中时，其实是很少专门自学的。偶尔自学，也是因为要对某个科目提前进行预习。在大学里，专业知识更加细分，所需掌握的内容也繁杂多类，在大二，我进入实验室开始实验研究后，前沿的研究需要学习很多课本外的新知识，我才第一次接受了集中的自学训练。

等到了博士阶段，我的科研任务成了探索未知。在这个过程中，很多知识是没有固定答案的，如何提问，如何设计试验方法论证我的猜测，如何做总结，成了我自主学习的主要任务。也因为这样一个强化的训练过程，我的自学能力得到了极大的提升。

读博士时，我发现不少美国同学并没有参加过系统的学校学习。出于孩子的个性原因或其他一些考虑，有的家长选择不送孩子去学校读书，而在家进行家教。很多孩子通过家庭教育，以及强大的自学能力，照样也考上了哈佛、麻省理工等名校。也就是说，掌握了自主学习的方法，有时我们甚至能将一些劣势扭转过来，成功实现人生的突围。

## 会自学，更会终身学习

有什么合理的自学方法，能够帮助那些想要自学的孩子，快速掌握新知识呢？

在我看来，自学分为如下几个具体的操作步骤：

第一，找到合适的学习资料，进行新知识的消化吸收。

第二，学会把一本书读薄，然后，再将这本书读厚，充分理解新知识。

第三，学会提问以及与人交流，将自主学习的内容吃透。

第四，学会在实践中运用自主学习的内容，强化所学。

● 第一，找到合适的学习资料，进行新知识的消化吸收。

这个步骤看似简单，但是实际操作起来，很多人都不会。

孩子进行自学，学习的是不懂的知识或技能。选择什么学习资料才是最合适的？选什么参考资料最能辅助学习？在这个专业里，哪些参考书最权威？买多少本来学才最合适？

自学时，几乎所有孩子都碰到过类似的问题。有的孩子担心自己学漏，会买很多参考书，导致自学的任务极为艰巨；有的孩子购买的入门书籍难度过高，使得自己学习很难上手，越学自信心便越受挫；还有的孩子购买太多同质的书籍，虽然学了很多，但效果却不大。

我在自学时，常会花心思精心挑选学习资料。学习材料选对了，学习的过程才会顺利。挑选材料的过程中，我有如下几大原则：

第一，我会挑选该学科综述类的学习资料。综述类的资料一般高屋建瓴地将学科知识体系构建起来了，有了这个框架，我便能理解学科最重要的知识点。

例如，我在大学没有仔细学过神经生物学，但到了博士阶段，我需要做类似项目的研究。要学习这门学科，我会把神经生物学里最权威的综述书本买过来，从分子、细胞、生理等各个角度，全方位学习这个学科的核心知识。

选择综述类学习资料不需要多，而在于精。每个学科最核心的基础知识变化相对较小，通过学习一两本综述书籍，我们便可以将其掌握。

第二，我的书籍选择会根据难易程度分类。学习知识不要一开始便挑高难度的资料来啃，而要循序渐进，从易到难，每个阶段都挑上一两本，来进行自学。否则一上手就学难懂的知识，容易让人大受挫折。

第三，根据学习需求，我会选择不同细分知识的重点学习资料。

学习计算机编程语言 Python 时，在选择了综述性学习资料后，我重点挑选了数据库与图像处理的学习资料，来进行强化学习。有时，类似的学习资料会包含我们想学内容外的东西。我们可以根据自己的时间，跳过不需要的内容。这样我们的自学会更有针对性。

第四，选择的书籍最好有能将知识实际运用的参考书。初高中学习时，我们常会使用习题参考书，来模拟练习学习的知识内容。同样，如果我们只是被动地学习，而不应用，自学的内容便很难被记住。

细想以上几点，我们会发现这里有一个"鸡生蛋、蛋生鸡"的逻辑困境。孩子想要自学一个知识，恰恰是因为不懂。那么，他们怎么才能知道哪些综述类的书籍最具权威性，甚至如何区分学习资料的难易度呢？

这里，家长的责任便凸显了。作为过来人，家长常比孩子有更多的见识，也有更多的人际网。在孩子自学时，家长有必要帮孩子梳理学习资料，搜寻并判断哪些学习资料更适合孩子自学。这样，孩子的自主学习才会有的放矢。

● **第二，学会把一本书读薄，然后，再将这本书读厚。**

这看起来自相矛盾的学习过程，**实则是我们对新知识吸收、理解与再应用的过程。**自学，因为缺少老师的指导，很多孩子不知道如何归纳整理知识。不少孩子拿到参考资料后，便对不同章节进行无差异化学习。遇到不懂的知识点，便开始做笔记，丝毫没有重心。

这种学习方式，其实是低效的。**高效的自学方式，是学会拆解学习内容，并通过自学构建属于自己的知识体系。**

想象一下，在学校里，老师教授一门课程，都有所谓的教学大纲。这个教学大纲，是老师根据多年的教学经验，以及考点，精心总结的。进行自学，孩子如果也能将书里的知识列一个学习提纲，高度提炼书中的内容，也会让自己对书的知识点掌握得更通透。

这个过程，孩子需要先集中攻克综述类的学习资料。通过通读一两本参考资料，理解这个学科最核心的问题是什么，知识框架是什么。才开始，孩子可以进行速读，通读，在短时间内搭建起知识体系框架。当孩子通读完整本书后，闭上书页，开始思考书的脉络，知识重点。

通读一本书时，做笔记是非常重要的信息记录方式。知识重点、关键词汇、知识间的关联，最好通过笔记记录下来。读完后，我们可以对照笔记，看看是否能大致复述出参考资料里的内容。如果有疏漏的地方，在复习时，我们可以补齐。

我在复习笔记时，有一个习惯，是在笔记的基础上进行再加工，看看能否再精简。孩子第一次做笔记时，常记的是一些不懂的知识，这会使得笔记内容重点不当。通过再次调整记录，纠正记录的重点，同时精简内容，孩子对知识的把握会更全面。

这便是将书读薄的过程。

做完这一步后，下面便是需要将书再读厚了。

有了知识大纲的引领，孩子或多或少会知道不同学科，最需要学习的点是什么，什么知识难学。此时，根据提纲，孩子需要把细分知识点，以及不同难度的参考书籍，细致进行学习。

很多知识根据提纲，其实是可以推断出应用场景的。孩子可以挑自己最想学的几个点，进行集中学习。于我所学来说，神经生物学这一门学科中，神经细胞的电生理学是一个极为重要的概念，也是神经元之间相互传递信息的基石。为了理解这个概念，我开始精读细胞生物学的知识点，理解神经元细胞膜内外的电势差，理解不同化学离子在不同细胞膜之间的转运机制，只有这样，我才能加深对这个关键概念的理解。

自学是一个长期摸索的过程，究竟能否得当地总结知识提纲，把核心内容吃透，看一个人对知识体系的把控。只有通过总结、归纳与复盘学习，孩子自学的效果才会越来越好。

● **第三，学会提问以及与人交流。**

进行自学，最忌讳的是闭门造车。我们每个人的思维方式都有一定的局限性，思考问题的角度和他人经常是不一样的。如果孩子只是自学，而不和他人交流，很可能会因为认知的局限，而导致理解错了知识点。

我在读博时对这一点就深有体会。在大学，我的专业是细胞生物学，而到了博士阶段，我主攻的是生物物理与生物化学，具体的研究则是光学成像在细胞生物学中的应用。这是一门交叉学科，需要多方面的知识积累，才容易上手。博士第一年，我总喜欢一个人埋头苦学。虽说我能在短时间内记住很多东西，可每到关键的知识点，我总是吃不透。而做研究，除了掌握已有的知识，更重要的是对未知发出提问，寻找那些没有答案的好问题。怎么才能找到它们呢？

有一次，我和同学交流，探讨我们领域的科研问题。对于同一个技术，我因为长期在细胞生物学钻研，想到的只是在该领域的运用，而同学的思路则比我的思路广多了。他不仅看到了类似技术在复杂三维组织器官的应用，甚至还想到了如何改进技术，对发育的胚胎进行成像追踪等。

再后来，我到了麻省理工进行博士后研究，探索纳米材料在癌症检测中的应用。我的一个同事破天荒地想到纳米材料与细菌之间的相似性，于是想到了改造细菌来进行癌症检测。生活中，酸奶含有很多益生菌，通过改造酸奶益生菌基因，我的同事甚至想到了通过喝酸奶检测癌症的新手段。

这些脑洞大开的想法，曾让我一度痴迷。人类对未知的探索，需要的便是这样的创造力，而这些好点子之所以能想出来，便是通过不同学科之间的碰撞交流得来的。

与人交流的另一个好处是，它能帮我们重新梳理知识脉络，理清所学。很多人在学习时会发现，学习一个知识点，如果只是自学，对这个知识点的记忆可能并不深刻。但如果我们能通过交流，深入浅出地讲出这个知识点，我们便很难忘记这个知识了。这是因为，在讲解时，我们需要梳理知识的逻辑，需要面对听众的质疑提问，我们调用了这门学科里很多的知识点，下意识里，也加深了对知识的理解。

● **第四，需要在实践中运用自主学习的内容，强化所学。**

就像学习游泳，不能只看视频学习，最终的检验还是要跳进游泳池，看看自己能否真正地会游泳。

将自学的内容应用到实践，在我看来，可以根据知识体系的应用场景，分为两个不同的类别：

第一类是"场景模拟"，即通过虚构、模拟场景，将所学内容进行检验，以论证这些知识点的合理性。

这类应用在自然科学的学习中常被用到，其原因在于很多内容在现实中很难找到对应场景，只能通过模拟来推断知识的合理性。

比如达尔文的进化论，生物体需要亿万年的进化积累，才会发生生物特征的变化。要在我们人类有限的时间里论证这样的理论，是不可能的。于是，生物学家想到了很多场景模拟，试图加速进化，来验证达尔文的进化论。比如微生物学家，为了探讨细菌抗药性的机制，通过使用不同抗生素对细菌进行加速筛选和进化。低抵抗力的细菌被筛除，而有耐药性的细菌则存活下来。经过多代进化，我们便可以筛出超强耐药细菌。而理解这些细菌耐药的生化机制，便能让科学家更有针对性地设计药物，摧毁自然界中的超级细菌。

**第二类模拟，是实战模拟。**

孩子自主学习的内容，如果经受了实践的考验，往往能更牢固地被记住。比如学习计算机编程，如果孩子能真正编出应用程序，所学的计算机语言语法才算是真正用到实处；再比如学习财会管理，只有在实际工作岗位上真正进行财务管理，才会明白哪些会计知识有用武之地。

在人的一生中，学习是一个始终不变的主题。不论是书本知识，还是生活、工作技能的学习，都遵循着接收、理解、应用于实践的过程。自主学习，能帮助一个人在成长时跨出舒适区，有效地接收新知识。希望所有想要自学的孩子，都能通过本章的四个步骤，练就必要的终身学习力。

# 14

## 教孩子学会深度学习，提高学习转化率

### 龟兔赛跑，乌龟的制胜秘诀

在我家，我和弟弟年龄相差两岁，但我入学要早一年，因此我比弟弟高三个年级。

我们兄弟俩从小就被父亲要求强化学习能力，相比同龄孩子，我们学东西要快很多。但或许人先天有别，弟弟记东西比我快很多，父亲让我们背诵的故事，弟弟常比我花更少时间来记。

然而，随着年龄增长，我们兄弟俩对知识的把握却表现出了差异。弟弟虽能快速记住知识，但隔段时间后，他又忘记了，已学的知识，弟弟常要复习。相反，我学习初期起步虽慢，但慢工出细活，一旦学会了，我便很难忘记。

"哥，你到底是怎么学习，才能把知识掌握得这么牢的？"进入高中后，学了就忘的问题让弟弟很是苦恼。

"我其实也没有多少诀窍，不过在学习时，我喜欢多用点笨功夫，多花时间理解知识点，进行深度学习。你学新东西的能力那么好，要是能深度学习，学习效率肯定会提高的。"

　　"深度学习是怎么做的?"弟弟很是好奇。

　　"我学东西时，不喜欢只看表面的内容。每个知识点，我总喜欢自己将逻辑梳理一下，思考不同内容间的关联，然后再结合身边的例子，看看是否运用得上。"

　　"能举个例子吗?"

　　"就拿你现在物理课上学的离心力来说吧，生活里，我看到水在水池下水口以一定方向旋转，就会想到科里奥利力，想到南北半球力的区别，再到南北半球很多河流弯道弯折的方向。这些自然现象背后都有相通的力学原理，一旦想通了，我对这个知识的理解就全面了。即使学过了很多年，我也不会忘记。"

　　"这些看似没有关联的东西，你是怎么想到一起的呢?"

　　"这就要看对知识的理解了，我们学的知识，都是对身边事物原理的总结。虽说世界变化万千，但背后很多原理是一致的。学习时，我不只是为了考试而学，更重要的，我会想这个知识点解决了我们身边怎样的问题。根据这个原理，我会去推导书上没讲的东西。比如水的比热容大，发动机用水散热合适，反之，冬天暖气片用水来做流体，也就很合理了。要是你也能按我这个思路去学，对知识的掌握就会牢固得多了。"

　　学习知识是一个吸收、理解与运用的过程，要想学得全

**面、深入，关键还是要对知识能举一反三地运用**。生活中，不少家长常抱怨：孩子学东西速度很慢，别人一学就会的东西，孩子要花两三天学。即使学会了，也容易忘记，过一阵子又要重学。好像孩子进入了一个让人头疼的"低效勤奋"状态，不仅学习效率低，每个新任务的学习时间也比其他人多。

## 问题一：学习效率

为什么会出现这些问题呢？怎样摆脱"低效勤奋"的状态呢？接下来，我们一一解析其原因，找出具体的解决方法。

首先我们来看孩子学习效率低的问题。

很多孩子学习时都遇到过类似问题：背诵同样数量单词，有人可以半小时搞定，而自己要花一小时甚至更久；阅读文章，有人可以一目十行，并准确找出文章重点，而自己要反复读才能明白作者写作意图；做数理化习题，他人很快能理解理论概念、公式推导，而自己半天都摸不着门路。

低效的学习方式甚至延伸到生活：考驾照笔试，别人一周就能准备好，而自己要花一两个月准备；新入职工作，同期员工一个月便掌握公司任务，而自己一个月连门路都没摸着。

出现这样的状况，很多孩子第一反应是自己能力不行，找借口掩饰自己学习效率低的问题；第二个反应是想办法逼自己比别人更努力一点，"笨鸟先飞""付出总会有回报"，用这样的心理安慰鞭策自己。这样做行吗？当然可行。但是，如果孩子总抱着这种"自己能力不够，所以要比别人更加努力"的心态来学习，长此以往，不仅时间会被浪费，学习热情也会消退。

低效勤奋的人，在我看来，通常有这样的毛病：

（1）盲目学习。

面对新任务，一股脑地扑上去学，很少去想学科知识关联。譬如高中学习数理化学科，很多孩子基本策略是"题海战术"。老师讲完一个知识要点，自己就拼命做相关习题。有时候，"题海战术"给孩子一种错觉，让孩子以为自己掌握了知识要点，可一到考试，孩子便发现，这样盲目通过题海战术补习的知识点，用不到实处。

（2）学习不考虑策略。

学习知识，像导演编排一场戏，戏要导得好，导演对剧本要有全面把握。很多孩子学新知识时，从不考虑学习该知识的目的，也不了解哪些知识需要重点学，哪些可以略过。这导致孩子对知识没有大局观，学习便很难深入。

（3）被动式学习。

低效能学习的孩子，往往不会把主观能动性调动起来。譬如阅读，孩子只会被动地读和记忆，很少花时间梳理整合阅读的内容，更少思考所阅读文段表述是否合理正确。这使得大脑难以进入深度思索状态，脑细胞没有全线活跃，做事情速度就会放慢。

有什么好的方法，能帮助提升学习效率，打破"瞎忙"的状态呢？在这里，我分享一个方法："自上而下法"。

学习是对一个新知识体系进行重新梳理归纳，并整合入我们认知体系的过程。任何知识，都有其内在的逻辑体系和核心要点元素，这是我们学习知识的"点"。掌握要点后，我们需要将相关的"点"串联起来，组合知识的"线"。某些线之间是有内在联系的，相互连接，变成"知识面"。最后，我们将不同的"面"组合起来成一个"体系"，对这门学科的认知才具体又全面。

学习的"自上而下法"要求我们从大局出发，在知识整体架构上先有个全面的了解。

## ● 第一步，孩子在学习之前，父母要引导孩子梳理出这个领域所有相关的知识体系，鉴定哪些知识面重要，哪些不重要。

譬如孩子进入大学，想在课业之外学习投资，那么金融、经济这两个领域知识组成了投资学的基石；社会心理学、统计学这两个领域，则是辅助学习的佐料；最后，实用投资技能、商业博弈技巧，是实战时所需的技能。不少人学习投资时，喜欢跳过基础知识的学习，直接专攻投资技巧，这就犯了学习时不考虑策略、缺乏大局观的毛病。

## ● 第二步，挑重点学习。

人的时间是有限的，专注力也不能长期保持，如果对待新知识体系丝毫没有重点，毫无遗漏地学习，孩子很快便会疲倦。于是，家长们需要教孩子鉴定出知识体系里最关键的"面"，然后在面里找最关键的"线"和"点"，引导孩子重点学习。

同样以学投资为例，孩子需要在金融、经济、社会心理学、统计学等不同领域，挑一两本最经典的书出来，集中精力学习。这个道理虽简单，但现实中，不少孩子缺乏取舍心理，常不假思索地把能想到的所有书籍都买下来，一本一本地读。然而，不同书编写质量有所区别，同一领域的书内容雷同也多，这种"地毯式"全面学习，实则浪费时间。

当孩子读一本书时，需要懂得取舍。一本书里，总有核心与辅助内容的区分，孩子没必要将时间平均在这两部分，而要挑重点内容精读细读，将核心内容学透。

● **第三步，重新勾勒出属于认知体系的"点、线、面、体"。**

这是自上而下学习法最关键的部分，也恰恰是多数人不常做的。多数孩子习惯被动接受，别人说什么就是什么，而不花时间去想知识体系的内在逻辑。

以阅读一本书为例，书的作者用自己的逻辑，划分了重点与非重点知识体系，同时在每章节将要点都总结出来了。可这些重点与非重点、章节核心，划分得都准确吗？如果我们自己来编写这本书，会采取完全一样的做法吗？每个章节的写作，会强调和书作者一样的知识点吗？如果细问下去，便会发现，有些地方，读者和作者会抱不同的观点。

这时，孩子该做的是将那些自认为重要的"点"联结起来，看看是否有能力按自己的思路组合出一个大纲，从"点"到"线"，再到"面"和"体"，用自己的认知无限逼近这个知识体系的真相。

我在高中，就常注意用"点、线、面、体"对知识进行重新归纳与梳理。高中生物学习，有很多内容需要背诵。这些知识点松散而繁多，多数人采取的学习策略就是死记硬背。我尝试过死记硬背，可总感觉知识点记得不牢靠，于是才想出用"自上而下法"里知识梳理的步骤。

我会把自己想象成书的作者或讲课老师，拆分生物课本里每一章、每一节的知识。每章节的新内容，我会先思考其内在逻辑框架，根据我所阅读的内容，重新罗列归纳，让这些知识体系成为我能讲得通的框架。这么下来，我的课本密密麻麻地布满了我重新梳理的逻辑要点及要点所包含的内容。

才开始，这个梳理会花掉我一些时间，可一旦结束，我便发现自己对整本书的内容了如指掌，不论怎么考，我都能回忆起书里的内容，甚至能准确背出这些内容出自哪一章哪一节。这成了我以后学习的一大诀窍，任何科目的学习，都百试不爽。

这个"自上而下"的知识结构学习法，实则是开篇所讲的对知识点的逻辑归纳和总结，当我们能以自己的逻辑体系来构建知识点时，对知识的理解便前进了一大步。

## 问题二：学习转化率

接下来，我们来看孩子学习转化率低的问题。

学习转化率低，有这么三个明显的表现：

其一，有的孩子学什么都停在表面，只会纸上谈兵，一到实战场合，就被打回原形。最常见的场景，便是学习时，孩子明明花了很多时间学，可一到考试，便手足无措。

其二，有的孩子不会灵活变通，学会的东西只能用在熟悉的场景，难以做到举一反三。就像很多孩子做数理化题目，在同一个考点里，考官稍微变换题目场景，或改动几个参数，他们便一头雾水，不知如何应对。

其三，有的孩子不长记性，在同一个地方老犯错。这不仅出现在学校学习，也出现在生活和工作中。譬如新手学车路考，第一次因为平泊压线而没考过，过一阵子再考，可能又会在其他地方压线而失败。

孩子学习转换率低有以下几大原因：

● **原因之一：学习缺乏主动归纳和梳理，看不到核心知识点。**

各行各业的学科知识，都是在搭建一套知识逻辑体系，试图解释人类社会、自然界的某个或者某些规律。譬如物理学用来解释自然界运作的基本法则，经济学解释人类社会金融活动运营法则，等等。也因为此，各个学科有最核心的理论知识和逻辑体系。就像我所讲的"自上而下法"，孩子学习任何知识，如果不能剥离那些琐碎点，看透各科知识的核心，便很难在新场景中将所学的知识运用好。

● 原因之二：老给自己留退路。

低效勤奋者经常给自己"做得差不多就好""这次不行，下次还有机会"的心理暗示。他们老告诉自己，只要有时间，自己一定能把这个任务做好。譬如有的孩子月考时，会暗示自己，月考不是大考，考试挂科了也不会怎样。

这样给自己留退路的做法，在生活里出现一两次还好，但要是反复出现，孩子便会形成一种心理暗示，即自己做任何任务，都不可能一次就做好。长此以往，这个坏习惯便渗透到生活的各个角落，孩子做任何事情都会缺乏一次就做好的把握与信心，时间就会被浪费。更何况，生活中很多事情是没有第二次机会的，给自己留退路，也是切断自己的机会。

● 原因之三：缺乏系统的错误梳理。

人人都会犯错，低效勤奋者常把这些错误当成偶然事件，不去想它们之间的关联，这使得他们忽略了犯错背后的本质原因。

我们每个人都有自己的一套做事习惯、想问题的方法，这常导致人因此而犯同类型的错误。要想避免常犯错，我们需要仔细分析这些错误背后的关联，看看自己经常犯哪些类型的错误。

有些孩子在阅读时常读不到重点，常会遗漏核心内容，或错误理解主旨思想，或曲解作者用意。这些阅读失误，不一定同时出现，这使得他们以为自己阅读时犯的毛病，只是个偶然事件。可要是将这段时间阅读所有的毛病串起来，便会发现，问题核心在于自己不懂得梳理文章的逻辑脉络。找到了这个根源，孩子才能从根本上改变阅读读不到重点的问题。

孩子该怎么做才能避免学习转化率低的毛病呢？从根源上而言，要想深入学习，孩子需要进入一个沉浸的状态，在沉浸式学习里，孩子能多方面考虑不同学科知识间的关联，同时主动进行逻辑上的归纳总结，只有这样，学习才会深入。在这里，我和大家分享一个"自下而上"的学习法，学会深层学习。

自下而上的学习法在西方教育体系里很常见，也常运用于各类学科研究。拿生物学举例，生物学家在做研究时并不全拿人体做实验，更多的时候，他们选择使用模式生物，比如细菌、酿酒酵母、土壤里的蠕虫、小果蝇、小白鼠等等。研究这些细菌、蠕虫、果蝇，对了解人体，甚至治疗人的疾病，为什么有帮助？这是因为生物学里大原理是相通的，既适用于低等生物，也适用于高等生物。如果我们能借用一个简单体系剖析清楚这个生物学原理，学习的过程将被大大简化。

比如说，蠕虫学家曾发现，一种长度不到头发丝直径大小的秀丽线虫，在发育时部分细胞会自动消融。这在自然界是个很罕见的现象。利用这个简单的模式生物，科学家发现，秀丽线虫体内有一套编码程序，能让细胞自我吞噬。有趣的是，吞噬机制同样出现在高等生物里，譬如蝌蚪尾巴在变成青蛙后自动消融；人在发育时，手指、脚趾原是没有缝的，可因为这个细胞的自我吞噬过程，手指脚趾之间的连接消融，我们才有分开的手指脚趾。如果这个自我吞噬出问题，人便会出现病态的四指或者六指变异。这个发现背后的原理是如此重要，好几位生物学家都因此而得了诺贝尔奖。

人类历史上很多惊人的发现，都由细小场景触发：牛顿因为苹果落地而思索万有引力，修道院修士孟德尔在种植豌豆时发现豌豆性征的遗传，都是如此。小的场景，有时包含了意想不到的知识与真理，这就是老话说的"管中窥豹"的道理。

"自下而上"的学习法分如下几步：

第一步：寻找合适的模拟场景作为学习对象。如生物学家选择蠕虫作为研究对象。

第二步：鉴定这个学习对象不寻常的矛盾点。

比如蠕虫的细胞自动消融，这个点就很不寻常，为什么会如此呢？为什么我们在其他场合不常见到这个现象？再比如砸在牛顿脑袋上的苹果，为什么这个苹果不往上飞，不横着飞？这些都是不寻常的矛盾点。

第三步：思考研究这些矛盾点背后的玄机。

科学家会用探索的思路辩证地看待所研究的问题，并对这类问题寻根问底。同样，我们也要用模拟场景，推测出所有导致该场景发生的要素。

第四步：将洞察的原理套用到其他场景中。

比如蠕虫细胞的自我吞噬，能出现在蝌蚪、人的发育阶段；豌豆性征的遗传原则，和人类遗传病的遗传也有相同之处。当我们打通不同场景，自然而然就会举一反三。

自下而上的学习法强调的是以小见大，在细节中抽丝剥茧，层层递进分析出不同事物间类似或相同的规律。比如哈佛商学院的教学，便是利用的这套理念。

区别于世界上其他商学院，哈佛商学院引以为豪的是它的案例教学。在课堂，老师很少会有成套的理论书籍，取而代之的，是一个个的商业案例。每堂课，学生被要求阅读一个和商业场景相关的案例，然后从这个案例出发，剖析背后做决策的动机、商业场景等等。这种教学方法的好处在于，人有切身的参与感，从小场景中发现的大道理，也能给人留下深刻的印象。

哈佛大学的教育心理学家霍华德·加纳德教授，曾就东西方教育方式的不同，写过这样一个案例：有一年，加纳德·教授带着他一岁半的孩子来中国，在住宾馆时，他的儿子拿着钥匙不停地尝试，试图把钥匙放进钥匙孔。小孩子当然不懂怎么放是合适的，他试着反方向、横着，用不同角度插钥匙，可是怎么也插不进钥匙孔。站在一旁的加纳德教授并没有主动帮孩子，只是静静地看着，希望孩子通过自己的努力学会怎么插钥匙。可站在一旁的中国服务员却看不下去了，服务员走到小孩子面前，手把手地教他怎么做才是对的。教完后，服务员看了看加纳德教授，眼神好像在责备他没有尽到做父母的责任。

这个场景极具启发性，它反映了中美对待孩子学习探索这件事不同的态度。美国家长看重的是探索的过程，因为它能让孩子学会解决问题的方法。而中国家长则看重探索的结果，什么东西是对的，我就得最快速地教给孩子。

可是什么造成了东西方思考方式的区别呢？加纳德教授进而指出，这和东西方的历史文化有关，东方的文化体系，更趋家长式的威权文化，年长成员话语权大，这导致他们在教导年幼成员时，很难以平等心态对待；而西方个人主义思潮重，小孩子会被当成单独的个体平等对待，于是被允许自己探索解决问题的办法。

那又是什么原因导致了东西方文化的不同呢？加纳德教授进而延伸到了考古学与地理学，在以万年计的时间单位上，东方很早进入农业文明，而西方的地理位置与资源决定其在史前以狩猎文明为主，而文明的起源，深刻地影响着一个文化体系里人的思维方式。

从这个例子，大家可以看到，我们如何从最平常的生活场景出发，推演出教育、社会学、人类学等等深层的知识体系。这样以小见大、自下而上的学习法，能让孩子学习知识的过程更有意思，同时，也能让孩子的学习更加深刻。

总结这一章内容对于学习，最核心的方法是先从对表层知识点的接收，进化为对知识体系的深层解析，理解知识点之间的关联。以此出发，掌握不同知识点背后的底层逻辑，然后找到生活中的案例，以案例为基础，再出发来应用这些底层逻辑，做到活学活用。人的一生都是学习的过程，以这样的学习方式学习，孩子便不再停留在课本上，而是真正将学习能力延伸到了生活。这样，即使孩子走出学校后，不再接受系统的教育，也能学有所长，学有所用。

# 15

## 拒绝死记硬背，重塑孩子记忆力

### 7 分钟的演讲，2000 个单词

2016 年，我从哈佛取得博士学位，并被选为优秀学生代表，在哈佛毕业典礼上致辞。

哈佛的毕业典礼演讲从 17 世纪便开始了，建校初始，学校多以培训牧师为主，演讲的学生经常以希腊语、希伯来语、拉丁语等古老的语种做演讲。随着时间推移，只有拉丁语演讲保留了下来，再加上英语演讲，它们成了毕业典礼的一道重要程序。

将近四百年的校史，哈佛对学校的传统有着近乎痴迷的坚持。校长在毕业典礼上坐的凳子会被摆到典礼现场的最高处，凳子是 17 世纪的老古董，只有三条腿。校长席位以下是学校各学院的院长，以及杰出校友代表、荣誉学位代表的席位，再往外，入座的是毕业典礼演讲的学生代表，本科生的优秀代

表，然后再是博士生群体、本科生群体、硕士生群体等等。

毕业典礼开始时，哈佛所属郡的治安官用权杖敲击地面，缓缓入场，宣告仪式开始。学校的乐队会奏乐，然后会有牧师祷告，美国国歌演奏，接下来便是本科生代表、硕士和博士生代表的三场演讲。

毕业典礼上演讲代表的筛选也是颇为严格的。三月份提交演讲初稿后，学校的十多名评委，会在上百份申请文书里筛选出他们认为当届最好的演讲稿，进行初赛。初赛学生拿着演讲稿在评委老师面前宣读，让评委听文稿转化为声音的效果。只有三至四个学生能最终入选复赛，然后是终极演讲比拼，直到评委老师选出心目中最合适的演讲者。

整个流程的时间跨度超过一个月，学校希望能够在这些有意竞选的学生里，挑选出代表学校文化理念的演讲人选，作为当届的代表致辞。成功选上后，学校会安排专门的演讲培训老师给演讲的学生进行训练，文学系的老师也会为演讲稿把关，好让每一处词句的运用恰到好处。

4月26日，我知道自己被选上，作为硕士和博士生群体的发言代表。同台演讲的，还有好莱坞大导演史蒂芬·斯皮尔伯格。在往年的毕业典礼演讲中，并没有出现过中国人的面孔，因此我在得知消息的那一刻，既兴奋也惊讶。

然而，选上之后，我却开始犯难了。毕业典礼演讲需要英文脱稿演讲，时长大约七分钟。面对台下三四万的听众，以及媒体的长枪短炮，我能完整记住演讲稿吗？更难办的，为了保证演讲质量，在最后一刻，我的演讲稿仍在被修改，我能在最短时间内记住这些改变吗？

指导我演讲的哈佛经典文学系的 Richard Tarrant（理查德·塔兰特）教授看到了我的难处。教授笑着说，他已经指导了十多届毕业生做演讲致辞，到目前为止，还没出现过忘词的人。

"你得在心态上放轻松，"教授拍着我的肩膀说，"七分多钟的演讲，也就一两千个单词，以你的能力，肯定是可以记住的。"

"可是，您有什么好方法帮我记住演讲稿吗？"我问教授。

"这倒不难，你先想想，写稿子时，你是用怎样的逻辑板块撰写的这篇文章？"教授拿起我《蜘蛛咬伤逸事》的演讲稿，让我划分文段。

《蜘蛛咬伤逸事》一稿以我小时候被蜘蛛咬伤的故事为切入口，介绍了农村治疗伤口的一个土方法。之后，我解释了土方法的科学原理，并延伸到这背后透露的医疗资源在某些地区稀缺的问题，进而指出知识与科技在世界不同地区的不均衡分布。最后，我也提出了作为即将毕业的学生，我们该怎么做，才能帮助改变这个现状。

"你看，这么一分析，你的稿子不是很有逻辑吗？你可以把稿子按每部分的中心思想拆分一下，把每个板块当成一个小任务，逐一记住各部分的内容。"教授建议道，"在背诵每一部分时，你要想明白这部分最核心的内容是什么，最难记住的句子又是什么。先把这两个点抓住，你便会掌握整段的内容。"

"可这篇稿子有很多内容点，我有时很难记全，怎么办呢？"

"这个好办，你可以想象自己是个演员。演员记台词时，通常是有提示信息的，你也可以学着给自己添加提示点。比方说，如果你有四点重点内容，你可以按食指不同关节，在心里暗示某个指节对应某个重点。你也可以用手势来给自己做提示，每换一个手势，就意味着讲新内容。很多演员都用肢体语言，来加深台词记忆，我相信你也可以的。"

在教授的指导下，我有条不紊地开始了演讲训练。我为自己设计演讲动作，让每个动作都与演讲内容相关联。到场地做彩排，我也会利用想象，将场地的一些小物件与演讲关键词等同起来。看到它们，我便会想到我难记住的那些词。

5月26日，哈佛校园人声鼎沸，在钟声中开始了第375届毕业典礼。我登上演讲台，面对台下乌压压的听众，开始了我的演讲。

如何记好所学的知识，是我求学过程中一直绕不开的一个话题。就像哈佛毕业典礼演讲的经历一样，每碰到一个新任务，我仍有记不住的困扰，也会因为压力而不知所措。可长久的训练后，我逐渐有了自己的记忆窍门，记东西比很多人要快，也要牢。

然而，在身边，我见到很多人在学习时只会死记硬背，一篇文章，可能要花费多于他人三四倍的时间才能记住；还有的人，虽然能在短期内记住所学，但隔一段时间后，原本记住的内容就忘记了；有的人虽然记住了知识点，而且也能背出来，但在应用这些知识点时，却经常不知所措。这使得他们学习没有成就感，长久下去，学习动力也会丧失。

## 被误解的记忆力

● 关于记忆，很多人有一个理解误区，即认为记忆能力是天生的。

孩子记忆力差，很多家长常会怪到孩子头上，却不从家庭教育，家长的身上找原因。

事实上，记忆力是可以通过训练而得到提升的。从生物学原理上分析，我们之所以能记住东西，是因为大脑神经元，在接受外界刺激后，调整了不同神经元间的突触链接。突触是神经元之间相互交流的一种微细结构，通过生成新突触，或重置旧突触链接，不同神经元形成神经通路，而这样的通路则能掌控某一或多个行为。

记忆分为短期和长期记忆。短期记忆里，因为外界新信息的刺激，使得突触间的链接形成。然而，这些生理结构还不够稳定，如果缺乏长期外界刺激，这些新长的结构又会消退，这也是短期记忆周期短的原因之一。当一个刺激长期出现时，突触间的链接就会越来越稳定，于是大脑里便形成了新的脑回路，长期记忆便开始形成了。

从记忆形成的原理不难看出，一个人要想拥有更好的记忆力，便更要长期接受外界信息刺激，形成新的大脑回路。

通常而言，人的 2 到 4 岁是记忆的关键期。在这个关键期里，孩子的认知和理解力飞速发展，也是孩子神经通路迅速搭建的阶段。在这个时期，如果家长能系统地帮助孩子探索新事物，理解不同事物的基本原理，同时训练孩子的记忆力，会对孩子神经元通路的搭建有极大帮助。

在我三四岁时，父母便注重我对知识的接收和记忆能力。那时，他们会让我学数字，记诵简单的算术、字母等。睡前故事，我的父亲给我安排了任务，每讲的一个故事，我都要在一两周后，复述出来。通过不停地强化学习记忆，我不仅记忆力远超同龄孩子，知识理解接受力也要强很多，这使得我 4 岁读一年级，也能跟上进度。

然而，仅仅是婴幼儿时期的记忆训练，还是不够的。记忆是一个长期的过程，每个孩子对知识会有自己的理解方式，这也使得他们学会用不同方法来记不同知识。这便需要孩子在学习时，不停地调整、实践自己的记忆方法，通过训练强化记忆力。在求学路上我常会给自己不同的任务，如背诵唐诗宋词，摸索记忆窍门。一旦找到了好用的方法，我便会给自己加大记忆任务，再测试记忆方法。渐渐地，通过这样的强化训练，我的记忆方法逐渐成形，记忆力也大幅提升。

● 关于记忆力的第二个常见理解误区，是很多人以为记忆是被动的，忽略了信息理解在记忆过程中的重要作用。

学校教育是依照孩子的认知接受能力分级设定的。在小学，孩子认知理解能力尚不成熟，多数的知识便以灌输形式传授给了孩子。如九九乘法表、拼音字母等，孩子通过重复背诵，牢记知识点。这些基本知识的记诵，因为重复频率高，往往会形成所谓的"肌肉记忆"，孩子不假思索便能背诵出来。这也使得很多孩子觉得，记忆知识就是一个不断重复的被动过程。

然而，当孩子的知识体系变复杂后，这种方法就不奏效了。比如，一些自然学科公式，很多孩子记不住，便是这个原因。

要记住这些复杂的知识，关键还是得要主动理解、吸收这些知识点背后的原理，并在实践中运用。

举个例子，很多孩子学化学反应时，很难记住不同化学分子之间的反应。比如单质与酸、碱、盐之间的反应，有的反应会生成二价金属离子，有的生成三价金属离子，有的产生气体，有的则生产沉淀物，有的反应放热，有的反应则吸热。这些化学分子很抽象，反应过程也复杂，怎么才能记住它们呢？如果只是被动地记诵反应方程式，孩子可能记得不牢。但如果我们能够从不同化学元素的性质，以及它们在元素周期表中的位置出发，理解其电子云在反应过程中的变化，便能理解为什么同族元素，如氢、钠、钾，因为最外层只有一个电子，结构不稳定，而更容易失去该电子形成正价离子了。

同样的原理，也可以应用到文科类的学习中。比如学习历史，很多孩子对历史事件、人物和背景的记忆很犯难。单纯记诵的确很有挑战。但如果我们能将历史事件像放电影一般，罗列事件发生的背景、参与的相关人物，然后根据自己的理解，推演某个历史事件一旦发生，会对参与的人或社会发生怎样的影响，这样主动分析，会让记忆轻松很多。

● **最后一个理解误区，是很多人以为记忆是可以凭空发动的，忽略了记忆其实需要启动机制。**

我们很多人都碰到过记忆卡壳的场景。一个平常明明记得清楚的事情，在某一刻，怎么也记不起来了。我们努力回想，也无疾而终，可在某一刻，被某个不相关的信息提示，我们立马又记起了这个信息。

记忆的启动有两大机制：**一是逻辑关系启动；二是信息启动**。

逻辑关系启动，是指通过思考所记内容的逻辑，推断要记住内容的关键点。比如哈佛毕业典礼演讲，我的演讲稿有内部的逻辑。我可以回想每个板块大致有什么内容，论点是如何经过推论而建立的。如果卡壳了，我可以按着这条思路来进行推理，大致推算自己忘了什么内容。

信息启动，指的是依托某类相关，或不相关的提示，关联记忆任务里的关键信息。很多人生活里都应该用过这个技巧：比如我在某年差点忘记了父亲的生日，但在父亲生日那一天，我恰巧抬头看到了天上的月亮。那天的月亮以一定的月相升起，这让我察觉到这一天似乎和父亲的生日很接近。一查，我发现那天果真是父亲的生日。自此之后，每年到了那个季度，每当看到月亮，我都会记起父亲的生日。

## 5 个有效的记忆法

在分析了关于对记忆的几个常见理解误区后，接下来，我来分享几个好的记忆方法。

● 第一个记忆方法，是"空间记忆法"。

这指的是外界环境地理位置或方向的一种记忆，比如出租车司机对城市的记忆，我们对自己所住房间物体放置的记忆等等。

我们人类对所处空间是有很强辨识度的，一个空间内物体的相对位置、大小、连接方式，都会在脑区形成三维印象。一个熟悉的街区，如果某棵树突然被砍掉了，我们一看到街景，便会觉得不对劲，原因也是如此。

训练空间记忆力，首先需要引导孩子建立空间思维模式，包括空间的构象、定位、不同物体在空间坐标的投影等等，将三维信息分布在空间里。

空间思维模式建立后，接下来要训练孩子记忆空间物体的分布信息。比如通过调整空间里物体的大小形态，在一定时间里，看能否准确回忆起空间的分布状态。

最后一步，给空间里的不同物体赋予不同的含义，好让我们在回忆空间物体分布时，头脑中可调取存储不同的知识点。这是一个记忆宫殿的搭建过程：想象一下，假设我们需要记住一本书，我们将书本拆分成一个图书馆空间，书的每一个章节，都是图书馆里不同类书的分区，不同的知识点被摆在图书馆不同的书架上。如果需要获取某个信息，我们便在大脑记忆宫殿里的入口出发，循着图书馆的索引图，寻找图书馆的不同分区，同时翻找不同书本的摆设位置。有了这样的空间记忆感，我们会对很多复杂的内容记得更加牢靠。

我学习时，常用这个空间记忆法。三四百页的书，我常能将书里关键的信息点背全，甚至，我能说出哪个知识点会出现在书的哪一页的哪个角落。这背后，是因为我使用了对空间的感知记忆，将知识存储进了我想象的记忆宫殿里。

● 第二个记忆方法，是"场景记忆法"。

场景化记忆是大脑最喜欢的记忆方式。人类信息的接收，90% 都是通过视觉实现的。如果抽象的信息能被转化为视觉信息，能大大增强大脑海马体神经元通路的搭建，也会让我们对知识记忆得更加牢靠。

比如很多孩子学习人的消化系统知识时，很难记住食物分子与酶的相互作用、消化系统的细胞构成、渗透压与物质吸收的过程等知识点。怎样来理解这些复杂的生物学知识呢？这时，家长可以告诉孩子，我们不妨将自己想象成一个食物分子，从口腔进入后，食物分子与口腔的唾液酶相互接触，经由食道，进入酸性的胃液被初步分解，在胃部幽门的控制下，再缓缓进入肠道，在食物酶与碱性的环境中进一步被分解。物质分子变小，这使得消化道的细胞内分子通道能开始吸收食物，消化吸收的营养被传递到血液，进而传递到全身。这样一个复杂的过程，如果家长能和孩子一起将其画在一张纸上，通过可视化图像，孩子一定能更准确地记住知识。

除了图画，更直观的方式是影像。很多高深的自然科学知识，如相对论、弦论、细胞内分子马达如何运载物质、化学分子间反应，如果只是单纯的文字描述，很难被人记住。但若是转化成了影像，我们一看就明了。明白了这个原理，孩子在学习时，父母可以帮助孩子将书本知识进行可视化转变，做成影像场景进行记忆。

● **第三个记忆法，是"多感官刺激法"。**

记忆知识，不能只靠视觉来接受知识，而要充分利用我们的多感官对信息的吸收，完成记忆。

比如有人喜欢听录音来记诵知识。在语音里，有人甚至能根据朗读者的音调、音色，大致回忆起知识点。有的人则拥有嗅觉记忆，某个味道，在他们记忆里，与某个知识点是关联在一起的：我每次闻到臭鸡蛋味，便会回忆起硫化物的化学特征，甲硫氨酸在氧化或还原环境下的化学基团构象，以及二硫键在染发烫发时，因化学键链接的改变，导致蛋白构象变化，使得我们头发弯曲或被拉直的整个过程。人拥有肌肉记忆，某些知识在重复了一定次数后，不需要任何思考，肌肉也能发挥出这个动作，如骑自行车、游泳等等。在记忆知识时，我有时通过朗诵，嘴部肌肉会形成一定的记忆，到某个知识点，我会感觉只有说那句话，嘴部肌肉才舒适，便是这个道理。

多感官刺激需要我们在生活中，利用各种场景，充分调动我们的感官，将知识关联起来。这种多感官的记忆，因为许多器官被用到，也会让孩子的记忆过程不那么枯燥。

### ● 第四个方法，是"联想记忆"。

如上半部分所说，记忆需要启动点，而联想记忆，便是为启动记忆提供锚定点。

父母可以引导孩子通过类比，利用相互接近的事物进行联想。比方孩子学习到哥伦布发现美洲新大陆，以及这个历史事件对人类历史的重要性，父母可以带着孩子类比明代郑和下西洋。郑和下西洋的规模、船队所拥有的技术，在当时要远超哥伦布的航队，为什么郑和下西洋没有带来类似哥伦布发现新大陆那般全球性的影响呢？东方和西方近现代的发展史，为什么在17、18世纪，出现了如此大的不同呢？通过类比联想和分析，父母可以引导孩子很好地梳理不同知识点背后的底层逻辑。

同样，通过不相关事物也可以进行联想，让孩子记起一些细枝末节的东西。比方哈佛毕业典礼演讲，教授教给我的手势提示，便是一个很好的联想记忆的例子。我将手指指节的某个点，关联上了我需要记住的演讲内容。在脱稿演讲时，我按照指节的拨动，便能提示自己哪些内容讲过了，哪些还需要再讲。通过训练，我能记住每个动作背后的含义。这样，即使处在压力极大的环境中，我也不会出现大脑断片的状况。

● **最后一个方法，是"书写记忆"。**

很多人有过这样的经历：记一篇文章，用朗诵或者听读的方法总是记不住，但若是把这个文章抄写下来，他们很快便能记住了。

这是因为，在书写的过程中，不仅调动了视觉记忆，同时，因为写的过程漫长，我们有了充足的时间思考每个文字背后的含义，这使得我们记忆得更加深刻牢固。

我在高中时，特别喜欢用这个方法。我会将关键知识点摘抄下来，在笔记本不同位置做好标注，标注时，我会使用不同图标，归纳不同知识点。这样的书写过程，不仅强化了我对知识的认识，更重要的，它也调动了我的抽象记忆以及空间记忆思维。再复习时，我便能轻易地回忆起某个知识点出现在我的笔记本的哪个位置，这帮助我更容易记忆。

记忆是一个长期的过程，通过多种方法的训练，每个孩子都会逐渐习得属于自己的记忆方法。我希望本章的内容，能为大家揭秘记忆背后的原理，同时通过 5 个记忆方法，帮助孩子成为记忆达人，强化所学。

# 16

## 复盘：教会孩子寻找
## 人生旅途上的灯塔

孩子学习的过程中，很多家长都见过孩子如下的困扰：

孩子老是在同一个知识点犯错误，经常不是在审题上错判信息，就是遗漏知识点，导致在考试时丢分；

孩子在学校里争取机会时，总比其他同学差那么一点点，最终竞争不过他人而丧失好的机会；

孩子学习方法不对，家长多次提醒孩子改变学习方法，可孩子不知道如何改变。

每个孩子在成长时都会经历挫折与失败。面对失败，怎么做，才能吸取经验教训，在未来避免犯同样的错误？怎么复盘学习，才能从失败中成长？

"复盘"这个词很多人都听过，但可能并不知道它源自何处。"复盘"是围棋的一种学习方法，指在下完一盘棋后，下棋人重摆一遍棋子，看看哪里下得好，哪里下得不好，对棋局进行分析推演，从而优化自己的围棋下法和技巧。

这个方法有两个作用：一是运用于自身，找出下棋过程中那些不好的路数；二是用于分析高手下棋，通过观看高人如何过招，将他人经验化为己用。

复盘梳理，最终的目的是提升自我的能力。它常分为三阶段："复盘自我"、"复盘对手"和"复盘全局"。接下来，我们从这三方面入手，教孩子系统地对自我、他人以及大局进行复盘分析。

## 复盘自我

首先我们来看"复盘自我"。这里，我们先看几个常见的复盘误区。

● **第一个误区——以为复盘就是为每天的学习和生活写总结。**

不少孩子保留了这样的总结习惯，将每天学习生活里大大小小的事情罗列起来，做个简表。有的孩子则喜欢写日记，将日常记录下来。初一看，这些总结很细心，也能帮孩子记录每天的状态。可多数情况下，流水账式的记录是没有意义的，单看这些日程简表，孩子既无法知道哪些是重点，哪些是可以攒下的经验，个人能力也不会因此得到提升。

● **第二个误区——以为复盘就是在出问题时进行自我反省。**

"失败是成功之母"，"复盘自我"的确要为失败找原因，但更重要的是要为问题找对策。同时，孩子也要为做得好的地方总结归纳经验，以后遇到同类型任务时，有可用的经验值。

● 第三个误区——以为复盘只关乎自我，而不去找他人咨询建议。

这是导致复盘效果不明显的一个重要原因。俗话说"当局者迷，旁观者清"，在学习和生活中犯了错，孩子有时能知道错误的原因是什么，但对问题看得不一定通透。这时，孩子最好找见证了整件事情的长辈，让他们来分析这件事中孩子做得好或不好的原因。只有这样，孩子才能客观地进行复盘梳理。

我在求学时，成绩一直优异，初中、高中时，几乎稳居年级第一。然而，在我升学时，有两大挫折一直困扰了我很多年。

第一个挫折，是初中升高中时，我与高中最好的理科实验班失之交臂。我们高中唯一的理科实验班，招录的是全县城最优秀的学生，师资也好。按我在初中以往模考的成绩，只要发挥稳定，应当能稳妥地考入理科实验班。然而，中考时，我因为太过紧张，发挥差了一点，最终只考入了普通班。

高中入学后，我对自己错失目标感到懊恼不已。我一度自责，甚至不愿意和理科实验班的同学打交道。暗地里，我为自己曾经的失误找原因。我发现自己平常考试成绩好的原因，在于擅长解答难题。但我在容易做的题上，更容易放松警惕，反而栽了跟头。

了解了自己的毛病后，我开始找方法来解决。一段时间后，我的学习成绩上来了，不仅稳居班级第一，甚至能超越理科实验班的学生，常年占据年级第一的排名。

按照我们高中模考的成绩，全年级前三的学生，往往都能考上清华北大，我自然而然成了高中最有希望考上清华北大的学生。然而，生活好像再次和我开了一个玩笑，高考时，我因为紧张而在高考前的晚上没有睡好，离北大的分数线差了三分，与所定的目标失之交臂。

两次与梦想错失，我意识到这不仅是我学习方法的问题了，更重要的，我可能在心态和思维方式上就有缺点，这导致我在重大场合经常出娄子，发挥不出自己应有的实力。

进入大学后，我开始对我的生活习惯、做事方式进行复盘。我发现，越是我在意的东西，我就越不能拥有松弛的心态。不仅想问题变得局限，而且表达信息也会语无伦次。

了解了自己的毛病后，我努力找机会训练心态，督促自己多去参加活动，告诫自己参与时不注重得失，更注重享受参与的过程。我也尝试学习舒适区外的知识，让自己不停地栽跟头，好明白失败其实也不是那么大不了的事情。

大学里，我的毕业目标是到国外最好的大学攻读博士，我再一次站到了人生分水岭。面对前两次失败，我变得从容了不少。我明白，人只要将自己能做的做到最好，问心无愧，至于结果其实并不那么重要。我不再那么患得患失，也变得不以最终成绩来判定个人成败。出国留学申请时，我曾有过彷徨，然而我不再畏惧。让我欣喜的是，我最终如愿拿到了哈佛大学的录取通知书。

在将近十年的求学历程中，我在不停地"复盘自我"，为下一个人生分水岭的突破做准备。**复盘的过程，我常做的一件事情是自我比对**。我的比对过程分为如下四步：

第一步，回顾目标，梳理出我做一件事情最初的目的和期望；

第二步，评估比对当下结果与我原定期待是否相符，并找出相应的优缺点；

第三步，分析做得好和差的地方，通过自我剖析和他人建议，综合多方因素，将问题分析得越透彻越好。如果自己难以分析清楚，则找过来人咨询建议；

第四步，根据分析，总结出做某一类事情的经验。

在这个过程中，我会整理"生活记录本"。**通过摘记生活中重要信息，提升自我能力。**

一般而言，生活记录本可以记录我们日常的如下几类信息：**生活中常犯的错误，生活诀窍和技能，生活中容易遗忘的信息资料**。

我通常不会将生活错误做非常详细的记录，而只将关键信息、场合情况简明扼要地写清楚，确保以后自己看到了知道是怎么回事就行。

生活诀窍和技能分很多方面，小到银行卡如何申请，大到如何使用电脑软件程序，我都会分类记录。我有时也会收藏具体的操作方法、容易犯错的情况、窍门和可替代方法等等，这能有效帮助我在下次使用时迅速调用这些信息。

生活中容易遗忘的信息资料，如朋友的联系方式，我会存在备忘本里；学习需要使用的文档、资料，我会存在备忘录上并做好索引。这能有效避免以后找东西不知道从哪找，学的东西很快忘了的问题。

为了让记录有条理，我会选择不同的媒介做记录。对于生活失误、心得体会和复盘思路，纸质笔记本是最佳选择。写的时候，我不仅能整理思路，也可以做更长远的梳理回顾。每隔一段时间，我都会利用日记做阶段性回顾整理。我会用一两句警醒的话，提示我做某件事情时，为什么做得好，为什么做得不好。我也会将这些信息放在笔记本里最显眼的位置，下次一打开，我就能注意到。

对于和学习工作相关的知识类信息，电子文档是最佳选择。比如课件、网上摘录的讯息，我通常会复制下来，存档到电子设备。以后需要这些信息时，我一搜便可以找到。

记录了这些信息，如果不回顾整理，用处也不大。每隔一段时间，我都会重新去看自己整理的信息，看看哪些错误经常出现，哪些信息被遗忘。通过不停地回顾复习，我的复盘能力才能得到提升。

通过比对与生活记录，我迈过了初中、高中学习上的坎，心态也变得更加地从容。我相信，这样一个长期内省、不断调整的过程，能让所有求学者及时调整学习策略，更能从长远把控好人生目标。

## 复盘对手

接下来，我们来看"复盘对手"。

俗话说"知己知彼，百战不殆"，"复盘对手"主要有两个目的：

● 其一，根据复盘分析，推演出在某类场景下对手将会做的动作，从而提前想出应对策略。

这很像行军打仗，两方军师相互推演对方的谋兵布阵。当我们对对手有一定程度了解后，可以按对方的想法和利益考虑，推演出对手会做的一些事情。比如《三国演义》里诸葛亮七擒孟获，之所以每次都能一击必中，是因为诸葛亮非常熟悉对方的军事实力、行军布阵思路和利益考虑。如果我们能提前复盘出对手的动作，便可以提前部署，在战场赢得胜利。

● 其二，碰到强劲对手时，可以通过复盘，学习对手成功的原因，增长自己的经验值。

围棋手学棋，不仅需要和人对练，也要看一些经典棋谱，来体会某些棋招的妙处。生活中，我们同样也要参考那些比我们做得优秀的人，分析他们为什么做得优秀。

这个方法在很多企业创立之初常得到使用。比如百度作为搜索引擎，对标的是国外的谷歌。百度成立之初，产品设计和搜索引擎模块，很大程度上都借鉴了谷歌的设计方法。通过复盘谷歌的成长史，百度发现某些产品是搜索引擎公司必须做的，某些做了也是浪费时间。借鉴他人的经验，公司才能快速成长，然后再进化出属于自己的特色产品。百度推出了百度贴吧等中国化的产品，就是这个道理。

"复盘对手"的过程，最实用的方法是"案例分析法"。这在哈佛商学院的教学中，得到了淋漓尽致的体现。

我以"案例分析法"剖析企业的思路，来解释这个复盘方法：

第一步，背景分析。以分析企业为例，我们需要了解企业的历史、发展成长过程、企业发展的重点历史事件和重要时刻，以及企业遇到困难时，公司董事长等高管如何处理等关键信息。

第二步，属性解析。我们需要分析企业的环境，包括公司文化，不同部门之间的能力、价值，员工组成等内部环境；以及行业情况、竞争对手及市场需求等外部情况。只有解析了这个企业的属性，我们才会对它所做业务的竞争优势有直观的认识。

第三步，多角度解构。在关键节点，选择两个视角进入案例。第一视角，是当事人视角。将自己想象成案例的亲历者，设身处地地去思考碰到某个问题时——比如公司产品销量下滑，或者同类型产品遭遇竞争排挤时，该采取哪些策略来应对危机。只有设身处地地体验、观察和思考，我们才对案例有真实感、压力感和紧迫感，这也是案例教学的目的。第二个视角，是他人视角。将我们的角色转换，比如把自己当成这个公司里另外一个人，如总经理或员工，看到类似事件，该怎么处理呢？又或者，如果是公司竞争对手，会怎么想？

第四步，给出应对策略。很多时候，策略无所谓对错，只因为不同的人有不同的思考方式和利益顾虑，才导致他们做了不同的决定。把案例还原后，想象一下，如果我们有能力纠正，哪些点需要改，哪些决策可以保留。

我在大三时，学校曾计划选派一名学生代表前往韩国首尔大学进行暑期交流。学校会为选中的代表安排培训，也负责学生来回的机票和食宿，可谓机会难得。对学生而言，这是一个荣誉，也是出国拓宽视野的好机会。我和另外一名同学，经过层层选拔，到了最终竞选的一轮。因为赴韩交流过程需要使用英语，最终轮的竞选，我们将要 PK 英语表达能力。

为了准备复赛，我努力地练习英语口语，口音、音色、说话停顿，每一步都精心准备，总之，我想将自己最佳的状态呈现出来。

复赛当天，我们被要求即时回答四个问题：去韩国交流，你最大的期待是什么？作为学校代表，在交流过程中，你觉得需要注意什么？你对韩国有什么具体的了解？最后，你认为你有哪些能够代表我们学校的优秀品质？

四个问题，看似直观简单，可回答时我却犯傻了。我开始背诵准备的答案，头头是道地将那些大道理、套话背给评委听。我的英文当然过关，要点也都回答上了。可评委一听完，给了我一个很低的分数，并告诉我说：你的回答大部分都不是真心的，有点答非所问。

在这次失败后，我利用案例分析法，做了如下的复盘：

背景分析：我的学校希望派一名优秀学生代表到国外交流。我和另一名选手做竞争，争取最终名额。

属性解析：我和竞争者都有好的英语基础，也都做了充分的准备。两者硬实力旗鼓相当，若要胜出，最终看的是选手的软实力。如果我是对手，我料到对方会花精力准备面试常见问题的答案，而且答案准备得越完善越好。然而，作为面试老师，我想要的并不是派只会背答案的学生去国外交流，我希望这个学生能更全面地展示学校的风采。

应对策略：既然我能猜到对手极有可能用最常规的方式答题，那我应该出其不意，改变回答策略。在这四个问题上，我可以结合自己的成长经历、学校校风，来阐述我对此行的期待。

生活中，我们听到过不少"兵行险着"的故事。比如林肯竞选美国总统，在葛底斯堡演说时，放弃了准备好的底稿，而是选择临场发挥，重新定义美国内战：不只是为联邦存续而奋斗，亦是"自由之新生"，将真平等带给全体公民。这场不到三分钟的演讲，成了史上最伟大的演说之一。由此可见，倘若能想对手所想，攻其不备，往往能达到出其不意的效果。

## 复盘全局

最后，我们来看"复盘全局"。

全局复盘，主要用于梳理现状，理清自身所处的环境。这个过程，主要为了解决如下三个大问题：

第一，现在状况如何？

第二，当初是怎么做的决定？

第三，什么导致现在的状况和原定计划偏离了呢？

进行全局复盘时，有几个关键的注意事项：

其一，对事不对人。一件事情往往有多个参与者，全局复盘，很容易将责任推在某个人身上，而忽略事情的解决方案，这种针对某个人的做法，很伤士气。

其二，要创造让所有人畅所欲言的环境。团体合作，每个人都会对这个任务有贡献，也因此而会注意到这个任务中他人没有注意的细节。如果一个团队只有小部分人发言，其他人有想法都不敢表达，那么导致失误发生的原因很有可能发现不了。

"复盘全局"时，经常使用的一个方法是"反复设问法"。

反复设问法，顾名思义，就是要求一个团队在复盘时，用一系列的问题，让团队成员畅所欲言地分享对某件事情的看法。这个设问和回答的过程，实际是一次团队大会。

以我曾经参加的互助学习小组为例。好几次团队学习，我们都没能完成任务，或是有的同学没来得及做总结，或是有的同学没按既定的思路做整理。遇到这样的场景，我都会建议大家聚在一起，反复设问，来对团队进行复盘：

**关于现状的问题：**

现在学习知识点总结做到什么程度了呢？

和当时设定的目标比，还差多少？

哪几个原因导致学习进度卡住了？

我们离目标完成的时间，还有多少？目前有没有机会追赶上原定的目标？

············

**关于当初的决定：**

我们当时定的目标是多少？

当时决定怎么进行的分工和合作？

当时有没有预计到达不到目标的可能性？

执行过程究竟是怎样的？我们有没有完全按原计划执行？

············

**导致问题产生的原因：**

为什么我们没有按计划完成任务？

为什么在问题出现时，没有人及时地反馈？

············

通过反复设问，让团队所有人给出相应的答案，再经过整理归纳，才能将问题发掘出来。这个学习过程不仅可以提高问题发现能力，也能锻炼团队合作的能力，可谓一举多得。

　　总之，在成长的过程中，我们如果能够利用生活和学习中的具体事例教会孩子"复盘自我""复盘对手""复盘全局"的成长思维，孩子面对挫折、难关时，一定会更加从容地面对，也能从失败中汲取宝贵的经验，做到转败为胜。

# Part 4

## 提高学习效率，
## 是提升学习成绩的前提

我们认为，使学生养成良好习惯和预防不良习惯，是一项重要的教育任务。

——苏霍姆林斯基

# 17

## 孩子才初一作业就做不完，怎么办？

小学升初中后，我面临的一个头疼的问题，是如何分配学习时间，进行多科目学习。

在小学，学习科目相对较少，课业也轻，小孩子学起来也得心应手。可到初中，要学的科目增多了，学科难度也大了很多。十多岁的孩子头一次面对这样的难题，往往不知所措。

开学的第一个月，我既要预习，又要做成堆的各科作业，很快，我便被课业压得喘不过气来。再加上我家离校远，每天早晨我都要在五点多就起床上学，这使得我晚上睡眠不足，白天上课经常犯困。这样一来，我学习更吃力了。

"伢子，这样下去可不行，你现在才初一，就招架不了老师布置的作业，等到初二、初三，学业会更重，到时候该怎么办呢？"母亲关切地问道。

"我也不想，可每天作业都好多，我不知道怎么做才能赶得上进度。"

"那你说说，每天的学习任务主要是什么？妈看看能不能给你出出主意。"

"语文主要是课文背诵，还有一些文段解析；数学是方程式、有理数的运算，老师总布置很多习题要做；英语我比较头疼，单词和句子记不住，可老师每隔几天就会用听写抽查我们学的知识点，我经常答不上来；历史、地理、政治、生物相对简单很多，主要是一些关键知识点的习题，记起来也比较容易。可问题是，这些科目加起来任务太多了，我根本没有时间复习，更别提预习了。"

"每门课你都花多少时间呢？"

"数学、英语花的时间最多，要一个多小时才能完成。语文有时会花掉一个小时，有时少点。其他科的作业要花掉将近两小时。"

"妈看你做这些作业时，好像没个主次。总是东做一点，西做一点，一堆的作业本摆在面前，乱糟糟的，这个习惯可不好。"

"那我该怎么做呢？"

"你试着把你说的课程作业按难易程度列个序，先做你觉得最容易的几门，然后再花心思来做那些难的。"母亲建议道，"不过最好给自己定个目标，比方说二三十分钟内，先把这些最容易的课业做完。如果做不完，你把难的科目放一放，多匀点时间把容易的科目学好。"

"这样的话，那些难的科目，我不更追不上进度了吗？"

"伢子，你先别担心这个，你总得先掌握好那些易学的科目的学习方法。等你在这些科目上学上手了，你花的时间就会减少，那时，你就可以腾出手补学难的科目。否则，你总在拆东墙补西墙，到头来啥都做不好。"

循着母亲的建议，我重新调整了学习策略。我给自己制订了一个计划，在一个月里，集中掌握历史、地理、政治、生物等易学科目的学习方法。通过练习，我很快便找到了背记这些学科知识的诀窍，甚至能在课余时间完成老师布置的作业。这让我在放学回家后，只要集中攻克语数外三门科目了。我的时间一下充裕了起来，学习的信心也猛涨。接下来，我再为语数外三个科目设定了详细的学习计划表，也根据自己的学习习惯制定了学习大纲。在经历了短暂的成绩倒退后，我很快迎头赶上，成了班级里排名最靠前的几名学生之一。

**学业重，要处理的功课多且难，是很多家长常听孩子抱怨的问题。很多家长为孩子的学习着急，可常常却爱莫能助，不**知如何帮孩子制定策略，解决这些问题。究竟怎么做，才能帮孩子提升能力，能够按部就班地完成任务，重新夺回生活的主动权呢？

在本章，我们集中讨论**如何教孩子学会拆分任务，为阶段性目标制定最佳策略**。

首先，我们将孩子在学习和生活中面对的任务分类，根据不同类别，探讨不同任务的拆解方法。

在我看来，常见的任务分为如下三大类：常规任务、突发任务、长期任务。

# 常规任务

我们对这类任务并不陌生，很多孩子面临的问题，也是如何有效处理常规任务。

在我们身边，不少孩子每天学习任务堆积如山，好不容易完成了一件，新的任务接踵而至。为了完成课业，孩子不得不延长学习时间。他们变得没有时间运动、放松，久而久之，孩子的个人时间越来越少，对学业也越来越没有主动权。这使得孩子逐渐丧失学习兴趣，而这又反过来影响着孩子的学习效率，形成了恶性循环。

导致孩子无法按时完成这类"常规任务"的两大原因：

● 原因之一，孩子缺乏对任务优先主次权的正确认识，致使精力没有用在点上。

常规任务因与孩子的生活极其贴近，很多孩子常难以分辨任务的优先主次权。我们习惯碰到类似任务时，按时间顺序逐一解决。这种做法往往是低效的，关键任务有时也得不到该有的处理时间。比如，有的孩子做作业，喜欢按哪门课程最早需要提交作业为参照，逐一完成它们。这使得他们没有考虑到当下哪门课最需要加强补习，学习缺陷也未能得到及时纠正。我在小升初时遇到的学习问题，便是如此。

● 原因之二，孩子完成任务时，缺乏合理策略。

很多孩子做事情，不会事先考虑每项任务的难易，或者思考任务间的关联，任务来了，便一股脑儿地扑上去做。这种莽撞做事的方式缺乏效率，也没有利用到大脑偏好处理同质任务的特性。大部分人应该有过这样的体验：当一件事做熟悉了，我们会不情愿被打断，去做其他事情。大脑处理任何事情都是要花时间才能进入状态的，把同类任务安排在同一个时段内完成，保证大脑的工作模式不被打乱，做事的效率才会高。

怎样做，才能教孩子有条有理地解决常规任务呢？

第一个方法，是假设法。

"假设法"，顾名思义，是对要处理任务的一个假想操作。

首先，我们需要教孩子**分清任务的主次**，先将现阶段任务罗列出来，让他们对自己的学习、生活和工作有更清晰的认知。**比如母亲得知我面临的学习困境后，并不是一味地给我灌输学习方法，而是通过交流，先弄明白我的学习状态**。摸清底，再给针对性的建议。

第二步，针对每项任务进行如下假设操作：如果孩子不完成这个任务，后果是怎样的？

母亲得知我学历史、地理、政治、生物相对顺利，而学语数外则吃力，便做了一个简单的分类，让我从易学科目入手，然后再攻克难学的。母亲的假设是，如果我不先完成这些易学科目的作业，并掌握它们的学习方法，那么，我便没有足够的时间来学习难学的知识。主课学习是很花时间的，如果孩子在学习能力还没跟上的情况下，一股脑儿全扑在主课上，很有可能在短时间内找不到合适的学习方法。按这个状况发展，我不仅主课学得不好，连那些看似容易的课程也会拖后腿。

通过这样的假设，母亲帮我找到了一个合理的渐进式的学习方法，让我从易到难，逐个击破。

分清了任务主次，**接下来便是有策略地拆解任务**。这里，一个常用的拆分任务的方法叫"打包传送法"。就像流水线上打包一样，我们需要把同类任务固定在流水线的某个节点，在这个节点花该有的时间完成这项任务，然后将包裹传送到下一个流水线节点。依此类推，直到整个任务完成。

● **第一步，孩子需要将任务进行分类筛选。**

分筛的标准主要包括任务性质，以及完成任务需要用到的技能。性质越相似、所需技能越雷同的工作，就越应该组合在一起完成。

譬如，历史、地理、政治需要背记，而数学则要通过习题来训练解题思路。这两类任务最好不要混在一起，孩子才能进入高效地背记或理科解题思维状态。

● **第二步，将分装的任务合理分配在传送带不同节点。**

分筛的任务是有优先级的，同时，有些任务需要在其他任务完成的前提下进行。在我学习时，语文课的写作，从搜集信息，到定主题、整理、撰写、编辑，是一条很自然的流水线。所以，我常习惯在复习完历史、政治等科目后，再来完成老师布置的作文。一来，我可以在历史政治等科目里搜集到相关作文素材；二来，这几个科目，尤其是政治，能教我如何定文段的中心思想和论点，并进行论证。这么一安排，我便能将我刚刚所学的知识点运用到其他科目，任务的分工搭配也变得更加合理。

● **第三步，给每个节点任务分配合理的时间。**

优先级高、难度较大的任务，尽量分配更多的时间；相反的，优先级低、难度较小的任务，可以减少分配时间。作为父母，并不需要过度干预孩子在时间上的分配，因为不同的孩子会养成属于自己的学习习惯。不过，父母要学会以导师的心态，在孩子时间分配出问题时给予合适的指导，将孩子引导到高效处理任务的方法上来。

## 突发任务

"突发任务"，顾名思义，是孩子生活中突然出现的新任务。它区别于"常规任务"，因其突发性，孩子很难将这类任务分筛归类；同时，突发任务的优先级通常都很高，在不知如何拆解时贸然上手容易出乱子。

很多孩子处理突发任务时，或容易犯错，或者不知如何应对。出现这个状况有几大原因：

其一：任务的突发性，使得孩子没有多少时间仔细考虑对策。

其二：在对任务不熟悉的情况下，孩子想不出具体的解决策略。

其三：信息不够，导致孩子无法确切知道自己是否有能力解决该任务。

比如，我在大学时，曾遇到过一个突发任务：我的专业是生物，计算机编程并不是专长。可大三实习时，我有很多数据需要分析，因为数据点多，人工处理变得不现实，最好是通过计算机编程来分析这些大数据。对一个不懂计算机编程的人来说，遇到此突发任务，我的心态几乎是崩溃的。我一时也不知道该怎么开始。

碰到类似没有把握的突发任务，该怎么办呢？

其实，处理突发任务的关键在于寻找过往经验，借用过往经验与处理原则，合理拆解。它包含如下几步：

● 第一步，学会识别任务场景。

为什么孩子对"突发任务"常感到恐惧？因为他们没有接触过，所以不知道怎么做才合适，也不知道自己是否有能力完成任务。破除这份恐惧，父母首先告诉孩子要在记忆里寻找相关场景，来与之对应。一般会有两个应对策略：（1）让孩子找自己经历过的相关事情；（2）让孩子向过来人征求意见。过来人处理这个任务时，一定会发现某些点容易犯错，某些事项比较关键。孩子与之交流时，孩子们的大脑实际上已经走了一遍场景模拟。

比如面对学习计算机编程这个突发任务，我首先做的便是回想所有曾经接触过的与计算机编程相关的场景：我用过 Excel 软件作图，用过图像处理软件，也学过最基础的计算机语言语法。我知道学习一门新编程语言，要从语言、语法以及编程逻辑上开始学习。这就像第一次去买房买车的人，会调用自己住房、坐车时所关注的元素，来辅助自己买房买车一样，我这么做，无非是想让自己更熟悉学习这门语言需要准备的知识点。接下来，我会找到那些会编程的人，请他们推荐编程教材、网络教程等，分阶段开始我的学习。

● **第二步，关键技能抽离。**

当孩子对任务场景熟悉了，便会对完成该任务所需的关键技能有基本的认识。人做任何事情，其实都是依托过往经历，积累一定技能，培养做事的信心。孩子每完成一件任务，最好都要总结出心得体会，梳理哪些技能得到了锻炼和增长，这样碰到新的挑战，孩子才知道自己有没有能力解决它。

孩子解决突发任务前，父母可以问孩子这三个关键问题：

（1）解决这个问题，你需要哪些知识和能力？

（2）你是否有相应的知识或能力储备？

（3）你可以从哪里获得提升这些能力与知识的帮助？

理清了这三个问题，孩子很快便会知道应该朝什么方向使力。仍以我学习计算机编程为例：

**我需要学习的知识和能力**：从基础到高阶的计算机编程理论、基本编程理念与逻辑、计算机语言语法和计算机语言的应用。

**我是否有相应的知识与能力储备**：没有。但是我有学习新知识的一些通用能力，比如搜索相关资料的能力、自学能力、学外语时对语法的把控力，以及举一反三的应用力等。

**我从哪儿获取帮助**：编程书籍和网络教程，身边会编程的同学，如果有时间可以去上一门编程课。

一旦孩子知道自己欠缺哪些技能，并在他人指导下习得这些技能，孩子很快便知道下一步该怎么做。

另外，我想指出，孩子成长的过程中，一定不要惧怕接受这类"突发任务"，即便做得差，也不用太在意。为什么呢？人在年轻时犯错成本是很低的。如果不去尝试新挑战，孩子便不知道他们哪些能力有优势，哪些需要得到锻炼。我们很多孩子在成长路上，大大小小的任务都是被父母包办的。从选学校、专业，到兴趣爱好，以及买房、买车，很多人几乎全靠父母做决定。这导致很多人长大后，没有主见。父母不可能管孩子一辈子，到人生某一刻，孩子一定会要独立，如果孩子们没有利用这些"突发任务"锻炼好自己的技能，以后怎么才能独立呢？

● 最后一步，需要将任务场景重置换位，执行任务。

这是什么意思呢？当孩子学会抽离那些关键技能后，大抵会知道这些技能该怎么使用，剩下的便是将技能转换到不同的场景进行应用。

我在分析学习计算机编程时，感觉到这就像是学习一门外语。我之前从零基础学会了英语，现在我要做的，是学习另一个形式的语言而已。在识别了这个任务场景后，我立马抽离出完成这个任务的关键技能：我需要学这门语言的基本词汇和语法，同时，我需要在计算机终端开始输入一些代码——就像练习英语口语一样。计算机语言的词汇和语法初始阶段只能硬啃，我于是从基本的代码语言开始，学习编程语言基础。就这样，我将自己需要的关键技能抽离出来，并运用我学习英语的方法，将任务场景重置，放到了计算机终端的语境，开始执行。在经历了几个月的学习后，我逐渐可以编写比较复杂的程序了。

## 长期任务

长期任务有个很大的特点，即暂时不执行这个任务，似乎不会造成什么影响。可如果长期不作为，便会离设定的目标越走越远。

很多家长都碰到过孩子类似的状况：新年给自己定学习目

标，希望每天背十个新单词，可不出半个月，孩子便无法坚持了；计划给自己订一个阅读计划，每月读一本新书，可任务很快成了口号，根本没有得到执行；对目前所选的大学专业不满意，想学习之余找到自己真正感兴趣的方向，可不出一个月，孩子便因为学业太忙而中途放弃。

目标无法坚持是执行长期任务的通病。出现这个问题的原因在于，长期任务在我们大脑里，很难形成足够的紧迫感。人的思维是有惰性的，不给警醒，很快便会放松下来。譬如想学好高中英语这件事，真正影响到自身，是三年后的高考。任务看起来很重要，可紧迫感有限。我们的大脑不会觉得，此刻不行动，事情会变得糟糕。这种惰性心态很快便会让我们放松警惕。

其实，**要想让长期任务有可执行性，关键在于给大脑合适的奖赏激励，**这样大脑的多巴胺才能得到阶段性释放。一旦大脑觉得，做这件事情有利可图，惰性思维就会慢慢得到克服。

建立奖赏激励有个非常经典的方法，即巴普洛夫的条件反射建立法——我们需要将某个动作、某句话或某个场景，通过一定形式的奖励和要做的任务建立起关联，以至于孩子看到这个动作，听到这句话，进入这个场景，便立马会被提醒：该做这个任务了。

有两个步骤可以将奖励与任务关联：

● **其一：将阶段性成果变得可视。**

比如阅读，每读完一章，孩子可以用一句话总结所读的核心内容，并记录在日记本上；比如学习英语，每听一篇英语文章，便给自己在朋友圈打卡；每掌握一个新的短语，便在作业墙上画一个进度条，做完一步，进度条加一格。现如今，智能手机多有记录阶段性成果的功能，我们不妨借助科技的手段，将完成任务的线程变得可视。

● **其二：创建某个不相关的动作或场景作为完成任务的仪式。**

比如每做完一个工作，就和他人击掌欢呼；每读完一本书，就冲个舒服的热水澡；每完成一阶段的自学，就给自己来一段冥想时光，等等。

这种仪式感的奖励，会给人一种极强的精神振奋感，有时比物质的奖励还来得有效。它会让我们的大脑看到这些信号，便与长期任务关联起来，做长期任务也会更有积极性。

举个例子，哈佛商学院有个叫 Life Lab（哈佛生物实验室）的创业孵化器，其中有将近二十支处在不同时期的创业团队。创业是个长期的过程，每一步都充满挑战，没有谁知道公司什么时候会融到第一笔资，拥有第一个客户，产生第一笔收益。如果我们在创业的过程，大脑被惰性思维清洗，公司极有可能是做不成的。可创业又那么难，怎么在以年为计的长周期中，保持自己的创业激情呢？在哈佛生物实验室，孵化器的创始人设定了一个很有意思的奖励机制：在办公区，有一个可以敲的锣。每个创业团队如果做成了一个阶段性成果，便敲锣三下，向周围人自豪地宣示取得阶段性成果。这样一种鸣锣的形式，就是建立我们大脑条件反射的一个很好的案例。

在我上学时，我的父母喜欢在我完成阶段性任务时，带我和弟弟到外婆家玩。虽说这样的奖励并没有带来多少物质的帮助，但每次想到外出游玩，我便能更加沉下心来学习——这是我的父母为我建立的完成长期任务的仪式感。

总之，在孩子的成长过程中，如果父母能教会孩子如何处理"常规任务""突发任务""长期任务"，孩子在面对未知问题的时候，便不会再不知所措。当他们能将这些拆解任务、制定策略的方法灵活运用到生活和学习中时，便离下一个突破不远了。

# 18

## 高效时间管理，
## 孩子的一天不止 24 小时

### 临近高考，如何合理分配学科复习时间

高二下学期，虽说离高考尚且遥远，但我们高中的学习氛围一下紧张了起来。

为了让学生不松懈，老师在黑板的右下角做起了高考倒计时，时刻提醒我们高考越来越近。年级信息公示栏里，老师也开始张贴和高考复习相关的信息。月考、摸底考、期中期末考，不同考试轮番轰炸，让学生们没有喘息的机会。每学一个知识点，老师们恨不能用往年考过的所有真题给学生做个全方位测试。与此同时，学生每次考试的成绩、排名，学校都会公示在信息栏里，那些排名前五十的学生，更是享有戴红花拍照的殊荣。

或许因为学校有意的公示，学生之间的竞争一下子激烈了很多。课间的十分钟休息，多半同学会留在座位上做习题。中

午吃饭，同学们更是以百米冲刺的速度去食堂排队打饭，生怕因落在打饭队伍后头而浪费学习时间。我们高中晚自习一般在九点半结束，可自打进入高二下学期，很多同学即使下了晚自习，也留在教室继续学习。甚至还有同学会打着手电筒，在宿舍被窝里学到次日凌晨。

对比班上同学，我的学习方式简直清奇：我只在学校规定时间段内学习，从不熬夜，也不在周末补习加班；我的同学努力背课文时，我花很多时间读《古文观止》、中外名著，提高自己阅读量；考试时，90分钟的考卷，我往往能在60分钟内做完，剩下的时间，我或者再做检查，或者提前交卷。

"为啥你从不熬夜，学习成绩还这么好？"在高中，我常年占据年级第一，经常有同学忍不住问。

"学知识讲究效率，老师教的知识点，只要真正理解透了，其实是不需要通过题海战术来熬夜补习的。"

"可你是怎么吃透这些知识点的呢？"

"我平常都是先花精力梳理核心知识点，整合到我的学习提纲里，做几个典型例题，然后再琢磨这个知识点还能用什么方式出题。几番下来，我把重点都记牢了，也就不需要再补习了。"

"那么多的学科知识都要整理，你怎么会有时间呢？你看我们，连做习题都没时间，更别说梳理学习提纲了。"同学往往还是不解。

"这就看你怎么安排学习时间了。每学到一个新知识点，我都愿意多花时间来做知识点、大纲的整理。我不吝啬在这件事情上花的时间，因为只要我能真正理解这个知识点，以后我就不需要重复学习。接下来便是知识点的运用：我喜欢挑有代表性的习题来练手，很少重复做同类型真题，不然太浪费时间了。不同学科间的学习，我也会按自己的习惯安排好学习时间。比如偏记忆类的生物，每章节我都给自己定了固定的学习时间。每次学习，我都会挑战自己，比如三十分钟能做完的事情，我会逼自己二十五分钟甚至二十分钟做完。长期练着，我做事情的效率自然会提高。"

我的学习方法让同学很是惊讶，可怎么实际上手操作呢？我想了想，建议他们先将手里的参考书重新分类，丢掉那些看似相关，实则重复的习题书。每本参考书里，根据知识点勾选几道最核心的习题，逐一模拟练习。掌握好考点后，接下来便是灵活运用了。习题书里那些还未模拟练习的题，正是知识点运用的好场景。不过，这些题并不要花太多时间逐一解析，只要审题、理清思路，然后对比答案看看思路是否对就行了。

果真，这个"学习瘦身计划"很有效，很多同学的学习时间一下充裕了不少，不再觉得被习题压着，学习成绩也提上来了。

生活中，几乎每个人都希望做时间的主人，合理安排和管理自己的日程。智能时代，一个App（应用软件）便可追踪记录我们每天的日程。然而，却有很多孩子仍会感觉被学习任务拖着走，每天忙个不停，却又说不上来自己为什么这么忙。有的孩子也会根据学业任务，来制订详细的学习计划。可是，虽说这些计划都按部就班地被执行了，孩子也花了很多的时间学习，可成绩就是提不上去，这导致孩子觉得自己总是在瞎忙而挫败感不断。

美国教育学家 Stephen Covey（史蒂芬·柯维）曾在他的畅销书《与成功有约》中指出，之所以有这种挫败感，是因为多数人对时间管理的认知是错误的。**人们以为只要提高效率，便能掌握生活。可是，走得快是一回事，有没有走在对的方向，又是另外一回事**。如果孩子只是单纯地为了提高学习速度而制定时间规划表，却没能真正夺回时间的管理权，这样的时间观念便是不合理的。

## 拥有自己的时间管理权

怎样做才能让孩子夺回自己时间的管理权呢？以下，我分享几条时间管理的诀窍。

● **诀窍一：学会利用高效时间段集中处理优先级别高的任务。**

在上一章，我们了解了如何利用"假设法"，对生活中的任务进行优先等级排序。优先等级高的任务，需要得到提前处理；反之，优先级别低的任务可以延后被处理。这个时间安排理念，实际上并不是最佳的。

每个人每天的状态都会有高效工作时间段，也有什么事情都不想做的低效能阶段。大脑一旦在高效能状态下开始运转，做任务的速度便会加快，出差错的概率也会更小。因此，对那些优先级高的任务，我们应该尽量安排在高效时间段里。

以醒着的 16 小时来分段，我们多数人的时间段呈如下的分布：

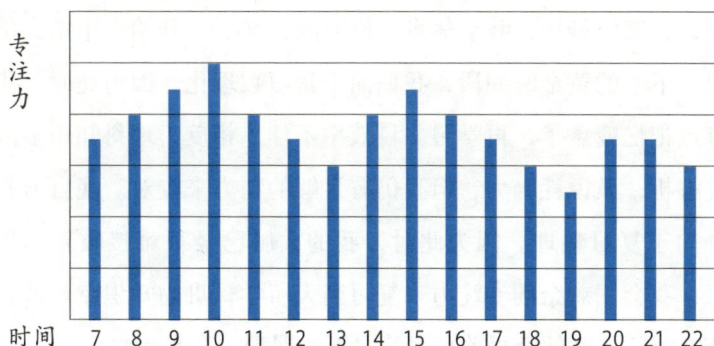

大脑的专注力会在我们起床后一两小时内达到最高，随后逐渐下降。在经过午餐和午休后，人的专注力会得到一定程度恢复，但很快便会衰减。晚上，多数人的大脑处在待机状态，但一小部分人也能在晚餐后调整状态，在睡觉前几小时重启进入工作状态。

也就是说，多数人一天会出现两个黄金时间段：早上九点至十一点，下午二点至四点。少数人在晚上八点至十点之间也能拥有好的专注力。在黄金时间段，不要让孩子浪费时间处理那些琐事，相反，他们应该将精力集中处理优先级别高的工作。有时，黄金时间段 30 分钟，能抵得上其他时间段里的一两小时。

　　高中时，在早自习之前，我常喜欢在校园里走一走，呼吸新鲜空气，调整自己的心理状态，好提前进入学习状态。等自习课铃声响起，我会提醒自己将大脑调整到高效运转状态，开始学习语文、英语类等需要大脑保持足够记忆容量的科目。高效学习一段时间后，我开始感到疲倦，这时差不多到了午餐时间，补充能量后，我会休息一段时间，然后又开始集中精力学习。下午的黄金时间段，我偏向于学习数理化。因为此时，我有点记忆疲惫了，再学习文科效率不佳。相反，理科知识多需要解析，虽说耗脑力，但我仍有足够的精力来应对。晚自习我倾向于复习整理。因为此时，我的大脑已经很难接收新知识了，我会用剩余的专注力来复习当天所学，巩固知识点。倘若还有时间，我便会提前预习第二天的课程。

　　可以看到，我的学习时间段安排，充分考虑了我个人的学习习惯，以及我的高效学习时间段的分布。在不同的时间段安排对应的学习任务，往往事半功倍。

　　● 诀窍二：不过度拆分任务。

　　上章我们讨论过如何拆分任务，不过，拆分任务有一个忌讳，即过度拆分任务。

　　短时间内能完成的任务，应避免过度拆分，一鼓作气完成。不要为了实践拆分任务的方法，将一小时能完成的事情分解安排成上午半小时，下午半小时。

为什么这么做不好呢？我们大脑进入工作状态是需要时间的，在一天不同的时间段，大脑进入状态所需的时间也不同。如果一个本可以短时间内完成的任务，被强制拆分成了两段，孩子会花掉双倍进入状态的时间，时间成本过高。

同样的，这个诀窍也适用于时程长、频次低的一些任务。譬如有些孩子期末备考，总喜欢提前一两周开始记考点，每天记忆一小部分知识点，通过好几天、几周的复习完成最终目标。如果时间充裕，这么操作其实无所谓。可多数情况下，因为人的短期记忆持续期有限，过早复习的知识点，在一两周后，常会忘掉，就相当于做了无用功，最终效果不佳。"一鼓作气"，不过度拆分学习任务，往往能达到高效学习的目的。

我是这个习惯的严格遵守者。大学里为了申请出国留学，我要考一门叫 GRE 的英语考试。这门考试有上万个新单词需要记。很多人喜欢拉长战线做准备，花半年，甚至一年的时间来背这些单词。可我觉得，记这些词靠的本就是短期记忆，记它们最佳的时段应该是考前一两个月，集中发力去记。我挑好了考试时间后，大三暑假，专门给自己安排了两个月的时间，先花一个月记将近 7000 个单词，然后每 10 天，重复记忆。这样的集中发力，比将任务拆分到半年、一年，要高效得多。

● **诀窍三：学会迅速进入学习状态。**

**处理任何一个新任务，大脑都需要调用不同的神经通路，而调用时间，往往依赖于新任务与上一个任务的相似度。相似**

性越小，调用的时间越长，进入新任务工作状态的时间也会越长。要让时间得到高效运用，关键就在于缩短进入状态的时间。

有很多外界因素能缩短进入状态的时间，比如我在调整自己学习状态时，常用这几个小技巧：

（1）早起冲澡，迅速让自己变得清醒；

（2）在开始学习之前，泡一杯热茶，闻着茶香让心情变舒畅；

（3）在公共空间戴上耳机听音乐，让音乐创造出一个私人空间；

（4）浏览和学习相关的边缘信息，让大脑开始思考接下来的工作；

（5）适度有氧运动，摆脱机体疲劳状态；

（6）学习前将手机调到静音状态，避免自己过度看手机信息而干扰状态；

（7）更换学习场所，辅助进入新的学习状态；

（8）冥想，放空大脑，快速恢复大脑专注力和观察力；

（9）室内来回踱步，舒展颈部、肩部肌肉，深呼吸，调整坐姿，让自己处在最舒适状态；

（10）调整房间温度。体感舒适温度约25℃，低于舒适温度一点点，如23.5~24℃有助于大脑保持高度清醒，而高于舒适温度一点点，如25.5~26℃，会让大脑容易疲倦；

（11）调整房间光线，让光线安排更有层次感。过亮或过暗的光线都对人进入状态有一定干扰，同时，太过单调的光线布置也容易让人疲倦。房间的不同空间位置，最好有不同的打光效果，这会让人保持对环境的新鲜感，大脑也会处于一个更愉悦的状态；

（12）屏蔽生活中那些能干扰情绪的小事，学习时，不多想其他的事情。

### ● 最后一个诀窍：高效利用碎片时间。

多数人都懂"利用碎片化时间"这个概念，可真正操作时，却往往力不从心。在我看来，碎片化时间有三个使用原则。

第一，利用碎片时间处理琐碎的、优先级特别低的事情。

譬如收拾房间、洗漱、理发、超市购物，这些事情我们可能不得不做，但并不需要花费多少时间或脑力。如果将这些任务放在黄金时间段，显然是不得当的。我们需要将这类琐事梳理出来，排在碎片时间里，这样不至于打断一天的节奏。

第二，在碎片时间完成琐碎事情时，兼顾思考与学习工作相关的事情。

琐碎事情是不需要花费太多脑力的，我们有能力做到一心多用，去想日常学习工作的主要任务。譬如利用逛超市、理发、坐公交这样的碎片时间，我们为一天工作列一个日程表，为新的任务制订具体实施计划，或者在脑海里思考如何解决还未完成的任务，等等。

第三，利用碎片时间完成自我提升。

确定一项或几项我们最想提升的能力，譬如阅读、英语，将这些任务集中放在碎片时间里来完成。比如可以在坐公交时听有声书、外语新闻、英文故事；可以在吃饭时听新闻拓宽视野等等。这样我们既不觉得做这些事情麻烦，时间也没被白白浪费。

通过以上方法，孩子可以高效利用碎片化时间学习。同样，在家庭里，家长也可以利用碎片化时间，帮助孩子完善当日所学。譬如，每天早晨，花五到十分钟和孩子讨论他们的一天，指导他们列出当日任务清单，确保他们带好书籍和文具。晚餐时，父母可以和孩子交流在学校一天的状况，孩子做得对的地方，表扬；做得不对的地方，指出并建议其改正。家庭娱乐时间，如看电视，家长可以有意地引导孩子去注意那些有用的知识，需养成的习惯。亲戚朋友聚会，家长可以引导孩子去学习那些比自己优秀孩子的闪光点，等等。

当家长和孩子都知道如何利用生活中的琐碎时间强化所学时，孩子便能省掉很多没必要的学习时间。

## 实际生活中的时间规划

在了解如上四点诀窍后，我们再来探讨如何在实际生活中帮助孩子规划时间。

生活规划，关键在于掌握管理时间的基本方法，然后根据个人情况，设定出个性化的日程。好的时间管理通常包括这三大步：

（1）如何缩短起步时间，迅速进入工作状态；

（2）如何优化工作时段，让时间使用率最有效；

（3）如何建立长期的高效时间管理习惯，保持高效能习惯。

● 第一步，我们来探讨如何教孩子缩短起步时间，迅速进入学习工作状态。

不少孩子做一件事，要花很大力气才能进入最佳状态，这极大地影响一天的工作效率。要想学会短时间内进入工作状态，人是需要思维强化训练的。这个过程一般遵循场景模拟、共情联想、触发启动三个步骤。这就像是演员演戏，好的演员演戏，往往能通过快速虚构场景使得自己入戏，他们能根据戏剧的场景，联想到曾经生活里共情的场景，这些场景一旦重现，情绪便奔涌而出，最后只要有一个触动点，这些演员就能将故事里人物的悲欢离合演出来。

为了让自己迅速进入学习状态，我常采用这三步走的策略，来启动我的学习状态。高中时我常因写议论文犯难，不仅觉得谋篇布局很耗脑力，中心思想也难构思出来，而且很多论点、论据短时间内我也难搜集到位。这使得我很难有状态写文章。

怎么解决这个心理障碍，让自己迅速进入写作状态呢？我会先模拟一个辩论场景，在这个场景里，我是一个辩论人，我有我的辩题，也清楚对方辩手会如何攻击我的论点。我要做的是系统地罗列出我最站得住脚的论点，同时找出对方辩手的逻辑漏洞。之后，我选择一个切入的话题，开始辩论。在这样的场景模拟后，我的大脑里会逐渐浮现这篇文章的脉络，写起来也自然会胸有成竹。

● **第二步，优化学习时段，让孩子的时间使用率最有效。**

真正高效的学习，每一分每一秒都可以被用到实处。可现实中，很多孩子注意力很难集中，做事情 20~30 分钟后，就开始分心了。怎么才能让孩子保持专注，高效地工作呢？

这里，我想介绍一个"时间段分割法"。顾名思义，这个方法指的是将工作时段进行有效分割。比如当孩子需要在一件事情上专注两个小时，但他们注意力不能集中那么久，怎么办？这时，孩子可以把两小时分解成 6 块，每一块用 20 分钟就可以解决。这 20 分钟是孩子专注学习的基本单位，也是学习任务的里程碑。试着让孩子连续完成几个 20 分钟的基本学习单位时间，然后休息 1~2 分钟，然后，再开始专注学习。松弛有度，才不至于丧失专注力。

我在高中时，常把晚自习拆分成大约为 25 分钟的单元时间。每个单元里，我会尽量完成一科作业。如果某门课作业太多，做了一段时间后，实在感到累了，我会换做其他的作业。譬如做了大约 25 分钟数学题后，我会去做英语阅读，或是读语文课本。这两类任务所需的大脑技能是不同的，做英语阅读，更像是做完数学题后的放松。于是，我的时间在这样的分割单元里，有效地利用起来了。

● **第三步，建立长期的高效时间管理习惯。**

不少孩子在时间管理中碰到的一个问题是，好的习惯尝试一段时间后，就坚持不下来了。譬如，在学校里，孩子一天能做很多事情，可一放假，孩子在家里却怎么也实施不下去制订的学习计划。

怎么才能避免这个状况呢？

这里我介绍一个时间管理习惯的"健身原则"。就像我们想要有肌肉线条，需要长期去健身房锻炼一样，建立长期高效的时间管理习惯，同样也要对孩子的思维进行"健身"。

第一步，帮助孩子在生活中找到一个常做的任务。而且该任务不论是孩子学习，或是休闲时，都有可能被执行。比如阅读，便是孩子可以长期执行，并用来训练长期高效管理时间的好任务。

第二步，每隔一段时间，利用该任务给自己进行一次思维健身。比如，不论学习还是放假，试着挤时间读一本书。读的过程，学会给自己定一个具体的目标：半小时内读 10~20 页。读的时候，要求自己动用之前所积累的所有高效时间管理方法。

第三步，总结思维"健身"的成效。父母引导孩子用笔记本，记录每次阅读的速度、对知识的获取度等信息，评估在阅读时孩子的时间管理技巧如何。

为什么要做以上这个思维健身呢？因为孩子生活里遇到的任务种类不同，安排时间的方法也会随之改变，这就导致有时候，孩子学会的一些时间管理方法在新的场景里得不到应用。如果孩子有一个固定的思维"健身训练"，每隔一段时间，他们都可以重新热身训练，孩子便会对时间管理更有把握。

在养成高效时间管理的过程中，每一个人都会有属于自己的心得，父母应当避免生搬硬套，集中训练提升孩子做事情进入状态的速度，提升学习时段的效率，然后建立长期高效的时间管理习惯，只有这样，孩子的时间管理才会有效。

# 19

## 有效对抗拖延症的 6 大方法

### 寝室学习小组

在高中时，为了保持学习动力，执行定好的学习计划，我和室友们曾组建过互助学习小组。

每天晚自习，我们宿舍六人会一起复习当天所学，同时，我们轮流主导某门学科的学习：周一语文，周二数学，周三英语，周四物理，周五化学。

"我们每科都由一个人牵头，总结这门课的疑难点，同时搜集典型习题，给所有人练习。"我建议道，"这样分工，我们每个人的学习任务会减轻很多。"

"这主意好！"室友应和道，"我们也可以把总结的知识点、解题思路整理出来，做成学习册，一起分享，这样互助学习效率会高很多。"

这个计划听起来非常实用，我们很快便推行起来。刚开始，室友们都很积极，找资料、订计划、做总结，每一步都有条不紊地开展着，大家分工合作，相得益彰。

可不久，问题就出现了。

"今天年级有篮球赛，我代表咱们班参加，实在没时间来准备复习资料了。"一天，舍友小敏和大家说道。

我和其他室友讨论了下，觉得小敏说的有理，便由我代劳，替小敏做了当天的复习资料总结。

几天后，小敏又有事情了。这次，是因为食堂排队打饭时间太长，他没来得及做知识点的总结。

"兄弟们，实在不好意思，我也不想排那么久的队，可谁能想到呢？"

小敏尴尬地解释着，有几个室友心里似乎有点不满，只是碍着面子，并没有说破，可合作的裂痕已经开始出现了。私下里，室友会开玩笑地抱怨小敏在占大家便宜，有人甚至提出，是否要将小敏移出互助学习小组。

期中考试快来了，互助小组打算在一周内将半学期的学科知识点做个系统总结，然后分发给所有人复习。几个室友都在课间休息时间努力做整理，可就是不见小敏行动。

"放心，这次我是不会食言的，一定会给兄弟们把资料整理好。"问起小敏的时候，他有点不情愿地回答。

见着小敏这样保证，我们也不好意思多说什么。一天，两天，时间就这么过去了，我们怎么也不见小敏行动，好像不拖到最后一刻，他便不会开始。

任务要提交的倒数第二天，我们总算看到小敏开始着手准备了。可是，半学期的学习知识点那么多，哪能两天内做完所有的整理。到最后，小敏的复习资料潦潦草草，对其他人根本就没有帮助。

这一次，室友都不能忍受了。大家一致认为，小敏的拖延和找借口严重影响了团队合作，为了公平，我们请小敏离开了学习互助小组。

在往后的学习里，小敏的拖延习惯常常让他学习出乱子，或是布置的练习试卷不能按时完成，或是忘了老师布置的预习任务。久而久之，小敏的成绩也渐渐滑落，他也从班里的优等生变成了中等生。

生活中，像小敏这样拖延，学东西自制力差，三天打鱼两天晒网的孩子大有人在。拖延症不仅影响了孩子的学习成绩，也使得他们很难完成既定的目标。

## 为什么会有拖延症？

怎么做才能培养孩子的执行力，让他们做每件事情都有始有终呢？

在我看来，一个人执行力差，主要有两方面原因：一是拖延，二是三分钟热度。如果孩子能克服这两个毛病中任何一个，孩子生活学习的效率一定会大幅提升。

拖延症是很多孩子学习生活效率的头号杀手，这个坏习惯出现的原因，和我们大脑在应对焦虑和困难时，喜欢选择暂时逃避有关。细想孩子曾经出现拖延的场景，我们不难发现，凡是想拖延的，都是孩子内心深处不想做的事情。

瑞典卡罗琳斯卡学院的心理学家 Alexander Rozental（亚历山大·罗森塔尔）曾指出，导致人拖延，并逃避做某件事情，主要有三方面因素：期望、价值、时间。一个人会因为缺乏和任务相关的期望而拖延，或者因为他们估计不会达到想要的价值而拖延，又或者因为价值离自己太遥远而拖延。

当我们衡量一件事情是否值得在当下立即做时，期望、价值与时间三个因素便开始在我们的大脑里反复出现。我们想通过综合衡量各方因素，让大脑作出理性的分析判断。如果大脑经过分析觉得，这件事情不值得在当下花时间，我们便会心满意足地接受这个现状。

譬如不少孩子准备考试时，会习惯地告诉自己，我对这门课成绩期待大约是中等偏上，按以往经验，考这个分数，我只要花两三天备考就行，没必要连续七天都用来复习。他们会认为自己给出的理由非常可信，毕竟这个结论是根据过往经验得到的，于是这些孩子便会丝毫没有愧疚感地将复习拖到最后一刻。

以上心理活动，是拖延症出现的第一步。之所以出现，是我们盲目地相信自己大脑的判断是理性的，这是拖延者给自己编织的最强大的谎言。事实上，多数时候，我们大脑的决定是非理性的。

为什么这么说呢？做任何事情，尤其是内心深处不想做的事情，都会给大脑深深的焦虑感。大脑会觉得，这件事情不好做，要花时间，要耗费很多精力，脑细胞损耗会很大。这个任务便在大脑引发了负面情绪，面对不想做的事情，大脑会思考躲还是不躲，便成了拖延。

在生物进化的亿万年里，我们的机体早就习惯了趋利避害。虽说人的器官组合在一起是个整体，但大脑作为掌控调节其他器官的核心元件，它仍有提前保护自己的私心。一旦大脑觉得，做这个任务脑细胞会被透支，大脑便会启动保护程序，让这个核心元件熄火，同时大脑也会开启一些透气散热元件，让脑细胞得到一定休养生息的机会。这就是为什么明明有一大堆任务摆在眼前，有拖延症的孩子还是不愿意做，反而会选择刷手机、看视频、和人聊天等等。

以上，便成了拖延症出现的第二个节点：在焦虑和困难面前，大脑习惯性选择逃避，并用瞬间的享乐来给脑细胞透气散热。

但仅仅有这两步，拖延还是难以成为习惯的。为什么呢？因为瞬间的享乐一过，大脑又不得不面对眼下的任务，这时，我们便会开始出现后悔情绪：后悔自己刷手机而没学习，后悔没提前做哪怕一点点任务减轻当下负担，后悔自己没有好的自制力……

真正让拖延成为习惯的关键节点，在这一阶段，便出现了：为了不让自己后悔，我们为拖延找理由，而一旦找到能解释大脑为什么熄火的理由，我们便认为找到了问题的关键，从此不再为自己的拖延自责。

有拖延症的孩子，一般有这样一些自圆其说的理由：

刚刚之所以没有学习，是因为没到我的学习状态。进入状态后办事效率更高，事实上，我还给自己做事情省时间了呢。

做事情需要各方面条件成熟了才有意义，如果缺三少四，以后可能还要重做，所以现在不如不做。

做事情要么不做，要么做到最好，可眼下我觉得自己还做不到最好。

通过自我抵制、选择性逃避、过度追求完美、自我降低期待等一系列心理暗示，很多孩子给自己编织一个更大的谎言，让自己的行为变得合理化，当这个怪圈形成后，拖延症就定型了。

在了解了拖延症形成原因后，我们来看看做事情三分钟热度这个坏习惯是怎么形成的。

三分钟热度常见表现有以下几种：第一种，做新任务很难坚持，容易半途而废；第二种，学习处理同质内容，因缺乏新鲜感容易丧失兴趣；第三种，做事情开始激情满满，但激情难以保持，很快便会倦怠。

如果说拖延症是大脑面对短期任务时选择逃避的一种机制，三分钟热度则是大脑面对长期任务时的逃避策略了。

和拖延症的形成原因相似，我们做事情很难长久坚持，也是因为大脑在面对某项长期任务时，经常在期望、价值与时间三个因素之间犹豫不定地做判断。只不过，在这个场景里，任务是长线程的，价值的体现也并不那么可预见，同时所花时间也没有固定指标。

导致一个人做事情三分钟热度的原因主要有两个：

● **第一，是任务线程过长，大脑无法长期保持兴奋状态做一件事情。**

以学习英语为例，很多孩子都想利用空闲时间，补习英语词汇、阅读、听力和口语。这个过程很长，可能要半年，甚至要一年的坚持，才会有实打实的提升。不少孩子会给自己订立详细的课程表，罗列每天、每周的学习任务，然后拿着英语专业书、阅读材料反复背诵、学习。才开始的几周，他们可能热情满满，可到后面，生活总有一些其他更重要的事情要做，他们的计划越来越不可执行，到后面，孩子甚至会忘记补习英语这件事。

● **第二，是长期学习的成果缺乏可视性，导致学习积极性丧失。**

长线程任务的一大共性是学习成果很难体现出来，学了一段时间，自我提升感觉一点都不明显，于是我们便会选择放弃。就像减肥，很多人坚持了一两周，体重、体形没感到明显变化，说服自己再去健身房就会更难。

生活里，很多孩子会想通过长期阅读扩展视野，一时冲动买了很多本书。可阅读完一本两本后，自我提升并不那么明显，很快，剩下的书都只会成了书架上的摆设，原因大抵也是如此。

从这两个原因可以看到，我们大脑面对长周期任务时，会尽一切可能说服自己，这个任务暂时没必要做。久而久之，我们会对大脑的这个判断深信不疑，于是我们在做任务时便很难坚持到底了。

## 对抗拖延症的 6 大方法

作为父母，有什么好方法能教给孩子，帮他们克服拖延症和做事情三分钟热度的坏习惯吗？这里分享我总结的六个实用方法。

● **第一个方法，是"分阶段各个击破法"。**

导致我们拖延或无法长时间坚持完成一个任务的部分原因，是这个任务难度过大，或者工作量巨大。在潜意识里，我们的大脑一时难以面对，便开始逃避。这时，我们需要学会拆分任务，将大的任务分解成阶段性小任务，各个击破。

比如孩子写一篇文章，这个任务听起来很难，孩子会在潜意识里拒绝开始。他们可以将任务拆分成如下阶段：

（1）调研资料；

（2）确定文章主题；

（3）罗列提纲；

（4）撰写每节的大纲；

（5）开始写作；

（6）修改文章。

把写作任务拆分成以上六步后，我们会发现，这个任务变得容易处理了很多。接下来，我们要给每个阶段性任务设定一个合理的截止日期，比如用 2~3 小时调研资料，1 小时确定文章的主题等等。截止时间能给孩子带来必要的紧迫感，同时也会让成功变得可视。事实上，如果一个任务的截止时间数越少，拖延和三分钟热度的可能性便会越大。父母可以建议孩子在每周、每天、每小时，都试着给自己定一个任务完成的节点，每完成一部分工作，孩子的成就感都会逐一增加。

● **第二个方法，是"精准打击法"。**

**这个方法适用于处理难的任务**。很多时候，孩子不愿意开始做一件事情，或者做了也坚持不下去，是因为这个任务里有一个或两个难度大的节点，而且这几个节点恰恰又处在任务的关键位置。

比如学习英语，很多孩子坚持不下去的一个主要原因是词汇。英文单词记不住，读英文书，听英文新闻，练习口语，基本都是白搭。再比如准备一个报告，阻挠我们的关键步骤可能是报告的素材没有准备齐全，在基本材料缺乏时，我们可能根本无法开始这个任务。

该怎么做呢？精准打击法告诉我们的是，**找到这个任务的关键节点，集中一段时间，花精力将其解决。不要担心孩子为了攻克这个节点而暂时忽略了任务的其他部分，有时，解决这个问题能让孩子在更远的将来省出更多时间。**

比如我才到美国学习时，很多英文单词不知道怎么说，这影响了我上课理解老师所讲的内容。我是怎么做的呢？我并没有先花时间去复习老师讲的课，相反，我抽了将近三周的时间，补习与课程相关的单词。我将每个生词写在一张便利贴上，贴在我房间的不同角落，每天一起床，我就开始记那些词。才开始，我担心自己可能因为没有复习而拖了学习进度，可是，当我记住那些单词后，我复习的速度大幅提升，到最后，我的考试成绩丝毫没受影响。

● **第三个方法，是"转换环境法"。**

人在处理任务时，常容易受到周围环境的干扰。反过来，环境会让大脑觉得最合适做某些固定的任务。

譬如，在图书馆自习，不少孩子的学习效率与在家学习不同。这是因为，孩子一回家，他的大脑就在潜意识里告诉他，家是用来放松的，不是用来学习的。这也是为什么有的孩子在学校能完成很多任务，可一旦放假回家，有充裕的时间，做事效率也不高的原因之一。

当孩子有任务要完成，却开始拖延，或想中途放弃的时候，不妨建议他们考虑转换环境，将自己置身于一个能工作的新环境里。如果孩子不想学习时，鼓励他们去图书馆；考虑健身时，去专门的健身房。将身边的大环境改变，孩子大脑的惰性区间便不容易被激发出来。

除了改变大环境，我们甚至可以帮孩子将身边的一些物件清理、变动，做局部的改变，有时也能达到"环境转换"的效果。比如在孩子准备一门考试前，让他们将桌子做个大清理，把书和文具摆好，帮孩子进入学习状态。再比如，看书之前，让孩子将房间的光线重新调整，将容易让孩子分心的东西移开，也能帮助他们迅速进入阅读状态。

● **第四个方法，是"多元投资组合法"。**

这个方法主要用于解决孩子处理长线程任务时容易丧失新鲜感的问题。我们可以把要做的长线程任务当成一个远期投资。做这件事情要花的精力与时间，是孩子的投资付出。长线程任务有中途放弃的风险，一旦发生，孩子的精力和时间都是被浪费的，投资便没有得到回报。

怎么教孩子避免这个状况的发生呢？一个诀窍，是教孩子将任务的处理方式尽量多元化，这样，每个任务完成的回报方式也会随之多元。即使当某个任务中途被放弃，孩子仍有收回投资成本的可能。

仍以学习英语为例，这个学习过程是长周期的，很多孩子可能坚持不了多久。假设孩子把所有的时间和精力都花在背单词、读英语文章这种任务上，一旦孩子中途放弃，那么孩子得到的回报就会很少。但如果孩子能将这个任务变换花样，让其处理方式多元，那么，孩子便会有额外的投资回报。比如，我们可以教孩子将学习英语拆分成这几个任务：背单词、读英文书、听英语新闻、听英文歌、看英剧美剧、尝试用英语记日记等。即使孩子不能长期背诵单词，但通过看英剧美剧，孩子还是学到了新知识。

● 第五个方法，是"借势起跑法"。

这个方法主要适合对付拖延症。犯拖延症的人经常会在将要开始做某个任务时犹豫不决，找各种理由说服自己先等一等。而这个犹豫时间，其实可以被利用起来，做和这个任务相关的小事情，让自己进入状态，之后借势起跑，直线进入高效的工作状态。

譬如很多孩子写文章，老想一遍就写到最好，在写之前，思来想去构思文章架构，可就是不动笔。怎么来解决这个问题呢？孩子需要做的，就是想到什么就写什么，随意写那么几笔，触发灵感，一旦大脑开始发动，他们便可借势开始快速写作。

比如，老师给孩子一大堆学习任务，孩子觉得太多，自己状态不好。怎么做呢？挑几个孩子最容易上手的任务先开始，一旦孩子开始学习了一段时间，大脑甚至会忘记疲倦，马不停蹄地继续处理更难的工作。

通过这种由相关的小任务推动孩子发力，让他们暂时忘记这个任务的策略，孩子便可以走出拖延症初期的犹豫不决阶段。

● **第六个方法，是"第三方监督法"。**

在孩子自律力不够时，第三方的监督往往能帮助他们克服拖延和三分钟热度的毛病。孩子需要在身边找到几个可以和他们一起做任务的人，让他们成为孩子的监督人。

比如健身，可以找一起健身的小伙伴，练习健身动作；比如学习，孩子可以找能和他们一起自习的同学，坚持学习打卡；再比如团队合作，如果孩子老想依赖别人先做完工作后再开始，孩子可以在团队里设定一个所有人都可见的进度条，每一步工作，都贴在进度条上，这样可以起到团体的监督作用。

以上，就是本章的分享。我们分析了导致拖延症和三分钟热度的几大原因，同时也分享了六大应对方法，这六个方法是：分阶段各个击破法、精准打击法、转换环境法、多元投资组合法、借势起跑法和第三方监督法。希望这些方法能帮助大家教孩子更有效地提高生活工作效率。

# 20

## 信息时代如何快速抓住知识重点？

### "学神"的笔记

在大学，我们学院每年开学都有一个年级交流会。交流会的主旨是高年级学生分享学习经验。分享会后，有件小事常会引起学院低年级同学间的热烈讨论，那便是哪位学长学姐的学习笔记传到了谁的手里。

大学和小学、初中、高中不同，在没有升学压力的情况下，考试不多，考试内容也相对固定。这使得不同届学生期中期末考试考点上，有很多相似之处。高年级学生的笔记，自然而然地对低年级学生有了很强的借鉴意义。

有意思的是，在这些交流会上，我的笔记成了低年级学弟学妹们哄抢的对象。我很是不解，于是便问拿到我笔记的学弟，为什么他想要我的笔记。

"我的笔记做得并不全面，和班上其他同学比起来，更是漏了不少信息，你怎么不去要他们的笔记，反而找我的呢？"我问道。

"学长的笔记有个很大的特点，那便是条理清晰。"学弟告诉我，"把这些笔记翻一遍，就像读完了整本书一样。参考起来学习，效率要高很多。"

"要说条理，很多同学也很擅长梳理课本提纲，而且字写得比我整洁多了。我这笔记有些地方是随意写的问题和知识点，可别干扰了你学习。"

我做笔记有个习惯，在记录了核心信息后，如果听到与自己理解有出入的知识点，我会把当时的疑问记下来。这些问题散布在笔记本的角落里，有时很难看清楚。

"学长，你笔记的这些地方才是我最想要的呢。好多标注，看似是随意一写，但好几次，都是我们考试的考题。我们班的同学都拿着你的笔记当押题集呢。"学弟乐滋滋地翻着我的笔记，好像捡到了一块宝，"不过学长，你为什么会做这些标注呢？"

"可能和我复习的习惯有关吧。以前我做笔记，也只是单纯地梳理总结，罗列知识点。可时间一久，我便容易忘记，笔记的用途便不大了。怎么做才能记得牢呢？看金圣叹评红楼的时候，我突然意识到通过点评，可以帮助回忆关键的知识信息点和思路。我会在记录知识点信息后，评论信息为什么重要，以及怎么应用这些信息。久而久之，我便一直沿用评注式的做笔记法了。"

"难怪学长在我们口中是'学神'了，连笔记都做得如此与众不同。"

在现在的学习和生活中，我们几乎每时每刻都在接收新信息。记录、整理、消化信息，成了一个人生活中关键的技能。然而，很多孩子学习时，不知道如何记录信息。听课时，老师虽然很努力地解释讲的内容，可孩子就是听不懂，笔记记录没有重心；学习新内容，不少孩子喜欢"地毯式"巨细无漏地记录信息，笔记速度很慢，导致学习效率低；还有的孩子虽做了笔记，但是笔记没有条理，参考价值不大。这些毛病，使得孩子的获取信息率严重降低。同时，因为没有做好记录，学过的信息常会遗忘，这也容易让孩子在他人心中留下不好的印象，让人觉得不够靠谱。

## 信息获取力低的关键原因

究竟怎么做，才能提升信息获取力呢？怎样才能迅速消化新接收的知识，在繁杂内容里抽提出重点，并做好信息记录呢？在本章，我们集中讨论如何高效做笔记。在回答以上问题前，我们先来看孩子信息获取力低的几个关键原因。

● 孩子记录障碍，信息获取力低的第一个原因，是没有进入沉浸式学习模式。

沉浸式学习模式，通常指的是给学习者提供一个接近真实的学习环境，或借助虚拟学习环境，或借助想象，或借助学习互动，使得学习者全身心地投入课堂互动，通过演练而提升技能。在学校，老师常用的课例，如随堂实验，便是沉浸式学习场景之一。

沉浸式学习模式能将抽象的知识点用案例具体展示出来，用实例抽丝剥茧地分析案例背后的原理，因而，它极大地提升了信息传递的效率。

要让这个学习模式有效，学习者必须认可并进入这个模式里，接受模型中的假设。如果学习者拒绝，或主观上不认同，这个模式里所包含的信息点便很难有效地传达给学习者。

举个例子，课堂示例教学时，很多孩子容易分心。才开始学习时，孩子尚能进入这个假想模式。可老师讲解一段时间后，孩子开始进入疲惫状态，可能想着晚上去哪儿吃饭，手机里谁的信息没有回，等等。听取信息时的三心二意，可能会使得孩子漏掉模型里的假想条件，后续抽象知识的理解也会变难。有的孩子可能会想让老师再讲一遍，可这样问会暴露自己没有专心在听的状态，于是孩子只得假装听懂了。就这样，他们越来越不知道老师在说什么。这使得在做记录时，只能将他们听到的一些零碎的信息写下来，这些信息缺乏逻辑关联，笔记的意义也不大。

● 孩子记录信息不到位的第二个原因，是碰到造成理解障碍的信息时，没有及时弄清楚。

学习新知识，不可避免地会有超出我们认知范围的信息需要理解和吸收。由于大脑的惰性，我们很多人在碰到新知识，如不懂的词汇、复杂的概念、抽象的公式推导时，会选择性地屏蔽这些新信息。很多孩子一碰到这种情况，甚至会给自己心理设限，觉得既然自己不懂，就不要多说、多问。

这其实是一个非常不好的习惯：要理解一个新知识，往往需要吃透这些难懂的词汇和概念。举个例子，很多孩子都头疼高中语文的古文阅读。虽说文言文里每个字都认识，可因为古文的语法和语义不同，学习时，不少孩子很难体会文本的含义。就像苏轼《贾谊论》开篇第一句："非才之难，所以自用者实难。"这句话给通篇文章定了基调，即"一个人有才能并不难，使自己的才能发挥出来才是最难的"。如果我们学习这篇古文时，不去琢磨透这句话背后的含义，转而去通读之后的文本，很有可能无法理解苏轼对贾谊失意的关键评论。

我学习古文时，就碰到了类似的困境。即使背诵再多文本，或做再多文言文阅读习题，我总感觉是隔靴搔痒。明白自己是因关键信息没读懂而导致问题出现后，我调整了学习策略。我开始通读《古文观止》，借用古汉语词典，对每个不懂的关键词、句进行释义。注释完几十篇古文后，我发现很多词组、词意都是类似的，我很快可以借着释义积累的语感，毫无压力地阅读各类文言文了。

● **孩子做记录时信息获取力低的第三个原因，是记录方法不当，导致记录缺乏重心和逻辑。**

听课做随堂笔记，复习做整理记录，是每个孩子学习过程中必做的事情。很多孩子对信息记录的理解不到位，以为做笔记便是通篇照抄老师的知识点，或是将整本书都做记录——我曾看到有人学习时，用不同颜色的标注笔将书本几乎每行文字都标注了。这种"地毯式"的全方位记录，看似全面，其实是低效的。也因为缺乏重点，使得我们在复习时，仍不知如何下手。

信息记录的原则是"记重点"，否则，我们可以拿着参考书通读，记录便没有意义了。

那么，怎样做才能高效地记录到信息重点呢？在我看来，有如下几个要素需要考虑：

其一，接收信息后，需要即时进行加工处理，精简信息点。

信息通常由"事实"与"观点"组成。接收信息时，我们需要学会判断何为事实，何为观点。通常情况下，我们只需记下最核心的观点，以及一两个事实信息，便够了。比如生物学的自然选择原理，指的是生物的遗传特征在生存竞争中，由于具有某种优势或劣势，在生存能力上产生差异，进而导致繁殖能力的差异，使得这些特征被保存或是淘汰。这是自然选择最关键的论点，记录后，辅以例子——如加拉巴哥群岛的雀鸟喙，由于在不同岛上食性的不同，而具有不同特征，便很好地记录这个信息点了。

其二，记录信息需要有自己的模板，有据可循，才能使得记录效率提升。

不同的人会有不同的做笔记方法，长期使用并优化，记录才会快捷准确。在后半部分我会分享几个做记录常用的方法，在这里不多阐释。

其三，记录信息时，需要多**从他人的角度想为什么对方会传递这些信息**。

我们和熟悉的人聊天，很少出现听不懂的情况。甚至，我们可以在这些人话还未说完时，就可能猜出他们要说什么。为什么呢？因为我们对这个人的立场角度、思维方式、表达方式都已经知根知底。

学习新知识，获取新信息时，我们也要多从对方的角度去想问题，想想对方为什么说这些话。比如，听科普讲座，我常会将自己想象成演讲者，假想我做类似研究，会碰到怎样的问题，会用怎样的思路找答案。这样，当讲述者传递这些信息时，我可以比对我的思路与最终答案之间的出入。这样，我会更有针对性地记录我想关注的信息点。

最后，**记录信息时，需要学会提问**。

很多孩子做笔记，只会被动地记录，却不知道提问。其实，在记录时，我们可能会碰到一些逻辑上不自洽的知识点。

遇到类似疑惑，我们最好记录下来，一来可以督促自己在复习时进一步思考，二来也能锻炼我们提问的能力。有注释和疑问的笔录，往往比简单的信息罗列更有价值。

以上，我们探讨了接收信息时，信息获取力低的几个原因。那么有什么方法能够帮助孩子高效做记录，从繁杂内容中迅速抓重点呢？下面，我来分享我常用的几个方法。

## 信息时代，如何高效做记录？

● 第一个方法，是"康奈尔笔记法"。

这是一种源于康奈尔大学的笔记记录法，从学校课堂到自主阅读，从小学生到大学生，这个方法都适用。特别是对于自然科学科目，这种笔记法可以说是首选。

如下图展示，做笔记时，笔记本分为三部分，右上最大的空间是我们平时做笔记的地方，主要记录核心的讲义内容、要点。左上的开篇线索栏，则是用来归纳右边内容的，用来记录一些提纲挈领的东西。这部分不要在课堂听课时做，而是上课结束后进行知识点回顾时完成。这样一来，我们便可以理清楚需要学习的重点。下面的总结栏，用以记录学习的核心内容，比如总结图、核心要点等等。这部分工作可以在复习时做，起到促进思考消化的作用，另外也是笔记内容的极度浓缩和升华。

# 康奈尔笔记法

**要点**
· 主要的想法
· 为了更好地结合要点所提出的问题
· 图表
· 学习的提示

**核心笔记**
· 在这里记录讲义的内容
- 用简洁的文字
- 使用简单的记号
- 使用缩写
- 写成列表
- 要点和要点之间要留有一定的空白

**何时填写：**
听课后复习时

**何时填写：**
听课时

2.5 英寸

6 英寸

**总结**
· 记录最重要的几点
· 写成可以快速检索的样式

2 英寸

**何时填写：**
听课后复习时

使用康奈尔笔记法，可以遵循 5R 原则，即 Record（记录），Reduce（简化），Recite（背诵），Reflect（思考），Review（复习）。

"Record" 指的是在听讲或阅读时，将笔记本左右两栏记录下主要的知识点、关键事例，同时在副栏记下提示、背景等。

"Reduce" 指的是在学习后，尽早地将关键论据、概念简明扼要地整理出来，同时也标记好学习的时间线。

"Recite" 指的是遮盖主栏信息后，通过只参阅副栏提示，记诵或复述出课堂上讲的内容。

"Reflect" 指的是将听课的感想、疑问、体会等内容，标注在笔记本空当，加上标题和索引，编制成提纲、摘要，分成类目，并随时归档。这部分内容，也可以归纳到总结栏。

"Review" 指的是在学完后，每隔一段时间，快速复习笔记，同时将不懂的知识点做新的标注、记录。

通过使用这个方法，我相信很多孩子的笔记会更加有条理。同时，这个方法也会使得孩子在学习时，高屋建瓴地思考所学的知识点，更有效地整理、归纳知识。

● 在掌握了如何使用笔记本做记录后，接下来，便是怎样有效地归纳整理知识。这里，我常用的是"三步思维简化法"。

我们和人沟通，交流的核心信息总结起来，无外乎三大类——"what-how-why"。

What（什么）？对方讲的观点是什么？

How（怎样）？对方是怎么说的？用什么信息撑起的观点，如何得出的结论？

Why（为什么）？为什么这个观点重要？为什么对方需要陈述这个信息？

多数人学习时，都会获取 what 的信息，有人也会随着讲述者的思路，试图去了解 how，但绝大多数人不会在 why 上面花时间。这也是导致我们理解认知出偏差的主要原因。

比如现代生物学 20 世纪最重大的发现，莫过于破解了人类的遗传密码藏在核酸分子 DNA（脱氧核糖核酸）之中。这个理论是如何建立的呢？一个从未接触过生物学的孩子，怎样学习、记录，才能理解这个概念呢？

首先是 What：

DNA 是生物体的基本遗传物质。这是个开门见山的结论。

接下来便是 How 的问题了：

自孟德尔遗传定律被重新发现后，20 世纪初，很多学者都试图破译遗传信息。人们那时已知蛋白质、糖类，也发现了两种核酸 DNA（脱氧核糖核酸）和 RNA（核糖核酸）。然而，当时人们更加倾向于认为蛋白质是遗传物质。

1928 年，英国生物学家 Frederick Griffith（弗雷德里克·格里菲斯）利用肺炎双球菌做实验时，偶然发现，用灭活的致病肺炎球菌与非致病的活体肺炎球菌混合，居然能够形成致病型菌株。这个实验里，蛋白质是不具备活性的，也就是说，一定有非蛋白类物质，释放了遗传物质，导致非致病细菌转化成致病细菌。

1944 年，美国微生物学家 Oswald Avery（奥斯瓦尔德·艾弗里）通过分离致病细菌中的多糖、脂质、蛋白质、DNA，逐一添加到非致病细菌的培养液中，发现原来只有 DNA 才可以导致非致病细菌转化。至此，人类才直接证明 DNA 是遗传物质。

最后的 Why，为什么这个信息如此重要呢？

人类在探索未知的过程中，最大的一个问题是：生命从何而来又如何延续？如同俗语所言"龙生龙，凤生凤，老鼠的儿子会打洞"，但生命的特征究竟是如何传递的呢？这个发现告诉我们，生命可以由一个化学大分子来进行信息传递，这在当时是前所未有的概念。

更重要的，发现的过程告诉了我们一个重大规律：想要弄明白一个复杂事物，我们需要学会拆解问题，将每个可能导致该现象发生的因素切分出来，逐一测量、排除，直至无限逼近事实的真相，我们才会发现隐藏在事物背后的原理。自然科学领域里很多重大发现，如青蒿素抗疟的作用，便是通过这样的方法鉴定的。

● 接下来，为了提升做记录的速率，便需要使用"信息速记法"。

这是记者采访人物时常用的方法。当采访过程很长，而采访者又会讲述很多信息时，记者为了迅速抓住信息要点，会专门带采访本，将关键信息速写出来。

速记的信息一般分为几类：

基本信息：比如日期、参与人物、事件背景、探讨话题等等。做笔记时，最好在开头简明扼要地罗列好这些信息。

话题关键信息：为了实现速记，我们没必要写下整个句子，而要将步骤里最关键的字眼记下来。或者，我们可以通过流程图做归纳整理。之所以这么做，是在信息密集的交流过程中，我们没有时间写下所有信息。为了记重点，我们必须要有取舍。先记好关键词，日后复习时，我们可以把其他信息补全。

陌生或需要查证的信息：当某些信息难以被记住时，或不确定时，最好通过笔录记下来，好在以后查证。

意料之外的信息：交流时，总会有些信息是出乎意料的。把这些信息记录下来，等交流结束后想想这些信息是否有用。很多记者进行采访，这部分信息往往成了最吸引眼球的点。

做笔记时，孩子如果能按以上思路，将信息分类，在听课的时候进行速记，同时辅以复习补充，便能更加完整地记录下所学的知识，提高对知识的理解力。

● **最后一个方法，是"事先提问法"。**

学习新知识，最好提前带着疑问，这样才能有的放矢。比如新学一章内容，我们期待听到什么？我对这个话题的相关内容熟悉吗？我对这个话题有什么看法？结合自己的疑问去学习，当听到与自己认知有出入的点时，我们及时做笔录。

在哈佛，我曾听过世界著名遗传学家 George Church（乔治·丘奇）教授做过一个"复活远古灭绝生物：基因编辑技术的应用"报告。这个报告标题无疑是很吸引人的。灭绝的远古生物，怎么来复活呢？看到这个题目，我便会期待主讲人告诉我这个可能性到底有多大，具体怎么操作，哪些远古生物能被复活。标题里提及的"基因编辑技术"，我也会好奇是怎么回事。

可以看到，当我看到这个标题时，就已经产生了一系列的疑问。带着这些问题去听，我便能更加有针对性地获取想要的信息，这样，我听讲也会更有收获，效率更高。

在遇到不熟悉的话题时，学习者不妨采用这个方法，将回答这些问题当成交流的主要任务，这样，即便自己没能领会到对方所讲的全部内容，至少也已经解答了自己的疑惑。

以上，就是本章的主要内容。我们集中讨论了孩子学习时不会做记录，信息获取力低的几大原因。之后我们再探讨了解决的四大办法，它们分别是：康奈尔笔记法，三步思维简化法，信息速记法，事先提问法。希望这些方法对提高孩子的信息获取能力有帮助。

# 21

## 高效阅读：
## 哈佛学生是如何拉开差距的?

### 进入哈佛后的"卷"

我从小就有阅读的习惯。在初中时，我便开始阅读古今中外名著，如四大名著，欧亨利、契诃夫的小说等，都是我学习之余喜欢的读物。

到高中，我开始阅读英文原版读物，如《乱世佳人》《双城记》《傲慢与偏见》等英文原著，成了我枕边常见的书籍。

可能因为长久的阅读习惯，我一直自诩阅读能力上乘。在高中、大学，我的阅读效率超过了多数同学，这也让我学起新知识来比其他人更有优势。

然而，在哈佛的第一年，我的自信心被彻底击垮了。

哈佛课程教学注重案例讨论。每门课程，老师都会布置大量阅读文本作为课前作业。学生要在相关文献里找出与课题相关的内容，进行案例剖析。这些作业动辄就是几十上百页的科研综述论文，或者一整本书。比如讨论进化论时，通读达尔文的《物种起源》是我们的课前作业。

在哈佛，需要大量阅读不是某门课的特例，我选的几乎所有课程都采取了类似案例探讨的学习模式。四五门课程下来，一周很容易便有上千页文本的阅读量。我很快便被课程压得透不过气来。即使每天挑灯夜战，我有时也不能把参考资料读完。

然而，让我想不到的是，我的美国同学们似乎没有类似的困扰。他们总能提前完成任务，甚至还有空在课后去参加娱乐活动。

"你们是如何读这么快的？"我有点不了解，好奇地向同学讨教方法。"这么多内容，我压根就看不完。"

"我都是浏览式阅读，把关键信息抓住，能大致理解一篇文章或一个章节了，我就不再细读。"我的同学 Kyle（卡尔）回答道。

卡尔曾在耶鲁大学读本科，毕业后考入哈佛读研。他随手拿了我们要预习的读物，对着文段用笔示意画起了重点信息。一页文本，有时只有几句话被标记，但有意思的是，这些标记还真把关键信息给提取出来了。

"你是怎么做到的？太厉害了！"我向卡尔请教他的阅读诀窍，并问他有没有好的训练方法。

"我读书时，首先会想文章类别是什么。偏论证型的文章，关键信息一般会在句首或句尾，我只读这几句话。图文并茂的文章，我偏向于重点看图，因为示意图一般包含作者想传递的重要信息。描述型文本，我会忽略掉所有修饰词汇，只关注名词或动词信息。你可以试一下，用这几个诀窍来读一本书，要简单很多。"

我按照卡尔的建议重新来读，果真，书的内容与脉络一下清晰了不少。不过我仍好奇，卡尔是怎么学会这个方法的。

"在美国，我们从小学开始就要读很多课外参考书。可能是训练多了，我自然成习惯了。你可以试试这些方法，刚开始没准会有点吃力，但我相信，你也会习惯的。"

经过卡尔指点，我开始使用美国学生常用的速读方法。才开始，我总担心漏掉重点信息，读起来磕磕绊绊。可练习了一段时间后，我掌握了从密密麻麻的文字中找重点的方法，阅读效率明显提上去了。下半学期，我赶上了学习进度，再也不用推掉社交活动甚至熬夜学习了。

阅读是我们获取信息的常用方法之一。它能帮人打开视野，让我们更睿智地认识身边的世界。在学校，我们通过阅读来进行学习；在工作中，我们需要通过阅读了解工作相关知识。然而，网络时代，我们的生活节奏变得很快，可选择的学习、娱乐项目也越来越多，每个人能花在阅读上的时间不断受到挤压。怎么做，才能让我们在短暂的阅读时间里，最大化地获取知识呢？如何养成良好的阅读习惯，进行高效阅读？

## 改善阅读习惯一：聚焦跳读法

我先分享阅读过程中我们常见的一些问题。其中，主要是阅读速度慢的问题。

很多家长可能有过抱怨，自己孩子要比其他人多花一倍甚至两倍的时间才能读完一篇文章。这不仅让孩子学得吃力，成绩也比不过其他孩子。

造成阅读速度慢的一个主要原因，是孩子缺乏良好的阅读习惯。大家不妨回忆一下，孩子阅读时，是不是有这样的一些习惯：

（1）读书时，每句话都怕漏读，于是逼自己读慢一些，读仔细一些，甚至用手指比画着逐字逐词地读；

（2）一旦发现漏读了内容，马上回过头去重读；

（3）遇到有障碍的生词或概念，就想立马搞清楚，如果没查清楚，整段文章读起来都不自在；

（4）阅读时，需要读完整篇文章，才能理解文章的核心，不擅长在阅读部分内容的情况下推测全篇内容。

这些习惯，可能很多家长都以为是好习惯。它们是孩子在学习时精心训练起来的，甚至还曾帮孩子在考试时更细致地审题，避免犯粗心大意的错误。孩子以为这些习惯实用，碰到其他阅读材料，自然无法说服自己加快阅读速度了。

然而，逐词逐句地读，回过头反复读，遇到生词就停，其实是低效的阅读习惯。用这些方式阅读时，孩子没有充分运用眼睛和大脑信息处理的能力，吸收信息的效率自然不高。

阅读时，眼球左右移动，视线每移动到一个新位置，都会有专门的覆盖区间。覆盖区间里，又有目光的聚焦点。我们大脑有能力根据聚焦点和覆盖区目光余光注意到的信息，迅速地进行整理和分析。也就是说，我们没有必要逐词逐句地读。事实上，当我们逐词逐句，甚至用手指比画着来读书时，我们的眼球和大脑会因为要处理的信息过多而负载，阅读效率反而降低了。

在这里，我介绍一个"聚焦跳读法"，帮助孩子提升阅读速度。

孩子日常所读的文章都是有一定逻辑的。作者写一篇文章会考虑文段的起承转合，每句话之间的过渡连接，以及它们的内在逻辑。即使在一个简单的句子中，也有主谓宾语以及修饰条件用语的区别。

以我在《走出自己的天空》一书中的选段为例：

很多个漫长的冬夜里，要是父亲在外打鱼，我常会从噩梦中惊醒，睁开眼后，惘然若失。我会努力回想梦里究竟梦到了什么，可是越想便越想不起任何东西。我只得涤开记忆，回想白天究竟碰到了什么，才让我有了晚上的噩梦。

有一天，我又做了个奇怪的噩梦，半夜惊醒，这个时候，母亲还未入睡，在那里缝缝补补。昏黄的光晕打在床边的蚊帐上，投出一道长长的影子。透过蚊帐，我看到母亲打着哈欠，揉着眼睛，手臂的投影在蚊帐上时长时短。

我看见投影，觉得好玩，睡意也渐渐退去。我爬到床边，撑开蚊帐的一角，把我的小脑袋从蚊帐的缝里伸出去，问母亲，她是否还记得家里一些遥远的事情。

这以上两段话里，"冬夜""我惊醒""回想……梦""我又做梦""母亲在缝补""母亲打哈欠""我睡意退去""爬到床边""我问母亲""家里的事情"等，便是关键点，而其他的信息都是起辅助或修饰作用。

"聚焦跳读法"的关键点在于告诉我们，孩子读一篇文章，需要聚焦关键信息精读细读，而辅助内容则可以略过。孩子阅读时，需有意识地提醒自己，不要过多注意那些从句和修饰语，而将注意力放在组成主谓宾语的名词和动词上。比如文段里"冬夜""惊醒"等词，便是目光聚焦点。每看完一个聚焦点，眼球不能平滑地向后移动，而要快速跳跃，并暂停到另一个聚焦点。

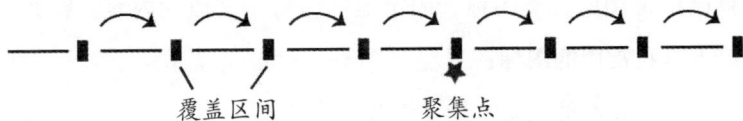

覆盖区间　　　　聚集点

跳读时，孩子的视线有一定的覆盖区域。有的人能覆盖十多个字，有的人则能更多。当覆盖区域大到一定程度，使得我们怀疑是不是错过文段关键信息时，我们可以在覆盖区域里再添加次级聚焦点，让目光在这里短暂地停留。

教孩子使用"寻找关键词组信息""聚焦""跳读"这三步来进行阅读，阅读速度一定会有质的飞跃。

# 改善阅读习惯二：提高理解力

不少孩子阅读时常遇到的另一个问题，是阅读过程中理解力不够，导致他们读不进去。

关键词组理解不了，关键信息无法关联，逻辑理不通畅，这常使得孩子读完一段文章，仍然不知所云，孩子不得不回过头去重读。以上所讲的"聚焦跳读法"也没有用武之地。

解决这个问题，要学会合理地梳理标注文段。

很多孩子用笔做标注时，没有固定准则，看到重点、关键词，就会标下划线，或者打个圆圈标注。一篇文章标注完，他们仍找不出重点和核心。

我标注文章时一个常用的方法是："分类图标标注法"。

阅读标注时，最好不要使用同类型的标注。我们可以选择自己最常用的几类图标，固定地标注每个文段的内容。譬如，以下是我常用的图标：

五角星：文章核心意思

问号：不懂的关键词

下划线：每段文字的中心

圆圈：核心句子的关键信息

阿拉伯数字：论证时论点

波浪线：写得精彩的句子

三角形：提示文段开始进行总结

孩子阅读时，慢慢培养自己使用标注的习惯。孩子以后每看到一类标注，便知道标注的内容是什么，哪些需要花精力细读，哪些是文段的核心，等等。

当孩子有了这些好的标注习惯后，他们便可以对阅读方式进行升级，从阅读整页书，整篇文章开始，提升阅读效率。譬如阅读时，可以使用双行扫视，一目两行；也可以让视线走"之"字形，进行"之字形扫视"。

双行扫视法

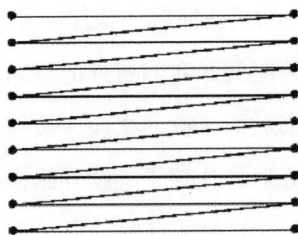

之字形扫视法

当然，有效使用诸如"之字形扫视"的阅读方法，孩子需要进行阅读训练，促使自己提速，否则类似的方法并不实用。怎么进行阅读强化训练呢？在这里，我分享我常用的一个方法。

我们可以引导孩子将阅读的过程想象成健身，提升阅读速度需要用一组专门的"健身"动作，并长期进行强化训练。

在训练前，家长要对孩子的阅读能力进行摸底，了解孩子在十分钟、半小时内能读完多少个字。这个环节中，父母可以告诉孩子，不要给自我设限，想象自己可以通过该训练达到几倍的阅读速度的提升。

接下来，为孩子打造一个良好的阅读环境。清除掉空间内其他可能的干扰因素，调整好房间内的光线、温度，引导孩子调整座椅位置、坐姿，将要看的书摆在一个舒适的角度。告诉孩子在我们的大脑里，想象一个起跑指令，指令一旦开始，便全身心地以最快的速度开始阅读。这个过程，记得要挑战自我，利用跳读速度技巧，逼自己快速理解阅读的信息，杜绝回看。

当快速阅读 10～15 分钟后，暂停一小会，大致估算读了多少文字。这个暂停时间是我们梳理的空当。父母可以根据孩子已读的字数，将书后面未读的文段，按这个字数划分成不同的阅读区间，划分好后，让孩子继续开始快速阅读，直至完成下一个阅读文段区间。短暂休息后，再开始，反复训练。

当坚持这个方法几天到一周之后，孩子的阅读速度会开始提升。这时，父母可以渐进式地给孩子增加阅读任务：如果 10 分钟能读完两千字的文章，那么接下来的几周，每天让孩子尝试 10 分钟读两千五百字左右的文章。刚开始孩子可能读不完，或者读完也不能完全理解文字的含义。但这不要紧，关键在于引导孩子尝试去突破。保持训练一段时间后，孩子习惯了新的阅读速度，之后，再评估，再突破。

长期坚持类似健身式的阅读强化集训，孩子的阅读能力一定会有质的突破。

许多孩子阅读时常碰到的第三个问题，是**阅读过程中知识吸收能力不高**。

不少孩子读书时会有这样的感觉：阅读的过程中读得津津有味，可读完一闭上眼，回忆书中的内容时，便什么也说不上来。

阅读是一个多层次的行为：**首先是读、吸收，然后再是理解、归纳，再之后便是记忆、总结、提升**。当阅读仅停留在"读"这个简单层面时，大脑并不会对所读的内容进行深加工和归纳总结，这自然也导致孩子阅读所获的知识转换率不高。

要想提高阅读过程中的知识吸收能力，关键在于将大脑推向更高阶的一些思辨活动。我分享三条能帮助孩子打开高阶思辨能力的诀窍。

● **其一，不能仅通过视觉活动来获取知识。**

视觉是人类获取外界信息最主要也是最快捷的方式。但因为快捷，这也意味着很多人在看东西时，大脑进行的深层次思考是较少的。要想读书时记得牢，除了看，还需要不自主地读或者写。这是为什么呢？因为在说和写的过程中，大脑调用了其他信息处理技能，这个方式会让人们对信息更有印象。

我在中学时，很喜欢读《唐诗三百首》，可读完后，很难记住古诗的内容。我尝试过默诵和朗诵，效果都不好。直到有一天，我打算把读过的诗抄写下来，我发现自己很快便能记住那些晦涩的诗歌了。抄写的过程是枯燥的，但它能让大脑仔细地去琢磨每个词的用意、每个句的表意。久而久之，大脑对所写的知识有更深刻的印象。

● 其二，阅读不能仅仅以记住、了解所学知识为目标，而要学会类比、归纳和总结。

每读一本书，孩子需要形成一个习惯，即读完之后，总结出每一章、每一节甚至整本书的中心，也要能用一两句话描述每章节和该书的主要内容。引导孩子想象这样一个场景：当读完一本书，朋友或其他人问到这本书写了什么的时候，应该怎么说？如果无法回答这个问题，那么孩子便需要重新了解这本书的内容。

● 其三，阅读的更高层次在于梳理文字背后的逻辑，理解作者为什么这么写。

以我学习生物举例，在读生物课本时，我除了勾勒出章节的重点信息，也会将关键知识点梳理起来，分析其所反映的现象是什么。我会把自己想象成书的作者，假想如果我来编这本书的话，这个知识点应该放在什么地方，这和作者的做法是否有不同。通过这样的逻辑重组，我能将知识点重新归纳进我的逻辑体系里。

怎么做才能训练孩子多思考书中内容的逻辑？其实，可以参考图书索引的方法，让孩子想象自己是图书馆里给不同书编写索引目录的图书管理员。如果有人来借书，哪些关键信息最好备注在图书的相关索引里呢？如何将这些索引写得简洁，同时还能吸引读者？

孩子用索引式的方法阅读，阅读的效果会随之改变。首先，孩子拿到一本书时，需要先翻看书的目录，了解书的大体内容是什么；然后，需要在书的扉页了解作者的背景，只有这样，孩子才能了解作者是在什么背景下写的书。不同作者写书的水平也会参差不齐，通过这样的了解，孩子可以快速分辨书是否值得读；接下来，可以看一看书的推荐语，大致了解其他人是如何评价这本书的，将这些评语记在心底，然后在读完书后，对比是否会有相同的评语。这能帮助孩子学会评价一本书，也能让孩子更深刻地理解书的内容；接着，孩子需要读书的前言，前言包括了书的内容简介、成书背景等关键信息，阅读前言，能够帮助孩子快速知道一本书的概况；最后，在了解了书的基本信息后，孩子便可以按前面讲述的阅读方法，逐章来阅读了。当孩子积累了一定数量的索引图在大脑后，孩子的大脑事实上就成了一个移动的"图书馆"了。

有时候，父母也需要引导孩子要带着挑刺的心态去阅读，即假想自己是写书评的人。为了品评这篇文章，可以带着这些问题来读：

（1）作者写了什么？如果用一两句话来总结书的内容，我该如何说？

（2）作者是通过什么形式来阐述书中的观点的？论点论据是什么？论证合理严谨吗？有任何不合逻辑的地方吗？

（3）作者在写这本书之前有过怎样的观点？这本书的内容有任何新意吗？

（4）如果你觉得这个作者写得好，好在什么地方？如果不好，又不好在什么地方？

父母可以告诉孩子将阅读的过程当成是和这个作者在辩论、讨论，能帮助孩子更深刻地把握到一篇文章、一本书的核心内容。

总之，阅读是一个长期的过程，通过不同的阅读训练方法，我相信孩子一定可以找到属于自己的阅读方式和习惯，做一个阅读达人。

# 22

## 提高解决问题的能力，让孩子为自己的人生方向寻找答案

### 备战出国留学，第一次脱离课本

在大学，我碰到最有挑战性的问题是如何备战出国留学读博。

留学读博有几大硬性指标：大学成绩，GRE、托福考试成绩，相关实习经历，以及三封推荐信。大学成绩越好，GRE、托福成绩越高，实习经历越丰富，推荐人越有分量，能申请到的学校则越好，读博的含金量也越高。

这些材料准备好后，申请者还需准备个人陈述，阐述为什么要申请该学校，以及个人的理想。个人简历也是申请的必要材料，越亮眼的简历，越能吸引招生官的注意。书面申请过后，倘若申请者满足学校的招生条件，便会受到面试邀请。通过面试对答，招生官评判学生优异与否，决定是否录取。

这是一个相当漫长的过程，与我在大学前经历的应试教育

规则完全不同。其中，不少任务，如大学成绩、实习经历，是需要投入长期精力来完成的；而短程任务，如 GRE 考试，更是因为难度超过英语八级考试而让很多学生望而生畏；更别说找有影响力的推荐人了。怎么做，才能解决求学路上这个大难题呢？

头一个月，面对繁重的申请任务，我慌神了。

我担心 GRE、托福考试考不过，开始在课上偷背单词。可大学课业很难，分心一两天还可以，过了一个月，我几乎听不懂老师在讲什么了。我的学业成绩开始下滑，这会影响留学申请，我又开始焦虑起学科成绩了。

实习经历就更难办了：生物专业学生最好去实验室参与科研实验，可好的实验室竞争很大，班里所有人都挤破头想申请进去。一旦进去了，实验周期又长，要做出好成果，更是要花一两年的努力才行。

我开始东忙一天，西忙一天，每天都累到不行。越努力，我就觉得离出国留学的目标越远。

"伢子，你最近还好吧？好久都没接到你电话了。"电话里，父亲关切地问道。

"出国留学要准备的事情太多了，我根本忙不过来。"我向父亲诉苦道，"爸，我有点后悔自己当时的决定。要是这条路最后没走通，我这几年的努力都白费了。"

"伢子可千万别在这时候泄气。人生的路长着呢，以后有的是难事。要是这点小困难都克服不了，以后可怎么办呢？"

"那爸你倒是说说，我该怎么办呢？"

"爸没读过大学，不知道你具体要做的是什么。可爸觉着，天下所有的难事都可以一点点拆分开来。就像种庄稼，要想收成好，乍一听有很多工序，翻地、育种、排水、除草、除虫，有时还要靠天时地利。要做成，你得先看手头哪些事情是紧要棘手的，像对付夏天双抢一样，花足精力做好它们。那些需要长期做的事情，你可以像村里人肥田一般，时不时使点力气就行。"

父亲的比方让我的思路突然开阔了不少。的确，从小到大，我太过习惯应试教育的做题、考试，很少处理没有标准答案的问题。出国留学申请，是我头一次脱离课本，为自己人生方向找答案。而想走对方向，我首先得学会拆解问题，再找合适的解决方案。

思量之后，我做起了申请规划：任务中，GRE、托福考试需要集中发力，一旦任务拿下了，我便不再需要担心。学科成绩需要长期坚持，该学什么，我还得按部就班地学，可为了准备申请，我得学会更有效地利用时间，否则我会没有闲暇时间准备申请。我的个人陈述和简历所需准备时间不多，但要写得言之有物，我还得有相关实习成果才行。所以这部分，我可以暂缓准备。与之对应的，我可以多花时间在实验室做研究。最后，如果我还有闲暇时间，可以一点点搜集想申请学校的信息，弄清学校专业背景、申请条件等等。

重新调整申请策略后，我开始了漫长的留学读博申请之旅。虽说准备过程辛苦，可每做成一件任务，我都感到收获满满。再大的困难，也变得不再可怕。大四下学期，我成功拿下了哈佛、普林斯顿、约翰斯·霍普金斯大学医学院的录取通知书。那一刻，我如释重负。

生活中，我们会碰到大大小小的问题。小到如何完成学习任务，大到分析处理公司财务报表，甚至编写程序监控卫星火箭的发射，都离不开我们解决问题的能力。可以说，解决问题的能力是让我们对自己生活有自主权的制胜法宝之一。善于解决问题的人往往更容易得到他人认可，也更容易实现个人价值。

然而，生活中，有的孩子可以得心应手地处理各类繁杂问题，而有的人却连最琐碎的事情都处理不好。这是为什么呢？

## 问题解决力是一门专业课

回答这个问题前，我们先来看培养解决问题的能力时常见的思维误区。

● 第一个误区，是我们常忽视解决问题的能力有一个逐级培养的过程。

解决问题，就像游戏里的打怪升级，是一个从易到难的过程。我们需要从小事入手来培养孩子解决问题的能力，磨砺孩子心智，孩子遇到大问题时，才不至于不知所措。然而，不少父母在教育孩子的过程中，却忽视了这个原则，或是没能给孩子创造解决问题的机会，或是过度地帮助孩子，使得孩子形成依赖心理而缺乏自主力。

不少孩子在大学前，只会学习，很少参加社团活动，也极少分担家务。父母美其名曰让孩子专注学习，可一旦孩子出学校了，需要处理社会上复杂的人事关系时，孩子便会力不从心；有的孩子生活里，习惯处理单个任务，父母为了不让孩子自信心受挫，很少给孩子同时安排多个任务。可现实里，我们常需同时解决多个问题，这类孩子因为没有得到类似锻炼便很可能被工作压垮；还有的孩子总有父母照顾，学习生活过得顺风顺水，心理抗压能力过低，一旦碰到难题了，心理防线便容易崩溃。

**正确培养孩子解决问题的能力，是让孩子在不同处境里摸爬滚打，不停试错，帮助孩子探索个人能力的边界，然后寻求突破。父母和孩子应该都要意识到犯错并不可怕，可怕的是孩子没有机会犯错。** 在我成长的过程中，我的父母常让位由我主导解决自己的问题，便是这个道理。

● **第二个误区，是解决问题时，仅关注问题的表征现象，而忽视问题的根源。**

解决一个问题，简单来说，分为如下三步：确定这个问题是什么，分析该问题，找到合适的应对策略。要想为问题找到最佳解决方案，核心的步骤还是需要先找到问题是什么。

当孩子产生问题时，**有的父母仅看到最表面的一些现象，而忽视问题产生的根源**。

比如有的孩子学习成绩不好，很多家长会怪孩子的学习方法不对。然而，更深层的原因，可能是孩子的学习习惯不好，或是没有自制力，或是做事情拖延；也可能是家长不够关心孩子，孩子缺乏来自父母的认可。在这种情况下，即使孩子借鉴了好的学习方法，他们的学习成绩还是提不上去，因为根本问题没有得到解决。比如，有的孩子做事情拖沓，上学总迟到，和朋友聚会也会因时间冲突而爽约。碰到类似问题，不少父母会建议孩子定一个早点的闹钟，或者提前做某件事。这样的解决方案，看起来奏效，但只解决了当下的问题，并没有从根源上去想为什么出现这些问题。如果从根源上去找缘由，孩子很可能是因为时间观念不强，或者缺乏好的时间管理能力。

头痛医头，脚痛医脚，是很多父母在培养孩子问题解决力时常犯的错误。看上去，父母好像给孩子找出了症结所在，并帮助孩子解决了问题，可孩子在生活中仍会不停犯同类的错误。

● 第三个误区，是在解决问题时，经常过度关注问题本身，而忽视了解决问题的途径。

碰到问题，我们引导孩子将其前后缘由梳理清楚是非常必要的。如果一个人将精力都花在了关注问题上，而不引导自己开始思考问题的解决方案，那便很难起步解决这个问题。我们

**需要做的，是将面对的问题重新定义，并将其转换为面向解决方案的问题。**

这个概念听起来很抽象，我以本章开头我所面临的问题来做阐释。准备出国留学时，我所面临的问题是巨大的，一开始也被这个任务给吓到。如果我仅仅关注"出国留学任务艰巨"这个问题，我会变得六神无主，这个时候，我该怎么做呢？

我在这个关键时刻转换了思维方式，提出一系列面向解决该任务的问题，比如：

出国留学的准备，有哪些必要任务？它们的优先等级以及难易程度如何？

对比其他申请者，我有哪几个独特之处可以区分出我的能力水平？

我可以用怎样的策略，进一步强化优势包装打造我的能力？

这几个提问，使得我从"备战出国留学，我该做什么"这个笼统的问题，解构成了"备战出国留学，我该如何区分自我与竞争者，如何强化自我能力"等一系列具体问题。有了这几个面向解决方案的问题，我便可以更有针对性地找答案。

● **第四个误区，是解决问题的思维方式单一，看不到大局，导致经常钻牛角尖走进死胡同。**

当一个任务复杂，而且有多个步骤时，这个思维误区就会经常出现，而且干扰孩子解决问题的进度。

每个人都有自己的做事方式、思考解决问题的方法，有时，孩子过度关注某个并不重要的细节，致使他们在解决问题的路上误入歧途，离真相越来越远。

　　比如，有的孩子考试时，试卷没有做完，父母一问原因，却发现是因为孩子考试时卡在一道不会做的难题那里，孩子苦思冥想那道题怎么做，却忘记了考试时间；有的孩子写作业时，遇到不会做的物理题，以为是很重要的知识点，于是花很长时间来学习，可和老师沟通后，结果发现这些题目根本不是考点相关内容，即便学会了，也对提升这门科目的成绩没有实质帮助，孩子宝贵的学习时间也浪费了。

　　这两个场景，都反映了孩子在解决复杂问题时过度关注不重要的细节，没有把握问题的重点，缺乏大局观的问题，出现这个问题的原因多半与孩子想问题时思维模式单一有关。面临这类状况，父母需要帮助孩子梳理好主次，比如：引导孩子思考：解决这个任务最相关的因素是什么？目前所想的解决方案，所需要花费的时间，是不是和这个最相关任务有关联？如果没有，孩子便需要改变当前的解决方案。

　　● **第五个误区，是简单问题复杂化。**

　　导致孩子将简单问题复杂化的原因主要有两个。其一，是孩子尚未真正理清这个问题，导致想对策时，找不到最佳方案。这导致孩子多做无用功，本来轻而易举就可以解决的问题，要反复多次才能得到解决。其二，是孩子顾虑过多，生怕解决方案太简单，解决不了问题。

很多孩子考试时，就犯过这样的毛病：考卷上一个简单的问答题，明明两三句话就可以回答清楚，结果看到考卷留了很大一块空白，孩子感到心虚，觉得回答少了可能答不到对的点上，于是绞尽脑汁东拼西凑写了一大堆东西。这样的回答最终虽然没让答案丢分，却浪费了做其他题目的宝贵时间。

生活里，有人生病了想约专家门诊，很多正规医院的专家在网上其实就可以约到。可有些人就是不放心网上的信息，转而千方百计地托人找关系，甚至送红包找中间人来委托办事。到最后，他们发现，委托的那个人也就是从网上预约的，花的钱都成了冤枉钱。

简单问题复杂化，多半时候，是因为孩子对任务的主次和本质没认清楚。要想避免这个问题，我们需要引导孩子思考问题背后的原因，避免孩子多做无用功。

## 提高问题解决能力的方法

以上，我们探讨了导致孩子在生活中解决问题能力不高的主要思维误区，有什么方法能帮助孩子提高问题的解决能力吗？

● **我要介绍的第一个方法，是"思维象限法"。**

提高问题解决能力，关键在于帮孩子训练出一套系统解决问题的思路，思维象限法的用处在于，帮孩子迅速建立起思考问题、解决问题的四步走的模板。

教孩子在一张纸上画横竖两条线，将空白区域分成四个象限区间，每个区间代表一个功能区域。

| 象限区间二： | 象限区间一： |
|---|---|
| (1) 有哪几个因素，导致了区间一的问题？<br>(2) 问题是什么时间和场合出现的？<br>(3) 哪些人和这个问题相关？<br>(4) 如果变换思维，这个问题可以转述成其他具体问题吗？ | (1) 现在面临的问题是什么？<br>(2) 这个问题真的存在吗？<br>(3) 问题出现的本质原因是什么？ |
| 象限区间三： | 象限区间四： |
| (1) 解决这个问题，目前有哪些可能的解决方案？<br>(2) 每个解决方案的优点和缺点是什么？<br>(3) 什么是最佳的解决方式？<br>(4) 如果事情没有朝预期的状况发展，你能想到的应对策略是什么？<br>(5) 什么是解决这个问题的备用方案？ | (1) 什么是我将采用的解决问题方式？<br>(2) 要想解决这个问题，我需要哪些人员和准备材料？<br>(3) 我的计划是怎样的？日程表如何？ |

第一个象限区间，孩子的任务是确定问题是什么。这是解决问题的核心步骤，可以问自己如下几个问题：

(1) 现在面临的问题是什么？

(2) 这个问题真的存在吗？

(3) 问题出现的本质原因是什么？

第二个象限区间，是将问题转化为面向有解决方案的提问。如上半部分所讨论的，如果孩子只集中关注问题，往往会推迟思考具体的解决方案，甚至带来不必要的负面情绪。这个区间的目标便是将区间一面临的问题变得更加具体。同样，让孩子问自己如下这几个问题：

（1）有哪几个因素，导致了区间一的问题？

（2）问题是什么时间和场合出现的？

（3）哪些人和这个问题相关？

（4）如果变换思维，这个问题可以转述成其他具体问题吗？

第三个象限区间，是集中讨论解决方案的区间。在这里，需要集中回答如下问题：

（1）解决这个问题，目前有哪些可能的解决方案？

（2）每个解决方案的优点和缺点是什么？

（3）什么是最佳的解决方式？

（4）如果事情没有朝预期的状况发展，你能想到的应对策略是什么？

（5）什么是解决这个问题的备用方案？

第四个象限区间，主要用来安排和规划行动。在这个区间，孩子需要选择将采用的解决问题方式，同时制定分步计划。可以罗列如下问题：

（1）什么是我将采用的解决问题方式？

（2）要想解决这个问题，我需要哪些人员和准备材料？

（3）我的计划是怎样的？日程表如何？

利用这四个象限区间，孩子可以系统地锻炼出思考问题的逻辑思维。当通过思维象限将一个问题解构后，下一步，便是付诸行动了。孩子需要根据自己制订的计划，逐一完成所定的目标。如果解决问题时孩子发现某些策略不合理，也可以参照这个象限图分析其他可能性，迅速找出应对策略，只有这样，孩子才能在变化不定的现实中迅速找出最佳解决方案。

### ● 第二个方法，是"5Whys 法"。

不把问题的原因理清楚，贸然上手解决问题，则会浪费时间和精力。"5Whys 法"主要用于梳理问题背后更深层的原因。5Whys，顾名思义，就是有目的地重复问自己，关于这个问题的 5 个为什么。通过连续追问，我们对一个问题的理解层次会逐级加深。

比如，有的孩子上学经常迟到。我们利用这个方法来帮着孩子追问原因：

·为什么我上学迟到了呢？

我在听到闹铃的时候，习惯性地按静音，然后继续睡觉。

·为什么我会习惯性地按静音呢？

因为早上我实在太困了。

·为什么早上起来后太困呢？

昨天晚上睡得太晚了。

· 为什么昨晚睡得太晚呢？

我睡前喝了咖啡，结果准备睡觉时，一点睡意也没有，于是我就躺着看手机，结果越看越停不下来，直到凌晨才勉强睡着。

· 为什么我要在睡前喝咖啡呢？

可能因为我前天晚上没睡好，工作时实在太困了，就忍不住喝了点。

通过连续追问，逐渐逼近问题更深层的原因。有可能，孩子的问题还不止于此，如孩子可能时间观念不好。但照着这个思路追问下去，才有可能将这些更深的原因挖掘出来。而找到了这些本质原因，孩子在使用"思维象限法"时，才会更有针对性。

### ● 第三个方法，是"头脑风暴法"。

这个方法主要用于帮助孩子想出更多的解决方案，可以结合"思维象限法"的第二、三个区间，联合使用。

（1）按以上5Whys法的步骤，找出问题是什么。

（2）找出与这个任务相关的人或利益面。这一步相当重要，头脑风暴的目的，在于短时间内迅速想出一系列与问题相关的解决方案，很多人无法短时间罗列出方案，主要原因在于想问题的角度受限。只有知道有哪些利益相关面或相关人时，我们才可以按不同的角度来想问题。

（3）找个安静的环境，拿出几张纸，开始快速罗列可能想到的解决方案。罗列时，不要去评估或衡量这个解决方案是否可行，尽量做到想到什么就写什么，把所有可能性都罗列出来。

（4）转换立场，将自己放在和这个问题相关的其他人的角度，试着想象他们在这个情况下会如何解决问题。同样，在纸上罗列出所有能想到的解决方法。

（5）当进行了一段时间的头脑风暴后，大脑可能会疲倦，想问题的角度和敏锐力会降低。放松一段时间，让思路重新得到整理。之后，再进行一轮头脑风暴，确保把每个可能性都考虑进来。

头脑风暴在企业解决问题时常被用到，比如一个做电子产品的公司出现了业绩问题，公司高层想找出解决策略。这时，公司会把不同部门代表放在头脑风暴的逻辑体系，按部门职能来罗列可能想到的对策。比如从研发部门的角度主攻研发过程的难关，销售部门想新的销售策略，财务部门想精简财政的方法，等等。通过以上头脑风暴，可以从多个方面考虑问题。

● 第四个方法，是"权值数分析法"。

解决问题时，我们常面临的一个困扰，是在一堆可选的方法里，不知选哪一个更好。为了更加理性地做出抉择，我们可以利用"权值数分析法"，逐层判断每一步做法的优劣和导致某类事件发生的可能性。

计算机优化算法时，利用的便是权值分析思路。分析每到一个节点，计算机会往前推算几步，走通的可能性有多大。这个概率，便是该节点路径选择的权值。依次类推，每条往前走的路都会被赋予类似的一个概率。算好概率后，计算机会选择在概率大的路径先走。走到下一个关键节点，计算机又会面临类似的问题，于是，它再进行类似的权值赋值，直到算完整个方案。

　　类似算法，可以运用到我们生活中。想象一下，孩子即将大学毕业，职业梦想是成为一个公司高管。孩子在不同公司间做选择。A公司是一家互联网公司，面试的职位是算法工程师；B公司是一家金融公司，面试的职位是金融分析师。这时，孩子就像走到了计算机的一个节点，不知道眼前哪条路可以走通，并带他到目的地。孩子不妨在这个节点，往前推算假如选了A或B，带来的职业发展空间：比如加入A公司后，孩子从编代码的程序员做起，几年后，可能能做一个高级工程师，带领一个团队开发程序，再过几年，可能因为做得优秀，从软件部门里脱颖而出，带一个部门负责某款产品的研发。整个过程，孩子都是和计算机打交道，和管理层打交道的机会少。加入的是B公司，才开始的几年，孩子可能进行股票投资分析，如果做得优秀，可能成为某只基金的经理，孩子开始负责打理基金投资，再过几年，没准孩子积累了足够的资本，能自己启动一支子基金，于是孩子顺理成章地成了这家基金公司的高管。在AB选择的权值赋值过程，似乎B更容易让孩子接近目标，于是，在解决这个职业选择的问题时，孩子可以选择 B。

利用给不同的解决方案赋值的方法，为自己做的每一个决策做比较细致的分析梳理，是一个很必要的技能，也会让孩子解决问题时，考虑得更全面。

总之，一个人在生活中，能否解决所面对的问题，关系到未来的成功。为了帮助孩子提高问题解决力，我们需帮孩子逐级培养解决问题的能力，教孩子透过现象看本质，顾全大局，将复杂问题简单化，利用思维象限法、5Whys 法、头脑风暴法和权值数分析法，逐一击破各个问题。这样，孩子才能成为解决问题的达人。

# Part 5

## 培养社会软技能，
## 不做"小镇做题家"

使教育过程成为一种艺术的事业。

——赫尔巴特

# 23

## 步步为营，精心规划孩子的职业之路

孩子接受了长期的应试教育后，最终要走进社会，在不同的领域施展自己的才能。在本书的前四部分，我们集中讨论了孩子综合素养与学习能力的培养。然而，仅仅拥有这些能力与素养，孩子不一定能在社会的大课堂里游刃有余。职业规划、展示自我的软实力、社交能力、情商等等，都是一个人在社会中必须掌握的技能。在本书的第五部分，我们将集中探讨孩子软实力的培养。

在软实力中，孩子如何周密地规划人生的职业方向，是很多家长关心的一个话题。前期的职业规划没做好，孩子未来会走很多弯路。

在身边，我们常看到这样一些场景：有的孩子在高中文理分科、大学选专业上的选择，基本由父母说了算，从没想过自己究竟喜欢什么；大学里，有的孩子除了完成该修的学分，对其他事情一概不闻不问，既不了解自己学的专业以后可以做什么，也不为未来做规划；还有些孩子，像极了"小镇做题家"，除了学习，全然不懂职场概念，既不知道怎么准备简历，也不知道如何回答面试问题，常常因为准备不足白白错失工作机会。

## 职业规划的原则

这些案例，或多或少反映了很多孩子对职业规划没有多少具体的概念。这严重影响了孩子进入社会后个人的职业提升，也使得他们难找到理想的工作，常年在底层徘徊。怎么做才能教孩子做好职业规划呢？

首先，我想分享职业规划的几条原则。

● **第一条原则：孩子寻找职业方向的过程中，需要有意为自己设置一个试错区间。**

很多孩子在规划职业时，总希望第一次找工作，便找到最好的公司，入职最中意的岗位。如果计划落空，他们的情绪便一落千丈。这种想法是不合理的，现实中没有完美的职场环境和职业选择，只有通过尝试，才知道自己是否喜欢和适合这个工作，这一点是父母需要让孩子提前做的思想准备。

这意味着规划职业时，孩子需要为自己准备一个试错区间，允许自己探索不同的方向，好确定未来想走的路。哈佛大学开课第一周，学生可以在不同课程间自由听课，根据个人喜好确定该学期想选什么课。这个过程，重在体验，只有多看看，多听听，才能知道自己最想要什么。

我在哈佛读博时，争取了很多实习机会——生物公司实习、投资咨询公司暑期培训、商学院创业实践等。这些机会让我了解到不同职业的日常，也让我明白现实工作和我想象的是很不一样的。比方投行工作听起来高大上，实则有很多整理文档的工作，员工通过系统调研，梳理一个项目是否合理，清楚风险几何、回报率是多少等情况，决策并不是拍脑袋就能做的。

当然，做任何事情都是有试错成本的，尽早尝试可以降低试错成本。在职业选择上，这意味着孩子要尽早体验，比如参加社会实践、做志愿者、去公司实习，通过尝试，了解社会的方方面面。当然，孩子的试错区间也不能太长。如果一个人入职三五年了，还在不同工作间跳来跳去，那他在这个行业里成长也会受局限。

**● 第二条原则：职场备战，孩子要有区分度的经历，以及可转移的知识技能。**

我们多数人求学经历是相似的，小学、初中、高中，大部分人学的课程也相似。这使得孩子在进入职场前，只有大学四年是让个人有区分度的关键期。这个阶段，孩子要快速弄清自己的人生目标，同时学会能帮自己实现职业提升的专业技能。

评判一个人是否有区分度，一个关键标准是他是否习得了一项"可转移"的知识技能。这可以是一门专业知识，比如计算机编程、财会计算、法律知识，它们对标社会热门行业；同样，它也可以是一项综合能力，比如沟通力、文案写作能力、组织能力，这些技能是职业晋升时不可或缺的软实力。有了这两类技能中的一项，孩子才容易向他人证明自己的价值。

在大学，我将专业学习当成最核心的任务，并以此培养了我可转移的知识技能。很多孩子进大学后，为了给以后的职业铺路，更愿意花时间培养自己的社交技能、综合素养，而忽略专业能力的培养。不少人甚至以为，只要有足够的实习经历，大学毕业后便容易找工作。这其实是舍本逐末的做法，也使得很多人求职时，因为硬实力不够而错失最终机会。

● **第三条原则：求人问路，孩子最好不要过度依赖年龄与自己有太大差别人的职场经验，同辈人往往能给予更具体的帮助。**

我们身边不少孩子习惯参考父母或亲人的建议来做职业规划。长辈作为过来人，见多识广，他们的经验和教训当然值得听。可长辈和孩子的成长背景不同，面临的社会环境也不同，这使得他们的一些认知可能与当下现状脱节。比如我们的父辈在大学都没学过计算机，他们能准确判断哪个互联网公司靠谱吗？他们能提供面试这类公司的具体建议吗？除了大方针式的建议，很多细节他们多半都不清楚。

也就是说，求人问路，**若想听到更有建设性的意见，孩子最好找和自己年龄相近的职场过来人问**。通过校友资源、朋友网，多方打听不同行业信息、申请工作的注意事项、行业动态等等，只有这样，孩子才能找到最合适的职业。

进行职业规划时，找同行前辈请教经验，是我最常用的方法，也让我少走了很多弯路。这也使得我在生活中有意搭建好朋友圈，多认识那些同行前辈，好在我需要请教经验时，有人可找。

● **最后一条原则：孩子在做职业规划时，需要为自己准备一条后路。**

我们身边不少孩子在做职业规划时，视野特别狭窄，选定了一条路，便想一路走下去。结果走了不到一半，发现自己并不适合，想要转行，却没有转行基础。这是职业规划中的一大忌讳。做任何事情，都要想着给自己留一条后路，以防日后计划变更。即使选定了专业，我们也要告诉孩子仍要花时间去多关注一两个小方向。以大方向为奋斗目标，小方向作为兴趣爱好，在学习之余，进行自我充电和提升。只有这样，孩子才能在工作突然变更时，用备案为自己铺路。

我在大学期间，虽然职业规划是出国留学读博，但我仍在同时给自己准备了留校读研的后路。博士期间，虽说我主要是做生物研究，但为了有多个职业选择，我同时考虑了学习专利法，也在投资咨询行业做过实习。通过这些机会，我为自己铺了一条后路。

# 做好职业规划实现理想人生状态

一般说来，职业规划分为如下几大步骤：自我评估，鉴定方向，相关知识学习，实习操练。我们逐一分析具体该如何做，孩子才能将职业规划做到最好。

**● 首先是自我评估。**

这是职业规划中最关键的一步，孩子不仅要了解自己的兴趣方向，在未来职业期待是什么，也要知道自己期望的人生状态，自我优势和劣势分别是什么。

自我评估有个简单的方法，"VIPs法"，这个方法广泛用在美国大学生职业方向选择上。它分别代指四个概念：Values（理念），Interests（兴趣），Personality（个性），Skills（技能）。在进行职业规划时，我们可以建议孩子参考这四部分进行自我梳理。

Values：个人的价值理念。

有的人看重财富，希望通过工作尽快实现财富自由；有的人看重创造社会价值，希望通过工作带来一定社会影响力；有的人看重家庭，时间越自由的工作，越容易让他们抽身照顾家庭；还有的人看重个人成长，如果一个岗位能让他们以后进入更好的行业，即使工资不高、工作强度大，他们也会选择做这一行。

孩子判断个人价值理念时，不妨问自己这几个问题：

个人成长提升、财富自由、社会影响力、家庭等因素里，现阶段我最看重的东西是什么？

三年、五年后，我希望自己处在怎样的一个职位？

哪些是我绝对不想做的工作？为什么？

通过这几个问题，孩子可以找出自己想要什么，不想要什么。

Interests：兴趣爱好。

判断一个人的兴趣爱好，有个简单的方法——每天早晨，是什么让自己心情愉悦地从温暖被窝里爬起来，开启一天生活？如果我们能找到这个念头，便可以将它们发展成自己的兴趣与爱好。

如果孩子无法找到自己的兴趣，现阶段也处在迷茫期，可以采用"反向排除法"来鉴定。首先，将自己能想到的所有职业方向罗列出来，然后逐一排除自己最不想做的事情，直到这张纸上留下大约五到六个职业方向。这时，即便孩子不知道自己最喜欢什么，但至少鉴定出了自己最不想要什么。在剩下的选项里，通过尝试挑选，孩子总会挑出适合自己的方向。

Personality：个性。

孩子是喜欢和人打交道，还是喜欢独处？孩子是喜欢领导他人，还是习惯被领导？让孩子开心的事情一般是什么？让孩子保持工作激情或导致孩子分心的事情是什么？孩子的时间管理习惯如何？等等。

以这些问题为模板，细致地问孩子，弄清楚孩子和他人的不同点是什么，这能帮助孩子在选择工作时选择和自己最相容的环境。

Skills：擅长的技能。

个人技能可以拆分为硬实力和软实力技能。硬实力技能包括孩子的专业知识，和工作相关的经历等等，比如文案编辑、计算机编程、医学护理、教师的教课经验等等，都属于这一类。软实力技能则涵盖个人综合素养，包括问题发现力、问题解决力、思考力、沟通力等等。在以前的章节里，我们集中地讨论了各项技能的培养和锻炼，这里不再重复。

通过 VIPs 法，孩子将自己的兴趣、职业追求，以及个人喜好分辨出来。只有这样，孩子才能有针对性地开始规划自己的职业。

● **接下来，我们来看如何鉴定方向。**

确定职业方向，是职业规划的老大难问题。很多孩子找工作时经常不知道选什么好，即使做了选择，也畏首畏尾，总担心自己的选择不是最好的。鉴定职业方向的过程，有三个关键注意点：

第一，如果距离孩子工作还有很长时间，比如孩子还在初中、高中，这时没必要太在意具体的职业方向，而要孩子将注意力放在综合实力的培养上。职业更新换代很快，当下的热门职业，在十几年后，便可能是冷门职业。孩子只有在求学阶段把综合实力培养起来，才能在未来做到以不变应万变，上手不同行业。

第二，我们和孩子都需要主动花时间了解不同职业信息，不能偏听偏信。很多孩子习惯依赖二手信息来了解一个行业，这些信息或是父母长辈说的，或是朋友转告的，自己从没主动花时间去搜集和了解过。互联网时代，多数职业信息在网上都可以找到，比如像哈佛、耶鲁，都有网上公开的免费课程，只要孩子愿意，便可以通过这些课程了解一个专业最前沿的知识。或者，孩子可以通过阅读，了解这个行业的基本状况。很多孩子对生物医学的认知还停留在研究动植物的层面，可如今，尖端生物研究都是从基因、蛋白质等微观层面了解生命运作的机制，进而发现疾病的发生原理。读一本科普书，没准就会让孩子对医学知识有个全局把握，比二手信息要深刻得多。

第三，不要畏惧改变方向。不可否认，职业选择过程中试错成本很高，可如果孩子发现不喜欢某个行业，却还逼着自己在里面继续做，这带来的负面情绪不仅影响工作，也干扰生活。能进则进，能退就退，千万不能犹豫不决。

在鉴定职业方向上，我给大家介绍一个"SMART 法"。"SMART 法"分如下几个基本要素：

Specific（具体性）：这是鉴定方向的第一步，孩子需要将自己感兴趣的方向罗列出来，罗列得越细致越好。比如很多人对学商业感兴趣，可问及和商业相关的专业课程，以及学完后能做什么，就说不上来了。这时，孩子可以具体罗列出感兴趣的几个大方向，再细分与之对标的职位和公司，以及这些公司发放的职位信息，做成一个简表，指导职业方向选择。

Measurable（可量化）：这是鉴定方向的第二步，即设置可量化成果的参数值。孩子需要将能界定阶段性成果的参考标准与里程碑加进来，比如这个方向里，哪些专业知识需要学，哪些资格证需要考等等，每走一步，都做好相关的记录。

Attainable（可实现度）：这是鉴定方向的第三步，即推算好可实现度。职业方向要有 50% 以上的可实现性。如果孩子给自己定的目标完全没有可行性，不仅会打击士气，也容易让孩子做事情半途而废。

Relevant（相关性）：这一步和 VIPs 法相关联，通过自我评估，孩子大致知道了自己最想要的是什么后，将这些自我感兴趣的点融入目标，只有这样，孩子才能找到属于自己最感兴趣的方向。

Time Bound（时效性）：最后，需要设置一个时间限度。比如半年、一年，孩子集中时间准备和这个工作相关的所有知识学习以及人脉搭建等等。只有这样，孩子才能按部就班地完成自己设定的任务。

● 在鉴定了职业方向后，下一步，便是需要进行相关知识学习。

这个过程，是可以让孩子全面提升自己学习能力，从零基础学习知识的一个过程。我给大家分享的方法是"阶梯强化法"。

"阶梯强化法"的第一步，是筑基。零基础学习任何知识，孩子首先都需要了解这个领域的价值、所学问题意义，才能把握大局，判断哪些知识该重点学，哪些可以略过。孩子可以通过阅读这个领域的入门书籍，如科普读物，或者听网课、看视频，来完成这一步，对所学领域有基本认知。比如律师行业，有民事诉讼、刑事诉讼、公司律师等等，不同的职位，又会有不同的知识要求，只有了解了这些基础知识，孩子才能进阶开始更深层次的学习。

第二步，是搭建知识框架。任何领域，都有基本概念、方法论等核心知识。面对新的概念，若是不懂，孩子一定要花时间硬磕基本概念，将它们吃透。孩子可以通过找辅助学习资料，举一反三地将这些概念在不同场合练习。同时，对于这个领域的基本原理和思考方式更要熟记于心。只有这样，孩子才能迅速搭建起属于自己的知识框架。

第三步，制订阶梯式学习进阶计划。孩子可以将学习任务拆分成不同的板块，分阶段制订出详细的学习计划，在短时间内高强度学习。这个过程，主要在于让孩子全面吸收该领域的基本知识，如果孩子缺乏这些概念和知识，便很难进入更高阶的学习状态。

第四步，状态调整。学习知识的过程需要张弛有度，当孩子高强度学习一段时间后，需要调整状态，将大脑放松，这样大脑能有效地梳理、存档所学的内容。

最后一步，转化。这是测试孩子所学的过程，即所学知识的转化，需要和他人互动测试才会得到量化。这个过程中孩子可以试图将自己当成过来人，向他人讲解自己所学的内容。或者在生活中找实际的案例，应用自己所学。

● **最后，我们来看实习操练。**

找工作需要实习，这一点相信大家都不陌生。现如今，职场竞争越来越大，如何才能让孩子迅速找到实习机会，让自己在找工作时脱颖而出呢？在这里，我向大家介绍找实习的"两不三要"原则。

"两不"，指的是实习时两个不要进入的误区。

第一个误区，是很多孩子以为实习机会越多越好。其实，实习机会需要和自己感兴趣的方向越相关越好。若是不相关，有时会给人留下做事没有重心的不良印象。

第二个误区，实习时间安排没有原则。很多大学生一进大学就想每年都要有一个实习机会，所以每到寒暑假，他们便都花尽心思找实习。可有的实习工作，最好是有了一定的知识基础再去做，才会真的有收获。在申请实习前，孩子最好先问问自己：是不是真的有了这些知识储备呢？如果没有，孩子最好将实习计划暂缓，练好基本功，才能让自己的成长更稳健。

"三要"，是指在找实习的过程中，要注意的三个小诀窍：

第一个诀窍，是小公司的实习机会一般比大公司要多。因为资金问题，初创公司、小公司初期一般没有能力招募太多员工，这使得他们更愿意招募一些实习员工来补充人力。相反，大公司可筛选的人基数很大，很多公司不愿浪费时间来培训实习生。找工作时，孩子可以以此为依据，在找不到实习机会时，专攻小公司的实习机会。

第二个诀窍，是通过小任务，了解行业的核心内容。实习生一般很难一上手就做关键工作，或被安排在核心职位。孩子在实习岗位做琐碎事情时，不要感到灰心，相反，孩子要花时间了解这个工作的必要性、与公司其他工作的关联等等。只有这样，孩子才会对行业有更全面的了解，当孩子真正开始工作时，也会有更具体的职业准备。

第三个诀窍，是利用实习，熟悉职场文化。学校和工作场所的氛围是极其不同的，孩子在学习时关注的事情，考虑问题的方式，和工作后会有很大不同。如何和人打交道，如何拓展人脉，如何实现职业提升，等等，都可以通过和职场里的前辈沟通而了解到。

以上，就是本章的主要内容。我们主要讨论了职业规划的四大步：自我评估、鉴定方向、相关知识学习和实习操练。针对每一步，我都介绍了一些相关的方法，比如 VIPs 法、反向排除法、SMART 法、阶梯强化法、"两不三要"原则等，希望这些方法能够帮孩子更有效地规划自己的职业。

# 24

## 孩子的能力需要包装：
## 如何在短时间内展示自我？

### 中国学生竞选哈佛本科辅导员

在哈佛，本科辅导员多由博士生担任。为了吸引申请者，哈佛提供了优厚的条件：成功入职的辅导员都能享受免费的食宿，且一经录用，除非出现严重管理问题，辅导员可以连续多年任职。同时，辅导员与教授有许多互动，通过辅导任务，可以与哈佛无数知名学者、教授建立稳定的交流圈，这对未来职业规划，是个无比珍贵的机会。

自然而然地，本科辅导员这个职位，成了博士生眼里的香饽饽。据往年统计，每个职位会有超过 200 人申请。其录取率，甚至比哈佛本科 5% 左右的录取率还要低。不少人调侃，考哈佛，也没有入职本科辅导员难。

我对这个机会也很感兴趣。可是，往年的辅导员，多半是美国本土学生，一来他们语言有优势，二来他们也对美国大学制度与生活更了解。我一个非本土学生，怎么才能竞争得过他们呢？

有一天，我和几个美国朋友讨论暑期实习，去哪儿实习成了他们头疼的问题。

"为什么不考虑去中国呢？"我建议道。

近几十年来，中国经济发展迅速，很多美国人都想去中国工作，体验中国飞速发展的经济模式。

"可去中国哪儿实习呢？除了北京、上海，我完全没听过中国其他的城市。"朋友问道。

"北京、上海自然会有很多实习机会。跨国公司，像麦肯锡、高盛，都在这些地方设了分部。除了这几个地方，中国还有很多发展迅速的城市呢。比如深圳，就像美国的硅谷，有很多高新科技行业，腾讯、华为的总部都在那里；比如苏州，这些年生物科技产业发展极其迅速，要想体验生物行业的发展，这里是个不错的选择；即便是中部城市，如湖南长沙，也有三一重工这样在全球领先的重工业企业。"

"这些地方我都不熟悉，更别说找工作了。要是我想去，该怎么办呢？"

"我在中国正好有不少关系网，我可以帮你去打听一下。"

几周后，通过国内朋友的牵线搭桥，我为美国的朋友在杭州找到了一家大数据云计算公司的实习工作。

"实在没想到，中国的大数据计算做得那么厉害，公司业务也如此多元。"拿到工作机会的美国朋友掩饰不住心里的兴奋，"就拿电商数据来说，美国亚马逊黑色星期五的购物销量，还不及阿里巴巴'双十一'的五分之一。有这么多客户数据可以来处理分析，对我这个喜欢研究算法的人来说，简直太棒了。"

"中国人口众多，消费市场自然也大，近些年经济发展后，商业模式也更是越来越多元，机遇自然也多。"

"是呀，这是我完全没想到的。就拿'双十一'来说，在美国，又有几个人知道这个电商界最大的狂欢呢？我真希望学校能给我们多介绍些类似中国新兴市场的信息。"

朋友的回答让我很是震动。我突然意识到，中国近几十年的发展实在迅速，很多西方人根本没来得及了解中国。他们对中国的印象，有些甚至还停留在 20 世纪 90 年代。对于远渡重洋来美国留学的我来说，不正好可以建立一个桥梁，让美国学生更多地了解中国吗？

想明白了这一点，我突然意识到，申请本科辅导员，我和美国本土学生的不同和优势了。我在申请文书中写道，中国近年来发展迅猛，以致西方还没来得及了解中国。哈佛致力于培养各个领域未来的领导者，便更需要引领潮流，指引学生深度了解中国。所谓深度了解，不能只是中国的大城市，比如上海、北京。更重要的，哈佛学生要去认识刻板印象外的中国，这包括城市、乡村、崛起的中国本土企业，蓬勃发展的文化产业等等。只有这样，哈佛学生才能更全面地了解这个崛起的大国。我从中国农村长大，进入城市，再到美国，见证了中国不同阶层几十年来的变迁，这个经历让我能给哈佛学生了解中国提供一个独特的视角。

我洋洋洒洒地写了一篇个人陈述，提交给了申请委员会。不出一周，我果然收到了回复，委员会非常认可我的观点，并邀请我进入了复试。经过层层筛选，我最终顺利入职了哈佛本科辅导员，成了当年唯一入职的中国人。

回顾这个申请过程，我能体会到个人能力包装的重要性。商品社会，包装产品是一个常见的经济行为，有个精美的包装往往能帮产品卖个好价钱，甚至形成品牌效应，源源不断地产生收益和价值。同样，个人能力也需要经历他人评估才能被认可。若想自己得到他人认可和重视，如何包装自己，成了一个人需要练就的重要软实力。

生活中，我们很多孩子并没有学会如何包装自我。找工作时，很多孩子的简历全是干巴巴的个人基本信息，没有亮点；面试时，这些孩子也不知道如何回答问题，面试官问什么，他们就答什么，完全由他人牵着鼻子走，自我能力得不到主动展示；还有些孩子在拓展人脉时，不擅长和他人搭话，只会聊最简单的日常，无法将聊天深入，借机展示自己的能力。

## 打破常规：脱颖而出的 5 个秘诀

作为父母，我们当然希望孩子得到他人认可，并争取到属于自己的机会。可如果孩子有以上的毛病，竞争时便容易处在下风。究竟怎么做，才能让孩子的才华得到合理展示？

首先我们来看自我包装的几个诀窍。

### ● 第一个诀窍，是学会利用讲故事来推销自己。

和人交流，若想吸引对方注意，讲道理收到的效果往往不如故事来得有效。为什么呢？因为人的大脑对一个未知故事的兴趣，比一个道理强很多。

举个例子，我的一位高中同学曾为应聘旅游公司职位请教我如何做自我介绍。她介绍时说："我个人性格比较温和，也有亲和力，很容易受客户喜欢。"

这样的表述，当然没有太多问题，但给人的感觉比较空洞，别人不知道你说的是真还是假，因此无法做适当的评估。很多人准备简历或面试时，常犯这个毛病，用一句笼统的话形容自己，却不给任何具体事例做依据。

如果使用故事，效果如何呢？比如我建议她这么说："我实习时，曾带过一个学生夏令营团队。在夏令营快结束时，有个学生非常腼腆地走到我面前，问我明年是否继续带队——如果继续，他明年就还报班；如果不带，他就不报了。"

这个故事很短，可对方一听便能够感觉出我的同学在做夏令营带队工作时有多受学生喜爱。

由此可见，学会包装自己，掌握讲故事的能力是多么重要。如果一个人能将抽象、笼统的概念，用简单直白的故事阐述出来，不仅能直击听者心灵，也会让对方感到言之有物。不过，讲故事时，需要记住几个点：第一，故事不能和自己经历脱节，否则给人以在编故事的感觉，拉低对方对你的信任度；第二，不要花太长时间讲故事，我们的目的是要将个人能力总结出来，如果一个故事要花三五分钟，别人可能会嫌啰唆；最后，我们的故事要有逻辑性，不能让人感觉我们是为了讲故事而刻意编出了个故事。

就像开篇我申请本科辅导员的经历，便是用的这个落到实处的讲故事的逻辑。

● **第二个诀窍，是学会利用不常容易注意的细节，展示自己的不寻常之处。**

在向他人展示自我能力时，很多孩子只会罗列个人基本信息，这会导致自我推销时，很难给对方留下深刻印象。

在我看来，要想强化对方对自己的认识，**一个关键是利用个人背景信息以外的细节，让个人形象和能力变得更丰满**。这就像产品包装时，在设计上加点缀、营造话题同样的道理。这些细节可以是孩子生活中的一件小事，可以是孩子成长经历里印象深刻的点，或是曾经迈过的一道坎，等等。将这些信息绘声绘色地陈述出来，让对方知道在当时自己是如何思考，如何一步一步攻克难关的。这些细节能烘托出个人的成长，让人看到成长的蜕变。

比如，我在申请哈佛时，曾被面试官问起求学经历。面对这样的问题，我们通常可以向面试官介绍自己的专业、所学课程、成绩、毕业设计课题等基本信息。可这个方法，对听的人来说没有多少吸引力，也难让他知道你的能力。

我当时想到的方法，是在陈述基本事实后，再添加面试官未曾问到的细节。我告诉面试官，我来自中国南方的一个小乡镇，因为教育资源差异，我进大学时，学习成绩和来自大城市的学生有差距，这导致我在大一有很大的学习压力。可我迎难而上，努力寻找自己的学习节奏，并很快在新环境里适应下来。大学四年，我成绩一直名列前茅。

这个细节直观地告诉了面试官，眼前的学生，不是常人眼中刻板印象式的"好学生"，相反，他曾经不一定优秀，但却通过自己的努力，一步一步走了出来。这种对比感，会提升他人对自己的印象。

● **第三个诀窍，是学会巧妙利用统计方法和数据，有理有据地说服他人。**

展示自我能力是个推销的过程，用数据说话，往往能更有说服力。举个例子，求职介绍自己经历，很多孩子习惯简单罗列自己做了什么，却不解释这个工作究竟做得好不好，意义在哪。这导致看简历的人，只会得到一个模糊印象。

我们不妨来看两份实习经历介绍：

学生 A：毕业于××师范大学，应用数学专业。学科成绩优异，并拥有多年助教经历。在助教过程中，善于培养学生的数学思维，所带学生成绩都高于年级平均水平，教学成果得到了主课老师的高度评价，并深受学生喜爱。

学生 B：毕业于××师范大学，英语专业。曾参与带领三届中学生参加市级英语比赛，所教学生中多位曾在英语比赛中获金奖，所指导学生英语成绩在××中学均排在前三位。

对比学生 A 和 B 的工作简介，我们可以看到，B 学生的个人介绍写得更有吸引力。如果一个陌生人要来评估这两个人中的优秀者，即使 A 和 B 在现实中实力相当，B 更可能是最后的胜出者。

为什么会有这样的感觉呢？因为 B 学生将那些模糊的概念用统计和数据具体化了。比如 A 学生"丰富的助教经历"，对应的是 B 学生"带领三届中学生参加市级英语比赛"，A 善于培养学生数学思维，对应的是 B 有多少个学生在市级比赛中获过奖，等等。也就是说，同样的信息，如果变个花样，将数据、事例和统计对比等信息添加进去，有时能给人耳目一新的感觉。

● 第四个诀窍，是学会打情感牌，让对方产生共情，认可你的能力。

自我能力展示，实则是引导对方站在你的角度，重新认识自己。很多家长在教育过程中很少锻炼孩子的共情能力，使得他们不能站在对方的角度想问题。这就使得孩子争取机遇时，不知道如何从侧面敲击对方的软肋，让对方知道自己的闪光点。事实上，打感情牌，让对方看到自己的某些难处，有时能让对方更清晰地看到自己的能力。

我在哈佛读博时，曾帮助一个美国高中生修改他的大学申请文书。他叫 William（威廉），是波士顿地区的高中生，成绩非常优秀。可强中更有强中手，申请哈佛和耶鲁时，威廉遇到了困难，被学校放在等待名单里。他的申请文书里写了自己在高中的学业表现，也罗列了很多社团活动。可这些经历，在哈佛和耶鲁的申请者中并不少见，招生官看不到威廉的优势。

因为朋友的介绍，威廉找到了还在哈佛读书的我。和威廉聊天后，我发现，他来自一个单亲家庭。他的妈妈是个肿瘤科医生，在威廉五岁时，不幸得癌症去世了。这使得威廉做了很多社团活动，试图让更多人关注癌症治疗。了解这个信息后，我建议威廉在个人文书写作上，以这件事情作为切入点，展示他如何一步一步为梦想努力的。这样一改，招生官不仅可以看到他优异的成绩，更重要的，对方看到了威廉如何在逆境中成长。经过几番修改，威廉给哈佛招生官写了一封新的陈述邮件，不到一个月，他便收到了哈佛的录取通知书。

我们很多孩子做自我介绍时，不愿将过去不好的经历讲出来，甚至会因为这些经历而感到自卑。可如果孩子能意识到过往经历不是一种负担，而是支撑自己前行的动力，那孩子对自己的认知会进入另一个格局。

打感情牌，需要孩子有共情能力。只有当孩子能站在不同的角度看待自己的成长，他们才能知道，过往的经历中，自己承担过什么，挑战过什么，人生的厚度也才会由此体现出来。

## 如何优化个人包装

以上四点，是自我包装时，我们可以教孩子使用的诀窍。接下来，我们来看看如何利用一些方法，进行自我包装。

● **第一个方法，是"草灰伏线法"。**

好的推销，不仅能让对方买账，同时还能让对方心安理得地买账。为了达到这个效果，自我推销时，不能"王婆卖瓜，自卖自夸"，不然显得过于刻意和张扬。我们不妨将自我包装看做是建立个人品牌的过程，怎么能让个人品牌潜移默化被他人记住呢？"草灰伏线"指的是利用隐含信息，在不明说的情况下，推销自己。

第一步，为自己选择一个标签，用一句话将想呈现的自我形象涵盖起来。就像"农夫山泉有点甜"，这句广告语，强调的是"甜"，实则暗指农夫山泉矿物质元素丰富，这才带来了山泉独一无二的微甜口感。这句草灰伏线式的广告语，比赤裸裸夸赞山泉品质效果要好得多。

寻找个人标签，孩子可以借助如下这三个问题：

（1）到目前为止，你习得的技能和资历主要是什么？你是否获得过这一方面的荣誉呢？

（2）生活中，你最感兴趣和最有热情做的事情是什么？为什么？

（3）你在生活、工作中坚持的原则和核心价值观是什么？什么导致你有了这些价值观呢？

以我为例，到目前为止，我最主要的学习和工作经历都是生物研究，这些研究能帮人类寻找治疗疾病的方法。我觉得做这件事情特别有意义，将尖端研究应用到实际生活中去，成了我最有热情做的一件事。为了做成这件事，我要时刻保持一颗好奇心，也要对未知保持敬畏，不惧失败，持之以恒地在未知领域进行探索。综合以上，我把自己定义为"**一个爱折腾、敢折腾、也不怕折腾的生物医学研究者**"，这便是我的个人标签。

第二步，孩子需要将能体现自己能力的关键信息有主次地分布在个人材料里。

比如写简历时，我会将学历、工作经历、获得荣誉放在最显眼的位置，而那些参加的活动，应邀参加的会议信息，都被排在次要位置。如果某个信息重要，我会有意增加文字篇幅，起到强调作用。

现如今，个人简历、公众号、微信平台都有可能成为评估一个人的信息渠道。除了利用传统方式，孩子也可以借用新媒体展示自我。比如很多人在申请工作时，就会自制一个个人网站。招生官在网上搜索时，这些信息能辅助他们评估孩子的能力。准备这些信息，切忌过度重复，某个地方出现过的信息，要尽量避免使用，否则会让人产生"你没东西可写"的错觉。

最后一步，借用细节丰富罗列的信息。做自我介绍时，不能只讲结论，而不披露背后的细节。每到一个总结自我能力的地方，孩子都要想一个或两个简单的事例，来做佐证。只有这样，这些陈述才会有说服力。

● **第二个方法，是"避重就轻法"。**

这个方法适用于在需要向别人展示能力但自我实力并不够强的时候使用。比如，入职之初，多数人经历并不够丰富，学历也不够优秀。如果实实在在地写自己的经历，即使添加细节和统计数据，也不会给人以"高大上"或者"优秀"的感觉，该怎么做呢？

"避重就轻法"指的是有意掩盖掉那些不好的点，代之强调其他信息，来获得他人好感。

举个例子：酒店保洁人员想找更好的工作，怎么写自我介绍呢？保洁人员每天都是为客人整理床铺、打扫房间、清理卫生间、疏通下水道等等。如果实诚地将工作经历写出来，多半给人感觉不够优秀。

怎么利用"避重就轻法"，重新梳理这段经历呢？某种程度上，孩子要进行重新包装，将不好的概念去掉，反之强调这个人的个人能力。比如：

我从事酒店客服工作。擅长通过细致入微的服务，为客人营造出整洁舒适和愉悦的休憩环境。同时，也善于洞察客人心理，能针对客人背景和年龄进行有效沟通，并善于设计出个性化的方案，解决客人住店时碰到的各类问题。

这样一改，虽说还是在写同样一个工作，可第二份介绍却把工作的内容掩盖掉了，重换了一个概念，宣传了服务能力，个人简介也一下子"高大上"了。

● **第三个方法，是"欲扬先抑法"。**

英国有一档选秀节目《英国达人秀》，曾出过一个非常有名的歌手苏珊大妈。苏珊在参赛时已近五十，人很胖，和大众心理期待的歌手形象极不相符。在开场，几乎所有人对她都表示质疑，连评委都对她略有轻蔑之意。可当苏珊放开嗓子，唱出 *I dreamed a dream*（《我曾有梦》）这首歌的第一句时，整个剧院沸腾了，所有人都被她的嗓音震撼。苏珊也成了《英国达人秀》乃至全世界选秀节目的代表性人物。之所以能产生这么大的影响力，其原因在于整个过程给人带来的反差感。

人容易戴有色眼镜观察不同群体的人，年龄、性别、学历，都在无形中给我们贴上了一个又一个标签。如果身上有不好的标签，我们也无需过度担心，有时，我们没准可以利用"欲扬先抑法"，放大自己的标签。同时，我们再通过撕碎标签，让人看到标签后真实的自己。这样带来的对比感，会给人以极强的冲击。

比如孩子不在 985、211 的大学毕业，找工作时，如果孩子相信自己实力已达到 985、211 学校学生水平，便可以利用这个方法，大大方方地将这段经历讲出来，让对方觉得，自己是从一个一般的地方出来的，降低对方的期待。当对方建立这些刻板印象后，孩子亮出自己的实力，比如自己的学识、工作经历，证明自己不比那些 985、211 学校的毕业生差。这种反差感，能让人眼前一亮。

　　包装自我，是一个人展示自我能力必须学会的技巧。我们的社会分工越来越精细，同行之间的竞争也越来越大，这意味着我们的孩子在走出学校进入社会后，将面临更大的竞争。我希望，在本章我分享的自我包装的几个诀窍，能帮助到正走在求职路上的孩子。

# 25

## 如何教孩子利用肢体语言，迅速打造一个不同的自我形象？

### 乖学生的自我突破

和农村长大的很多孩子一样，我小时候特别自卑，和人交流，常胆怯怕生。同学聚会、班级活动，我常缩在角落里，很少主动发言，也尽量避免做出让人注意到我的举动。

老师觉得我是个乖小孩，成绩优秀，不惹事，不闹事，属于容易教的"好学生"。我只觉得成绩好就行，其他事情并没有过多在意。

然而，高二的一件事情，改变了我对自己的看法。

有一天，学校组织演讲比赛。按照规定，胜出者会和湖南省其他优秀学生一起，参与湖南卫视的节目录制。

参与演讲，要有足够的知识储备，也要好的写作能力来准备演讲稿。我对自己这两方面的能力很自信，加上成绩一直不错，常受老师表扬，我认为自己会稳操胜券。

然而，初赛时我就被刷下来了。

　　"老师，您能告诉我，我失败的原因是什么吗?"我受了意想不到的挫折，心有不甘。

　　"你的演讲稿是准备得不错，可是，你的演讲太没有感染力了。"老师拿着我的演讲稿，简单地做了文稿点评，"上电视关乎学校的形象，你在预赛里的个人形象表现和老师的期待有太大差距了。"

　　"我有哪些做得不好的地方，老师可以具体讲讲吗?"

　　"老师这有预赛的录像带，你拿去看看自己和其他同学的演讲。我想，你应该能理解老师的评判的。"

　　我很是不解，迫不及待地想弄明白为什么。然而，打开视频的一刻，我就明白自己为什么落选了。

　　视频里，我像一只受惊的小鸟，僵硬地站在讲台前。我拿着演讲稿，机械地背诵着文段，发言没有多少停顿，更别说感情了。我也没有勇气和台下观众进行眼神交流，视线始终盯着讲台前的座位。我的手紧握着裤腿，好像生怕自己说错一个字。

　　反观其他参赛者，比我有气场多了。他们面带微笑，自然地用手示意台下听众。有时，他们会走到台下，和评委老师进行互动。他们的发言也是抑扬顿挫，充满感情，台下的听众听得格外入神。总之，我在个人形象上输了其他人一大截。

　　这是我第一次体会到学习成绩之外，我在其他能力上与人的差距。

生活中，自我形象是展示个人能力的窗口。我们和人交流，一靠语言，二靠肢体动作，建立起自身在他人眼中的形象。虽说语言是沟通的主要信息载体，可好的肢体语言能帮我们有效传递信息，甚至传达语言不能表述的信息。

在孩子的教育过程中，家长常会将教育重心放在学习成绩上，孩子的个人形象、肢体语言等常会被忽视。然而，这类软实力，对孩子的成长，有莫大的贡献。在本章，我想集中讨论如何利用肢体语言，帮孩子打造一个不同的自我形象。

肢体语言涵盖很广，从站姿、手势，到面部表情、眼神，等等。有时，一个不好的站姿，或是尴尬的面部表情，就让我们和人交流时气场全失；而好的肢体语言、眼神交流，则能让交流更畅快，也容易给人留下好印象。

## 艾米卡迪教授的发现

我想用哈佛大学艾米·卡迪教授的一个演讲引出肢体语言的重要性。

卡迪教授 19 岁时，曾遭遇一场车祸，这致使她头部受伤，智商下降了两个标准差，她的医生甚至以为她不能读完本科。可在这种状况下，卡迪逐渐摸索出了肢体语言的使用法则，在自身能力欠缺的情况下，通过调用好的肢体语言，让所有与她交流的人都觉得她个人智力超群。她不仅顺利从本科毕业，还在普林斯顿攻读了博士，之后再成了哈佛大学教授。

卡迪教授曾做过一个很有意思的社会实验，她发现，在她的课上，有的学生走进教室，就一屁股坐在正中间，好像他们占据整个教室似的。当他们坐下来，身体也会展开，举手也是高高举起；而有些学生则不然，他们坐下来时脸部和身体看起来很萎靡，举手也很低。这些肢体语言，在男女生之间特别明显，女生的肢体语言比男生更容易感觉到缺乏自信和力量。

在哈佛课堂里，课堂参与度是学生成绩评分的重要因素，占到一学期成绩的四分之一。刚开始入学，男女生成绩不相上下，可到了期末，成绩却有了性别差异：男生成绩平均高于女生。

这个结果让卡迪很疑惑：学生的心理状态和身体姿态，和肢体语言是不是有潜在关系呢？比如那些不张扬的，不占据空间的"低姿态"肢体语言，是不是恰好反映某些学生心理上的不自信？而这种不自信，恰恰影响了课程的参与度，最后影响了他们的成绩？

卡迪教授发现，如下几种肢体语言容易体现一个人的低姿态：比如和人说话手放在口袋，坐立不安，耷拉着脑袋或肩膀下沉，在群体占据的空间很小，等等。相反，那些有强大气场的人，更容易保持下巴和头的上扬，他们的两脚和腿在说话时分开得也自然，手的动作幅度相对也要大，让人感觉占据空间很大。

怎么解释这一系列现象背后的原因呢？卡迪教授发现，这和人体内激素的分布是相关的，人的身体有两种激素，睾酮和可的松，分别为主导激素和压力激素。在灵长类，占统治地位的个体一般拥有高浓度的睾酮和低浓度的可的松。当主导激素增高，个体更容易表现出自信和领导力。比如奥运会，不论什么文化背景国家的运动员胜利后，他们都高举双臂欢呼，下巴高高抬起，即使连天生眼盲的运动员也不例外。而失败的姿势也几乎都差不多：每个输掉比赛的人都会做弯腰沉肩状。

## 从四个部分了解我们的肢体语言

通过以上场景，我相信大家已经了解到，肢体语言在无声传递着我们的心理状态，有时甚至会影响到我们在他人心中的形象。在孩子的成长过程中，父母的言传身教影响到孩子的方方面面，其中，孩子的仪态和肢体语言都是从父母身上学的。帮助孩子建立好的肢体语言，是家长需要做好的功课之一。接下来，我将肢体语言细分为站姿、坐姿、手势、面部表情等四个部分，教大家帮助孩子习得最佳的肢体语言。

● 站姿。

一般而言，开放式的站立姿势更能显示一个人的自信。比如，站立时保持下巴和头的稍微上扬，双脚双腿自然分开，与肩齐宽，双手自然放在身体两侧，或者一只手拿着饮料等等。

如果孩子在一群人面前讲话，尽量建议他们保持背部挺直，同时，借用张开的手势，占据一定空间，这往往能展现孩子的自信。

相反，在站立时，最好建议孩子避免显示出露怯或站姿紧张。人在露怯或胆怯时，一般处于防卫姿态，会不自然地将双脚并拢，背部弯曲，头往下低。不少家长可能注意过，有的孩子在胆怯时，会不自然地将一只脚放在另一只脚后面，脚尖点地；有的孩子会将手放在口袋里，或搭在胸口；有的孩子会下意识地找一面墙靠着，这和遇到危险时需要找屏蔽做掩护是同样的道理，都是不自信的表现。

● 坐姿。

一般而言，一个人坐的时候双腿交叉通常意味着抵触或不认同，也是内心感到不自然时的下意识表现。从心理学上看，双腿交叉意味着一个人从情感和精神上处于自我封闭状态，在谈判中，是典型的防卫姿态。我们需要让孩子尽量避免这个坐姿，因为这个坐姿会让交谈的对方很不舒服。

如果孩子坐的时候抖腿，往往是内心不安或高度紧张的表现。人的肢体语言中，腿部动作只占很小的比例，一旦腿部有动作，下意识里更能反映出思维的反常。抖腿表现焦虑、紧张或者愤怒，原因也是如此。如果我们注意到孩子在关键场合经常抖腿，最好建议孩子改掉这个毛病。

和人交流时，好的坐姿能反映出一个人到底有没有在听对方说话，耸肩弯腰，头往下看，或者眼神注意其他地方，都是没有在听对方讲话的表现。另外在坐的时候，手部有一些小动作，比如无意识地拉扯衣服，或是摆弄饭桌桌布，反复拿捏手机等等，都体现了交流的不自然。在孩子的生活里，家长可以多注意孩子的这些细微动作，通过适时的反馈，让孩子规避不好的肢体语言。

● **手势。**

手势是肢体语言中经常运用的动作。教会孩子使用合适的手势，不仅会让孩子在和人交流时显得从容自信，同时，也能帮助孩子说话时控制语速、语气，理顺语言逻辑。因此，学会识别好的手势语言，同时教会孩子正确使用手势，会对孩子的个人形象提升有很大帮助。

在与他人交流中，一般而言，摊开双手是表现真诚的传统方式，也在暗示自己对对方信任且无保留。手放在身后，是人自信的表现，因为这个时候，身体最脆弱的部分直接暴露在前，只有拥有足够信心，人才愿意这么做，很多政治家就喜欢将手放在身后。相反，交叉双臂或者将手放在口袋，有可能会降低你的可信度。

讲话时握拳是表现决心的一种方式，不过，握拳时如果大拇指在拳内，便是另外一个意思了，它往往表示焦虑或不安。单手放在心头，是想让别人相信或接受自己的表现，很多选秀节目选手拉票便常用这个姿势。

单掌划切是强调的常见动作，这往往能体现出一个人的权威，政客演讲时，这个动作极其常见。当然，我们也可以利用划切罗列自己想要表达的点。手指比画同样也能起到罗列的作用,不仅能给听的人提示作用,有时也可以强调。不过在使用时,要尽量避免用食指指向某人,因为这通常给人居高临下之感,会给对方造成很大的不安。

生活中,还有些手势能下意识地透露一个人有没有说谎。比如,不少家长注意到,孩子会下意识地用手遮住嘴巴,假装咳嗽,或用几根手指或拳头遮着嘴,这些小动作通常是撒谎后试图收回谎话的表现。说谎的另一个常见动作是摸后脑勺,之所以这么做,是因为撒谎者想展示自己在思考,以博取他人的信任。通过捕捉这些小动作,家长有时也能摸清孩子的一些心思。

人在焦虑时,往往会下意识搓手,这是缓解压力的表现。如果不想表现出自己的焦虑,我们不妨教孩子尝试双手五指相对,自然张开,放在腹部。很多电视主持人面对镜头时,都喜欢采用这个姿势。

● **面部表情。**

面部表情包含了一个人的很多情感,读懂这些微表情,也会让我们对他人内心有更真实的了解。

一般而言,人们习惯用嘴角上扬来表达快乐之情,相反,撇嘴或者嘴角下垂一般传递不开心的情绪。面对主管和上级时,无论是在气氛友好的前提下,还是在不友好的紧张气氛中,下级人员都喜欢面带微笑,从心理上,这暗示他们属于弱势或从属地位；相反，主管和上级人员在下级面前，常会在气氛友好时才露出微笑。这些面部动作有时会影响一个人的职业。比如面试时，那些静坐注视对方、面带微笑并在对话中频频点头的人更容易被录取，而那些目光游离、眼神闪躲、头颈僵直的人，则更容易被拒绝。

一个人笑的时候，如果眼角没有皱纹，很有可能是假笑。真正开心的笑容在眼角会出现笑纹，这个微表情能帮我们判断一个人是否真正发自内心地高兴。同样，撒谎时，额头双眉之间也会出现微皱纹。肢体语言是有感染力的，和人交流，如果人们有意识地在模仿对方的动作或面部表情，这往往意味着交谈进行得很愉快。比如我们笑的时候，如果对方能感受到我们的开心，面部自然也会变得舒展。相反，如果对方并没有模仿，甚至刻意地在做一些让我们觉得不自然的动作，对方可能没有在听我们说话，或是在撒谎。了解这些面部表情背后的含义，孩子在与人交流的过程中会变得更加游刃有余。

## 使用肢体语言改善自我形象

总结一下这部分的内容，使用肢体语言时，如果我们能帮助孩子注意如下的地方，孩子能有效地改善、提升自我形象：

第一，如果我们想展示出自信，尽量利用主导的强势姿态，占据更多空间。

第二，如果我们想让交流深入，尽量让自己表现出在专心听的姿态。

第三，如果想表现友善、亲和或是从属感，可以利用微笑来完成。

第四，如果想表示认同，可以模仿对方的表情或姿势。

第五，如果想表现出权威感，降低声音，利用一系列展示自信和真诚的手势，强调想表达的信息。

肢体语言的改变是要花时间的，也需要专门的训练。我们怎么才能让孩子习得最好的肢体语言辅助交流呢？接下来，我和大家分享几个实用方法。

● **第一个方法，是"心理假装法"。**

这是一个能提升个人自信心，并在群体里提高影响力的有效方法。很多孩子一和他人聊天，就习惯性露怯，会选择在房间边角的地方坐下，手脚不愿意张开，不愿占据更多空间位置。这一类孩子，经常很难引起他人的注意。怎样才能改变这个状况呢？

"心理假装法"是教孩子有意识地改变肢体语言，让他们在群体面前显示出强势、有力的空间占有感，继而让他们在心理上变得自信强大的一套方法。

举个例子，假设孩子是一个不太敢在群体里发言的人，怎样让他变得自信起来呢？我们可以教孩子在交流时，有意识地假装出"高权力"的姿势。比如孩子平常喜欢坐在角落里，这一次，孩子故意挑最中心的座位坐下，手脚展开，故意将他的每个动作，躯体位置，加大一个幅度。这会让孩子的存在感在一群人之间加强。同时，交流的过程中尽量避免柔和动作，如果说话时手势温柔，孩子可以有意将手势变得干净有力，每到一个信息点，他都添加一个指示性手势，强调说的内容。如果孩子和人眼神交流时感到畏惧，我们可以建议孩子有意识地将眼神注意到这个人的头部后方，拉长注视时间。

也就是说，肢体语言能在一定程度上影响我们的心理状态。就像艾米·卡迪教授指出的，小小的身体姿势的改变，持续两分钟就可以改变你的心理状态。**当孩子想要拥有更加自信的心态，不妨先从心理上假装已经是个自信的人，并调整自己的肢体语言来展示你的自信**。

● **第二个方法，是"镜像练习法"。**

调整肢体语言，关键还是需要知道自己目前的肢体动作是怎样的。只有当孩子意识到自己肢体语言的缺陷，他们才能有针对性地调整。

"镜像练习法"的第一步，孩子需要在房间里准备一个能看见全身的镜子，全方位观察自己的动作。为了不让练习显得刻意，最好建议孩子将镜子放在最容易看到的位置，这样才能在不经意间注意到自己的肢体动作。

第二步，选定几组关键肢体动作，进行强化训练。比如，微笑，很多人笑起来不自然，一个很简单的练习便是在镜子前，咬一根筷子，让面部肌肉变得习惯微笑。当孩子和人聊天时，如果站姿不自然，或总觉得手不知道往哪儿放，我们可以建议他在镜子前，尝试不同手势动作，譬如双肩自然放松，双手五指相对，放在腹部，站立五到十分钟。再比如，当孩子聊天时想表现出思考力，也可以尝试托腮、皱眉、手指放在太阳穴等等，挑选出自己最习惯、自然的动作，进行练习。

第三步，去掉镜子，实地演习新的肢体动作。当孩子训练了一段时间后，便要有意识地去掉镜子，否则他的很多动作都会显得刻意。孩子可以试图在房间里挪个位置，或闭上眼睛，让自己仍然保持练习那几个肢体动作。只有当孩子在没有注意到的情况下，也能不停做出这些动作，他才会自然地使用好。

● **训练肢体语言的第三个方法，是"交互模拟法"。**

在上半部分，我们了解到肢体语言是可以相互感染的。当人和他人相处久了，会习得对方的一些肢体动作。这意味着孩子可以利用这个原理，提升自己的肢体语言。

我们需要做的，是在生活里，帮助孩子找到一两个非常信任，同时肢体语言也使用得好的人，模拟学习他们的动作。可以将学习分为如下三步：

第一步：简单的动作模拟。观察对方的站姿、坐姿、手势等等，学会他是如何在一群人面前交流，如何利用不同手势表达心思，如何利用肢体语言实现个人影响力等等。好的肢体动作，孩子都可以模拟照搬。

第二步：升级模拟对方的表情和声音。观察对方说话如何做停顿，如何利用眼神进行交流，如何控制语速，和他说话时，孩子也试图使用类似的语速停顿来与之对话。很多脱口秀演员的模仿，就是通过这样的方式习得的。

第三步：融会贯通，将这些模拟的肢体语言变成孩子的一部分。单纯的模仿，使用起来会有生硬之感。当孩子模仿一段时间后，需要重新解构这些内容，对照自己的动作，问自己哪些是做起来不习惯的，哪些是喜欢使用的。进行针对性的筛选，保留下那些能用于孩子的肢体语言，只有这样，孩子的整体肢体语言才会有提升。

总结一下，本章我首先和大家分享了肢体语言在我们交流中的作用，同时也介绍了什么是好的坐姿、站姿、手势和面部表情。同时我还分享了三个方法——"心理假装法""镜像练习法""交互模拟法"，来帮助孩子习得好的肢体语言。希望这些方法对孩子提升肢体语言的表达力有用。

# 26

## 教孩子学会拒绝，在繁忙中获得主动权

### "蜘蛛侠"的忙与不忙

电影《蜘蛛侠》里的一句台词"能力越大，责任越大"曾是我生活中的座右铭。

我是个有好强心的人，总想挑战自我，充实自己的生活。生活里，不会的事情，我会努力学习。想做一件事情，我也尽力做到最好。这几个习惯，曾帮我在学习上突破自我，不断攀登求学的高峰。

然而，走出大学，我慢慢发现，这些习惯在我生活中很难应用起来了。在哈佛，课堂里有最前沿的学术知识，课堂外有数不清的工作社交机遇。讲座、聚会、训练营、模拟赛，几乎布满了校园的每个角落。虽说我也想挑战自我，学习未知，可众多的活动里，我该参加哪些才合适呢？

哈佛毕业后，因为哈佛毕业典礼的演讲，我受到了社会前

所未有的关注。一时间，我被卷入了更多的人和事中：老师会安排我和不同行业的人做学术合作，朋友会邀请我参加不同的社交聚会，媒体有采访，陌生人会邀请我作报告。总之，我每天的生活都处在连轴转的状态。

起初，我会用"能力越大，责任越大"这句座右铭给自己打鸡血。可日子久了，我却发现，我并不像曾经那么快乐了。我觉得自己像提线木偶一般，被生活制约。我会因为没有参加某个活动而懊恼，也会因为和朋友爽约而感到自责。为了保持生活节奏正常运转，我每天都紧绷着每一根神经。

也就是在毕业典礼演讲半年后，我突然病倒了。我发着烧，躺在床上，听着手机不停地震动提示收到新信息。我像往常一样拿起手机，准备回复。可看着屏幕上几十上百条跳动的信息，我突然提不起兴趣回了。

"假设我不管不顾，又会怎样呢？"我问自己。

我拿起手机，扫了一眼那些信息，然后按下了关闭键，将手机关机。

一天，两天，在生病时，日子似乎过得格外地慢，没有了手机信息的骚扰，我突然觉得日子过得安逸充实。我可以在床上想我自己想做的事情，精神头好了，我也可以拾起笔杆，写我很久也没有写过的杂文。好像，将自己与那些纷杂的事情剥离，并没有想象中的可怕。

这次生病给我带来了一个启示：**我们的生活很忙碌，但究竟什么是值得忙的，我有认真想过吗？那些我试图维系的人际**

**关系，真的都像我想象中的那般重要吗?**

一个人的成长，都要通过学习去了解未知，掌握新技能。在成长时，我们免不了要和人社交，与人共事。而当我们与他人的关系网越来越广，我们的生活就会变得越忙碌。生活中，我们很多孩子都碰到过以下一些场景:

在学校，有的孩子学习任务很重，可碰到社团活动、举办的讲座，他们总担心不参加会错过什么。于是只得压缩学习时间去参加，结果他们不仅没有从这些活动中得到什么，课业成绩也受到了影响。

有的孩子人缘很好，在朋友圈中也有好口碑，每次朋友找孩子办事，他都愿意提供帮助。可慢慢地，孩子发现找自己帮忙的人越来越多，孩子变得没有时间做自己的事情。有时，因为帮不到某些朋友，孩子甚至被对方在背后指指点点。这让孩子特别伤心，却不知道怎么办。

有的孩子初入职场，工作任务很忙。一到饭点，公司就有同事拉孩子聚餐，孩子不乐意去，可又碍于同事情面，觉得不去会伤感情。结果聚餐时间超出孩子的预期，导致孩子只得加班加点，每天都过得很累。

这些场景，反映了很多孩子因为生活繁忙而缺乏主动权的问题。遇到这样的问题，有的孩子会像曾经的我一样，选择逼自己更加努力一点，每天多花一点时间对付忙乱的生活。可处理完当下的事情后，很快又有更多的新任务陆续出现。孩子不仅没能把握好生活的节奏，生活也过得不开心，每天过得浑浑噩噩，没有目标和动力。

## 夺回生活主动权

究竟怎么做，才能让我们从繁忙的生活中夺回主动权呢？怎样才能得体地拒绝他人，而不伤害对方的感情呢？如何简化生活，减少身边诱惑，让我们更加专注地做我们该做的事情呢？

首先，我们来看导致很多孩子生活变得忙乱的几个原因。

第一个原因，是我们很多人太过注重面子，怕伤他人感情，不懂得拒绝，这使得自我时间越来越少。

和人交往时，很多人都想维系自己在他人心中的某个形象，我们所说的话、做的事，都因此会受影响。

比如，孩子是一个人缘好的人，在生活里常帮助别人，如果某天朋友突然找孩子帮忙，贸然拒绝，可能会让对方以为自己对他有意见，或没把对方的事情放在心上。这么想，孩子就会产生愧疚心理。而愧疚一旦出现，只要对方再三请求，孩子的心就会软下来，最终同意对方的请求。

这个问题常发生在那些性格好的孩子身上。如果仔细观察，你会发现，**随着他们"不会拒绝"的形象深入人心，越来越多的人会找这些孩子帮忙**：学习时麻烦他改个文件，工作结束了麻烦他关掉自己电脑，中午吃饭麻烦他买个外卖，等等。大事小事，但凡能用得上的地方，周围的人都会心安理得地使唤他。而且，这类孩子即便帮了别人，也很难得到对方的认可，若是帮得不到位，还可能被人指指点点。这不仅使得他自己生活变得忙乱，也会常被他人占便宜。

同样的问题也出现在地位级别不对等的人之间。因为权力和地位的不对等，这常使得级别低的人在听到级别高的人的请求时，不敢拒绝。比如在公司，有的老板发现某些员工比较刻苦后，就更愿意把工作安排给这些人，并美其名曰"这是个不错的锻炼机会，都是为了他好"。可在他们做了很多事后，却没有得到该有的提升和奖励。

总之，因为愧疚或畏惧权威，很多孩子变得宁愿牺牲自己，也不愿拒绝他人。这类"老好人"式的孩子，常被人占便宜，吃哑巴亏。其实，如果孩子学会和某些事情划界限，在生活中也会少很多麻烦。

第二个原因，是我们很多孩子经常错判生活中一些事情的价值，导致自己无端浪费了时间。

很多时候，我们不愿拒绝，是因为我们觉得做这件事情有价值，以为拒绝了，我们就丧失了应有的机会。这导致我们宁愿花时间去做所有事情，也不愿意在没有开始之前，筛选和判断哪些机会是我们真正需要的。

比如从高中进入大学后，很多孩子面对大学里多样的社团活动不知如何应对。他们认为到了大学不能一味地学习，还要找机会历练自己的社交技能。学生会、辩论队、民乐团、科考队等等，每个社团都能提升某方面能力。在社团招新季，这些人便一股脑地报名参加。但这样盲目地参加，真的有用吗？答案是不一定。事实上，多数学生在类似社团活动的收获很小，只是走马观花地体验了一下而已。有时，孩子还会因为参与活动太多，耽误了学习，导致该关注的主业没有做好，毕业找工作也受到影响。

这个问题，往更大的角度去讲，是"选择困难症"的问题，也是当下大多数人容易遇到的问题。**孩子身边诱惑越来越多，选择也越来越多，这导致一些孩子不知道如何权衡一件事情的价值，并做出最优选择**。就像有的人想读书，可一走进图书馆，却不知道看哪本书好。于是他开始东看看，西看看，搜索这本书的短评，又翻一翻书。几个小时过去了，他还是没能找到一本想看的书。

**为什么会出现选择困难呢？说到底，还是因为孩子不知道内心想要什么，目标不明确**。在主见没有形成之前，孩子可以给自己设定一个所谓的探索期，借用探索期去发现自己想要的。可如果孩子不给这个探索期加一个期限，便会导致孩子的时间成本不断增高。最终，孩子不仅没能发现自己想要的，甚至还浪费了宝贵的时间。

第三个原因，是因为事先没有做周全考虑，导致和人商谈时被对方控制了节奏，不敢拒绝。

**拒绝他人，是一种谈判艺术**。可在和人交流时，孩子有时会收到一些请求，丝毫没有时间考虑，也对对方所说的事情毫不知情。这导致孩子不知道该如何应对，商谈被对方控制住了节奏。于是，孩子便很难拒绝他人的请求了。

比方说，工作时，同事突然告诉我额外去做某个工艺设计流程，没准能帮团队更快完成任务。我隐隐约约感到没必要做，可我不熟悉这个工艺设计，事先也没有想过。同事建议说，试试看吧，要是不行，到时候再换回来。这么一来二去，我们沟通的节奏被对方控制着，我很难拒绝别人所说的话。

当我们对一件事情的基本信息、风险、价值都没有系统认识时，往往不知道如何做决定才是最合理的。在这种状况下和人商谈，会很容易陷入被动，也提不出多少有建设性的意见。也因为此，我们可能会做一些原本就不愿意做的事情。

## 学会得体地说"不"

以上三个原因，是致使我们很多孩子生活繁忙、缺乏主动权的核心原因。我们该如何教孩子夺回生活的主动权呢？这里，我来分享几个对他人"说不"的技巧。

● 第一个方法，是"摆事例法"。

若想拒绝一个人的请求，或者推辞做一件事情，讲观点有时是没有效果的，甚至会让对方觉得这个人不通情理。相反，**如果能将对方的请求以事例一点一点回应过去，会更有帮助。**

比方说，寝室室友明明知道对方学习很忙的情况下，还是不停邀请对方参加社团活动。这时，我们不妨列出一些事实。

譬如：

不是我不想参加社团活动，可是我最近课业很繁重，老师布置的课堂练习我还没有开始做，同时很多课程的预习也落下了，要是再不抓紧补上来，我的成绩就落下了。

我的课堂作业在两天后就要到截止日期了，可是我现在还未完成十分之一，按我以往做作业的进度，要是现在再分心去参加社团活动的话，我肯定不能在截止日期前完成，希望大家不要介意我这次缺席活动。

利用这些具体事例、数据，给出更加有说服力的理由，这能有效地帮我们拒绝一些不乐意做的事情。

● **第二个方法，是"替代选项法"。**

贸然拒绝一个人，有可能会让人觉得我们不通情理，这也是为什么很多人不好意思拒绝人的原因。可要是孩子能在拒绝人的同时，提供一个替代选项，便又是另外一个情况了。

比方说，工作中如果有新手想和孩子一起完成项目，可孩子觉得新手会拖累自己手头工作的进度。这时，直接告诉对方会伤感情。孩子不妨告诉他说，自己的准备工作还没有做足，立马合作会影响工作进度。不过，如果看到同事 A 的准备已经充分了，没准对方可以去找 A 合作。这样既照顾到了对方的面子，也尊重了自己内心的想法。

再比如，有朋友下周约吃饭，可孩子很忙，根本抽不出时间。这时，孩子可以拒绝对方，并告诉他，等过了这段时间，比如下周或下下周的某一天，自己才能出去。有了替代选项，对方便很清楚孩子的界限在哪，也不会执意要求孩子做事情。

● **第三个方法，"反客为主法"。**

如果事先得知某些人可能要找孩子做某些事情，而孩子又恰恰不愿意做时，可以使用这个"反客为主法"，将主动权抓在自己手里，向对方发出邀请，让他们做一些他们可能不太乐意的事情。

比如，公司员工一起聚餐，可孩子因为工作太忙，实在不想去，孩子又怕被人说不合群。这时，孩子可以反客为主，在聚餐时间前发起另一个提议。比如，在快下班时，大家一起来讨论某项工作任务的进展。其他人听到你的提议，有可能就打退堂鼓了，也知道你确实没有时间聚餐。这样，孩子在不伤害感情的情况下，合理地拒绝了这件事。

● **第四个方法，是"拖延法"。**

这个方法适用于在没有准备的情况下使用。因为不知道做这件事的难度、风险等，我们可能不确定是否值得花时间来投入。这时，我们可以试着告诉对方，现在不是最好时机，等想清楚了再讨论可能更好。

拖延法使用时，可能会让对方觉得我们不在意他所说的。要想这个方法使用得当，需要在拖延之前，给对方台阶下。或是赞美，或是认同，总之，让对方知道，我们有仔细考虑他的想法，只是此刻时机不合适。

比如，朋友提议一起去做个投资，孩子有点心动，却担心投资的风险。孩子可以这么拒绝："我觉得这个项目是不错，你在这方面的眼光和视野也一直比我要好。可我自己现在还不太懂行，要不再过一阵子，等我研究清楚了，咱们再来讨论？"

● 第五个方法，是"罗列原则法"。

很多时候，别人之所以找你帮忙，是因为他们不知道你的生活原则和底线在哪儿。很多请求其实都是试探性地在了解你哪些事情愿意做，哪些事情不愿意做。你需要在拒绝前将做事情的原则和习惯分享给对方，让他们知道，如果越界，你会不乐意。

比方说，很多人饭局多，想推托也不知道怎么推。这时，孩子不妨在拒绝前，告诉对方自己的原则。比如：如果我的学习和工作没有完成，便不能去聚餐，否则聚餐时我在想工作，饭也吃得不开心；我每天都有固定的日程，如果这些日程没有做完，我暂时不能分心来做其他事情；我不是个喜欢冒险的人，投资有风险，我不太适合做，等等。

这些原则分享出来后，就给某些行为画了一条红线。生活中，只要建立了类似的原则，周围的人也会尊重孩子的选择。这样，孩子便可以轻松地拒绝很多不想做的事情。

以上，就是本章的主要内容。我们首先分享了导致很多人生活忙碌、缺乏主动权的三个原因，之后我们再讨论了五个得体拒绝他人，夺回生活主动权的方法，它们分别是："摆事例法""替代选项法""反客为主法""拖延法""罗列原则法"。在人生的征途中，每个人都会面临各种各样的选择，我希望这几个方法能帮助孩子学会把控自己的生活，做最好的自己。

# 27

## 建立人际关系"弱连接"，为未来生活铺路

### 打破人际边界，拓展人生视野

博士最后一年，我和同学陷入了职业焦虑。虽说哈佛大学的学位很受认可，可生物行业竞争激烈，刚毕业的博士，与同时求职的博士后比，并没有多少优势。再者，僧多粥少，生物行业职位本就不多，而求职者实在太多，很多生物公司入门便要求两到三年博士后经验，博士生自然难找到理想的工作。遇到此情况很多人动辄申请几十个职位，但求职信发出后，经常都是石沉大海。

和很多同学焦急求职的状态不同，我没做多少申请。然而，陆陆续续地，我却收到了很多公司的入职邀请。有一封是华尔街金融投资公司董事长发过来的，邀请我加入公司从事定量计算分析的工作。而另一封，则是著名生物制药公司 Vertex（福泰制药）的前董事长发来的，她正在筹建一家新生物技术

公司，想邀请我加入科研团队。

"你找工作和其他人不在同一个段位啊，我们都是被公司不理不睬，可你却被大公司董事长追着跑。"同学调侃道，"你是怎么找到这些机会的？"

"我也就碰巧认识他们，但没想到他们会主动邀请我加入他们公司。"我回答道。

"这些董事长可不是那么容易就能认识的。再说，即便认识了，他们也不一定愿意给你工作，你是怎么做到的呢？"

"说实话，投行的董事长我还真是碰巧认识的。前几年，受历史学家尼尔·弗格森教授的启发，我一直在写一本见证中国变迁的非虚构书稿。弗格森教授曾被评为《时代》杂志最有影响力的百人之一，常会给商界政界的人出谋划策。有一次我们讨论书稿时，他一个做金融的朋友正好来了，我们一起聚会，恰巧就认识了。至于福泰制药公司的前董事长嘛，她在哈佛商学院授课，我选修了这门课，之后几年也保持了联系。她知道我的研究领域，创办公司时便想到了我。"

"这就更有意思了——弗格森教授是历史学家，和生物根本不搭边，怎么会和你一起聚会呢？"

"几年前弗格森教授在哈佛做讲座，讨论全球化对世界经济的影响，主讲了中国近几十年来经济的腾飞状况。我在会后和他分享了自己的一些见解，没想到教授觉得我的见闻很有意思，就建议我写书了。"

我的经历让同学称奇，他们很难相信，在读博的短短几年里，我为自己拓展了如此大的人际关系网。然而，于我而言，我只是在生活中多留了一点心，多花了一点时间和这些人保持了互动。多年的积累后，这些人成了我日后学习、工作关键时刻的好帮手。

人际关系能拓展我们的视野，也能为个人提升提供机遇。然而，如何拓展人脉？如何为生活跳级做准备？多数孩子并不清楚。生活中，我们常看到一些孩子，很不擅长拓展人脉：从小学到大学，除了家人，交往最密切的朋友就是自己的同桌或室友。毕业了进入工作单位，他们也不知道如何和同事上司打交道，除了工作偶尔和人聊几句，能说得上话的人是个位数。这些孩子当然知道人脉的重要性，可经营起来总力不从心。

还有一类孩子则喜欢盲目社交，不论哪个场合，你都会看到他们的身影。他们拿着名片、微信二维码积极地推荐自己。和他人交流时，他们夸夸其谈，炫耀自己认识某某，借以彰显自己人脉广，同时也希望通过简单交流获取对方的信任。可这些人很难和他人深交，他们所拥有的人际关系网价值也不大。

## 避免盲目社交

这些现象反映了拓展人脉关系时的两大问题：第一个问题是如何社交起步，突破个人交际圈的问题；第二个问题是如何经营社交圈，让人脉关系有价值的问题。如果能够解决这两个问题，孩子便能像开篇故事里的我一样，在生活中发掘出更多对自己有用的人脉。

我们首先来看拓展人脉、经营社交圈时常见的几个误区。

第一个误区，是拓展人脉时，孩子过度依赖熟人关系网，而不注重建立人际关系弱连接。

根据形成过程划分人脉资源，常见的人脉关系可分为血缘人脉、地缘人脉、学缘人脉、事缘人脉、随缘人脉等。血缘人脉主要是我们的亲属，地缘人脉则包括我们所在地区、社区认识的人，学缘人脉指的是同学圈，事缘人脉主要是和我们工作相关的人，而随缘人脉则是因各种机缘巧合而认识的人。在这几种人脉中，血缘和学缘人脉是最紧密的，构成了人脉关系的"强连接"，地缘人脉和事缘人脉次之，而最弱的则是随缘人脉。

因为大部分人和"强连接"关系网的人接触时间最多，知根知底，这种人际关系让人更有安全感。这也导致许多人做事情，喜欢向"强连接"关系网的人征询意见。比方不少孩子找工作，都是托亲戚朋友关系找的。同学聚会，多半时候也是信息交换场合。

熟人关系网当然有它的用处，可同样也有局限。

著名社会学家、斯坦福大学教授 Mark Granovetter（马克·格兰诺维特）曾就这个问题做过一个社会调研，他在 20 世纪 70 年代专门研究过波士顿地区的人是怎么找工作的。格兰诺维特教授找到了 282 个人，然后从中随机选取 100 人做面对面访问，这些人里，通过正式渠道申请，比如看广告投简历拿到工作的人不到一半，大部分是因个人关系找到的。有意思的是，在找工作过程中，有用的关系并不是亲朋好友这种经常见面的"强连接"，事实上，只有 16.7% 的人是靠每周至少见两次面的人而找到工作的，55.6% 的人用到的关系人仅仅是偶尔见到，比如每年仅见一次左右。另外还有 27.8% 的帮忙的人一年都见不到一次。

也就是说，大多数能在关键时候给予帮助的并不是那些常见面的人，而是那些不常见面的人，这些人未必是什么大人物，或许我们根本就不认识，但共同特点是：**他们不一定在当前社交圈**。

为什么会如此呢？格兰诺维特教授解释道，整天和我们混在一起的人，很可能和我们干的事情差不多，想法必然也和我们接近。如果我们不知道某个机会，他们怎么会知道呢？某种程度上，他们还有可能是我们的竞争者。**相反，人际关系"弱连接"的人，能告诉我们一些不知道的事情。**

我的成长之路，就多次受益"弱连接"关系网的人。比如高中，我曾有一个英语外教。班上其他同学对结识外教不感兴趣，可我在那时却喜欢和她打交道。几年后，我到美国，便在外教家里度过了我的适应期。再比如，在大学，我因一场讲座认识了香港理工大学的校长，大四申请出国，我的一封推荐信就来自校长之手。另外，本章开篇故事里，我认识的那些教授和公司高层，实则都是人际关系"弱连接"者。

也就是说，教孩子拓展人脉时，不能因为这些"弱连接"

与生活遥远，而忽视它们。相反，孩子要有意识地维系和经营这些关系，让它们在某一刻帮助自己人生突围。

第二个误区，是很多孩子在拓展人脉时，缺乏必要的准备，导致很难给他人留下深刻印象，无法搭建人脉。

**和人打交道是一门学问，需要做一定的准备工作，包括知识学问的准备、语言技巧的培养、表达能力的训练、讨论话题的准备等等。**只有准备做足了，交流才能深入。

生活中，我们常见到一些孩子参加聚会，记不起某些人的名字，寒暄几句才发现双方相互认识，弄得气氛很尴尬；听报告，有的孩子对报告人背景、演讲主题，没有了解。站在对方角度试想一下，如果我们连对方是谁都不事先调查一下，别人又怎么愿意和我们深入聊下去呢？

以我在哈佛拓展人脉为例。在哈佛，常会有一些名人大佬来做讲座，如果主讲人是我感兴趣的人，我会事先调查清楚他的背景，了解他是如何一步一步走到今天的。同时我也会通过这些信息，搜集和他演讲相关的信息点，以便更深入地和他们进行严肃话题的交流。文初提到的尼尔·弗格森教授、制药公司董事长等人，我都是通过类似方式结识的，由此可见，拓展人脉时提前做足准备的重要性。

第三个误区，是很多人在拓展人脉时，经常抱功利心态，总想从他人身上获取点什么。

之所以想拓展人脉，最终目的，多半还是希望这些人能帮到自己。因为这有功利指向，不少孩子在拓展人脉时，待人接物和处事行为都发生了相应改变。

比如碰到有影响力、资源多的人，很多人会习惯性地贬低自己、奉承对方。还有的人，刚刚通过社交场合认识了几个人，便想让他们推荐工作。站在旁观者角度看，这类功利心重的人不值得深交。

人脉网有如下三个作用：一是信息载体，通过这些人，我们能了解之前看不到的一些信息；二是情感载体，我们和他的某些经历产生共鸣，这让我们对他产生了情感寄托，我们常说的"榜样的力量"就属于这一类；三是技能载体，这些人有我们没有的某些技能，和他结识，双方没准能够共赢。很多创业团队的初创成员，就是因为技能互补而走到一起的。

了解了这三点功用，我们人脉关系拓展的心态也会随之改变。任何人的交往，都不是单方面付出的，只有我们也能在信息、情感和技能上给他人带来帮助，对方才会愿意为我们付出。如果我们暂时还不能从这三方面帮到他人，那么从认识的那一刻起，我们便努力改变自己状态，让自己成为对方眼中有价值的人。只有这样，人际网才会开花结果。

以上三个误区，孩子在和人打交道时如能适当避开，人际网的搭建也会随之变得顺畅。

## 拓展人脉的技能锦囊

首先我们来看一些初级锦囊和方法。

● 第一个锦囊，是"人脉归档表"。

为了扩大人脉网，经营已建立起的人脉关系，孩子需要一个盘点梳理人脉的归档表。

在这个表里，整理如下信息：姓名、职业、联系电话、微信号、电子邮件、所在地区、和自己的关系亲密度、是如何认识的、对方的兴趣与专长、是否有共同朋友等信息。能归档的信息越具体，越详细，对孩子维持人脉关系，将会越有用。我们微信朋友圈里，经常有人看着似乎认识，但却记不住对方是谁，如果有这样一个详细备注，会让自己和对方的交流简单方便很多。

| | |
|---|---|
| 姓名 | 陈×× |
| 职业 | 公司经理 |
| 联系电话 | 138××××× |
| 微信号 | ×××× |
| 电子邮件 | ×××× |
| 所在地区 | 上海 |
| 和你的关系亲密度 | 见过几次 |
| 如何认识的 | 朋友聚会 |
| 他（她）的兴趣与专长 | 金融，投资 |
| 是否有共同朋友 | 有 |

● 第二个锦囊，是和人聊天时，将话题深入下去的"黄金五问"。

和人交往，在寒暄过后，一定需要聊一些有深度和共鸣的话题，否则双方难以形成紧密联结。"黄金五问"教的是如何巧妙化解聊天初期的尴尬。

第一问，询问对方的背景和职业：我之前通过某某人或渠道认识了你，得知你是做某某的，我在这方面并不在行，不知你能否跟我讲下背后具体的细节呢？

在问题前，添加合适条件和前提，既让对方觉得你花时间了解过他，又化解了你不知道对方背景而造成的尴尬，这个问题，有助于在拓展人际关系时破冰。

第二问，问原因：你刚刚提到，你曾经做过某某事情，当时是出于什么原因做的呢？

追问聊天内容背后的原因，能体现出我们在听。同时，也能使得我们更深层次了解对方的一些想法。如果发现聊天话题很难继续，孩子没准可以抛出类似问题。

第三问，问看法：我们刚刚聊天时，提到了某某事，你对这件事情是怎么想的呢？

只有知道对方对某些事情的看法后，我们和对方的认知、情感才有可能处在同一层次。这个问题，只要提问时机得当，往往能帮助判断对方是怎样的一个人。

第四问，问建议：我遇到了和你刚才说到的类似的问题，不知道你是否有什么好的想法和建议，帮我解决这个问题？

将对方放在一个答疑者的角度，从心理上，是认可对方的权威，这往往会让对方感到愉悦。同样，孩子也可以通过这个问题，推断对方是否在某方面能给自己答疑解惑。

第五问，问难关：刚刚听你分享了很多非常棒的经历，我想知道，在你走到今天之前，有哪些节点是你印象深刻的难关呢？

这个问题能帮我们分析对方是如何看待难关，以及如何应对难关的。了解相关的信息，我们会对这个人的个性和特点有更深入的了解。

我们和陌生人交流，这五个问题，不论在什么场合，都有机会被引入谈话中，只要孩子留心观察对话走向，适时抛出问题，一定能帮助交流深入下去。

接下来我们来看中阶的两个锦囊。这两个锦囊，能帮助认识一些孩子交际圈外的人。

● **第一个锦囊，是搭建优质的社交平台界面。**

社交网络平台是我们的一张虚拟名片，如果利用得好，能帮孩子打开很多新的人脉链接。以职场社交平台领英为例，一个好的界面，应该包括如下信息：

一张自信阳光的正装照、姓名、获得最高学历的学校、所在地区、获得的荣誉、所在的专业领域、几句话总结到目前为止的成就等等。假想你是一个招聘的人，看到这些信息，或多或少都会对这个人有个直观的了解。

有了这样的平台，孩子便可以主动联系其他人。比如看到平台里的校友，或者同专业的人，孩子可以发私信进行联系。比如可以用这样的模板：

××你好，

我是××，就读于××（在××单位工作）。通过领英的共同好友，我注意到我们是校友，而且从事相同的领域。如果你不介意，我想添加你为好友，希望我们能建立联系。

祝好！

××

一封简单的私信，有时，便可以帮孩子建立几十条新人脉。

● **第二个锦囊，是组织有针对性的社交活动。**

很多孩子都曾通过活动认识过其他人，可如果大家有心的话，便会发现，活动组织者，往往是认识人最多的那一个。要组织好这个活动，免不了多方联系，组织者自然而然通过各种渠道结识了其他人。这个道理大家都懂，在这里，我不过多阐释。组织社交活动要想更深地结识他人，应当避免无意义的饭局，改为能进行思想交流的兴趣会或讨论会。比如组织一场旅行、读书会、电影展、艺术展览，通过类似活动找到志趣相投的人。

最后，我们来看高阶的两个锦囊。这两个方法，针对的是一些格局层次比自己要高的人。

### ● 第一个锦囊，是一封令人愉悦的电子邮件或个人信息。

在国外，邮件是和老师、教授、公司上下级之间沟通的最主要工具，在中国，邮件主要用于公司工作之间、公司老板和员工的沟通等等。一封令人愉悦的邮件能让老板对你形成良好印象，同时也能让自己结识更多高层次的人，打开工作机会。那么，怎样才能让信息表述得当呢？以给新认识的老总写邮件为例，以下是模板：

××总，您好！

非常高兴通过××协会的活动认识您，也谢谢您和大家分享的关于创业的宝贵经验。我是××，毕业于××，目前在××工作，擅长××，在这个领域有超过××年的工作经验。一直以来，我都特别关注您公司所从事的行业，如果不介意，希望能和您保持联系，并希望下次有机会的时候，再次向您请教相关方面的问题。

谢谢您，祝好！

××

从这封邮件里，大家可以看到好信息的必备元素：

第一，尊称，企业老总可以称呼为××总，前辈可以尊称为老师，在多数社交场合，这两个称谓都不会犯错。

第二，客套话作为过渡，并提醒你们是怎么认识的。说这些话的目的是让你的信息不显得那么突兀，同时也让对方对你形成一定的印象。否则，多数人会直接忽视这类信息。

第三，个人介绍，证明你很优秀和出彩的地方可以在这里一并写上。你可以简单写出自己的学历、工作经历、擅长的领域，不要太长，因为没有人愿意看长篇大论。如果可以总结出你最值得骄傲的成绩，也可以在这里补上。

第四，这封邮件的目的。或是想和对方保持联系，或是想请教他人对某个问题的看法，总之，在这个位置，你需要告诉对方，你想要什么。如果你要一个问题的答案，可以告诉对方，如果他们什么时候方便，可以通过信息告诉你。

第五，感谢和你的签名落款。缺乏这个信息，会让人觉得没有礼貌。

● **第二个锦囊，是"长线钓鱼法"。**

孩子在与比自己能力强、层次高、资源广的人进行交往时，面对的困境是，自己能为对方提供什么。要化解这个难题，最佳的方法是利用时间，证明自己的价值，这也是"长线钓鱼法"的要点。这个方法分为三步：

第一步，建立初期往来后，在节日或者有纪念意义的日子，通过信息向他们问好。这些信息的目的是让他们看到自己的存在，同时提醒对方你记着他们。问好信息要避免使用模板，比如复制粘贴表情包、套话，都会让对方觉得缺乏诚意，远没有简单的几句"祝您新年快乐，春节快乐！"来得实在。

第二步，每半年或一年，向对方汇报自己的一些关键成长过程，比如在校学习状况、工作报告等成长历程。用两三句话，告诉他们这半年或一年自己的成长。之所以这么做，是为了让对方见到你的成长，当你更新自己状态，并获得成功时，在对方眼中，你便是一个优秀的人。

第三步，合适时机，写信息向这些人寻求帮助。这类人一般都忙，不一定有时间答复旁人的小问题，我们要挑选那些他们熟悉的、对自己又很关键的问题去询问。当对方开始参与我们的生活，并为我们出谋划策时，对方便开始了解我们了。

最后一步，感谢。不论有没有帮过实质的忙，我们都要借机会感谢，或是感谢给我们带来的指点，或是感谢为自己开拓视野，或是感谢曾经的帮助，等等。一句话、一张卡片、一个小礼物，都会让我们变得谦恭有礼。

这个方法，是我常用的人脉拓展法，通过这个方法，我与认识的教授、专家、各个领域的佼佼者，都保持了不错的关系。大家不妨照着这个模板试一试。

以上，就是本章的主要内容，我们主要讨论了拓展人脉的三大误区，分别是：拓展人脉关系的过程中，过度依赖熟人关系网，而不注重建立人际关系的弱连接；缺乏必要的准备；经常抱有功利的心态，总想从他人身上获取点什么。接下来，我介绍了六个实用的锦囊，包括：人脉归档表、黄金五问、搭建优质的社交平台界面、组织有针对性的社交活动、写一封令人愉悦的电子邮件或个人信息和长线钓鱼法。希望这些方法能帮助孩子结识更多有缘人。

# 28

## 格局与层次：
## 哈佛教给我的实用价值观

### 选择回社区当老师的医学博士

在哈佛求学期间，我作为哈佛本科生辅导员，经常需要指导学生毕业去向的问题。找工作对于哈佛毕业生来说，并不是问题，真正的问题是找怎样的工作。

有一天，在我的答疑时间，来了一位叫 Ryan（瑞安）的大四学生。瑞安大学期间主修干细胞生物学专业，他学业非常优秀，也极具个人魅力，领导了多个哈佛学生社团。在同届的学生里，瑞安是当之无愧的优生。我没有想到瑞安会参加我的答疑。

"我考入大学时，最想做的职业是医生，"瑞安向我说道，"这几年，我学习的课程主要是生物医学，课余时间我也加入了实验室做毕业论文研究，一切都按着原计划完美地推进着。我以为毕业后我便会进入医学院，从见习医生成为真正的专科医生。"

在美国，医生是高薪且稳定的职业，大学里学业最优异的一群学生，往往会在毕业后选择考取医学院，而他们在学校的毕业去向划分通常会被称为"Pre-meds（医科预备生）"。医科预备生之间竞争激烈，学业、运动、社团活动、实习经历，都是申请医学院的敲门砖，每个医科预备生都铆足了劲把每一项指标做到最好，可谓美国大学里最内卷的一个毕业去向。瑞安每个项目都做得很不错，我不知道他还有什么问题。

"临近毕业，我突然有点不知所措了，"瑞安继续和我说道，"我的好朋友大多数都是医科预备生，最近和他们聊毕业去向，很多朋友都说他们毕业后不想立马进入医学院，而是想去美国的社区中小学当几年老师。我不知道该不该也重新规划下毕业后的计划。"

"你有想过当老师吗？"我问道。

"小时候有想过。我出生在新墨西哥州的一个小镇，社区环境很不好，我看到很多同学成长在很差的环境下，父母不关心教育，任由孩子自由成长。很多朋友读完初中就辍学了。我是社区的幸运儿，能来到哈佛非常不易。我其实很想帮助我的社区的孩子，让他们知道通过教育可以拥有完全不一样的人生。"瑞安讲得有点动情，"可我又不得不考虑实际情况。能来到哈佛学习，之后申请医学院成为医生，是我最大的职业梦想。我不想让一些不切实际的想法打乱我的职业规划。"

我能读出瑞安内心的纠结。我问他，毕业后他是想申请

MD（医学博士），还是 MD-PhD（医学和研究双博士）项目。

"MD-PhD，"瑞安回答道，"这个项目有丰厚的奖学金，我便不会有那么大的经济压力。"

"MD-PhD 项目的时间一般很长，有八年之久。一旦进入，你便需要更加努力地朝着你的职业路线努力，你也会很少有机会从事其他你想做的事情。考虑到这个时间需求，八年后，如果你没有选择当老师，你会后悔吗？"

"我想我会后悔的。我是那么希望能将自己的经历传授给和我有着相同经历的孩子并影响他们的决定，如果我毕业就进入医学院了，我觉得以后我不太会有其他的机会了。"

"这就对了，其实你自己已经知道了答案。毕业后花一两年做你想做的事情，然后再重新回到自己原来的职业规划上，不会有多大的问题，也不会影响你的医学院申请。如果你决定了，就大胆去做吧。不留遗憾，成为自己想成为的人，生活的意义本就如此。"

## 让生活的瞬间更有厚度

我们生活究竟是为了什么？

成长过程中，我们每个人可能都在某个阶段追问过自己这个问题。比如在学校时，不少孩子可能会问自己学习的目的和意义是什么；毕业工作了，面对做不完的工作，有的孩子会问自己日复一日工作的意义是什么；当人生路线确定了，不少人又会开始对自己人生的目标和意义产生疑惑。对于这些问题，一千个人，会有一千种不同的答案。然而，不可否认的是，这些追问都反映着我们一直在为自己所做的事寻找一个合理解释。如果能找到，我们做事情便会充满动力和激情；如果不能，人便会没有目标感，闷闷不乐。

我们常听人说，除了物质和眼前的苟且，生活也应该有诗和远方。精致的利己主义、世俗的欲望和物欲的生活，很多人在内心里可能嗤之以鼻。可有时候，现实是残酷的，生活的重压使得很多理想和目标都成了空谈，我们不得不向生活屈服，去考虑哪个选择对自己的职业是最优的，哪个选择能让自己赚到更多的钱，获得更多的利益。这也是很多人不喜欢讨论和生活脱节的"形而上"的问题的原因，和他们谈生活意义，他们会觉得你是"装"，远不如获取和享受物质来得实在。

可是，我们获取的物质多了，内心却真正满足和快乐了吗？

网上曾流传过一篇"哈佛中国毕业生去美国参加妹妹家庭聚会，万元红包让他深感羞愧"的文章。作者是哈佛大学文学艺术专业的毕业生，他的妹妹则在美国定居。2017 年圣诞，作者受邀去妹妹家过圣诞节，在那见到了美国长大的两个外甥女。按传统，美国人过圣诞节有交换礼物的传统，作者依着中国礼俗，给外甥女包了两个万元红包，可在交换礼物环节，他却被妹妹一家人的礼物给震撼到了。他的大外甥女送给父母的是一家人同去缅因州旅游的影集。**影集是手工制作的，所有照**

片都经过精心地挑选，每一幅照片都能唤起一家人美好的回忆。小外甥女送给父亲的是一本厚厚的书，他的父亲是个建筑设计师，手捧着世界著名建筑师的作品集，他高兴得爱不释手。应邀参加圣诞聚会的还有十多个他们在美国的亲戚朋友，大半的礼物都是书籍或画册，其他的都是自己亲手制作的小东西，价值最多不过 20 美元。随着大家不断交换礼物，作者渐渐感到自己怀中的红包失去了意义，到最终，红包一个也没有送出去。

这个故事，和瑞安对毕业去向的选择，有异曲同工之妙。细想起来，生活中那些真正给我们带来长久记忆的瞬间，都是由物质带来的吗？应该不是。多数人的内心，仍在追求物质之外的情感寄托，或是手工礼品里所包含的情谊，或是将自己所学回馈社区并影响他人，都超脱了物质，使得我们精神充盈。只有这些有质感的情绪和生活瞬间，才能让我们的生活更有厚度。

## 比"上哈佛"更重要的事

究竟怎么做，才能让我们的孩子养成高格局的价值观，让生活更有意义呢？

首先，我和大家分享哈佛教给我的对我影响深远的几个价值观。

● 第一个价值观，是学会在多元文化中认可自我选择的价值。

从小到大，很多孩子都很少思考过自我价值、自己内心真实的需求和想法。学习、生活、工作，绝大多数人都随着大流在走，这也使得不少人的价值观容易受刻板思维的影响。

以教育为例，我们都知道教育的重要性，可很少有人真正思考过学习的意义。从小到大，孩子被灌输的观点是好好学习，考个好分数，只有这样才能在未来考上好的初中、高中和大学，以后才能找到好工作。这种单一的价值观，使得孩子对教育的认知变得极其功利，一切都以分数论成败，学生也被培养成了考试机器，没有机会锻炼和培养在社会中生存的其他技能。很多孩子毕业后不会和人打交道，不擅长辨别是非曲直，多半与之相关。

找工作时，很多孩子基本也是跟风。某个专业好，赚的钱多，大家就会一窝蜂地钻过去。比如考公务员，不少孩子根本不知道公务员要做什么工作，但见着其他人准备，就不自觉地跟风了。

跟风选择的原因，多是因为孩子太过在意他人眼光，生怕没有从众而被其他人抛弃。可一旦选择从众，孩子内心真正的兴趣爱好便被掩盖了，生活也不再是孩子自己最想要的模样。

要想在成长过程中保持初心，最关键的还是需要教孩子忘记世俗看法，多听听自己内心的声音，遵从内心最本真的想法。举个例子，耶鲁大学毕业生秦玥飞，在本科毕业后，没有像其他常春藤名校学生一样，去做咨询和投行，相反，他选择去湖南农村当"村官"。耶鲁毕业生当"村官"在当时社会饱受质疑，很多人都怀疑他在作秀。可三年五年过去了，秦玥飞还是坚守在湖南农村，用行动证明自己最热爱的事业是什么。也因为他的坚持，他创立了黑土麦田公益项目，并获得"感动中国 2016 年度人物"荣誉。由此可见，做任何行业，坚持初心会让人生的价值更有意义。

● **第二个价值观，是人生意义的实现，不在于物质财富的积累，而在于能在周围产生多大的影响力。**

财富是我们在社会生存的必要条件，但不是生活的全部。衡量一个人成功与否，除了财富，更要看其带来的社会价值。在美国，很多富人当财富积累到一定阶段后，主要考虑的问题便是如何回馈社会。比如比尔·盖茨、马克·扎克伯格，都将自己财产的 99% 捐出去做慈善。他们觉得，财富只是数字象征而已，而如果利用自己的力量，影响到更多的人，比那些数字更有意义。马克·扎克伯格在 2016 年，便有计划将自己的财富用于消灭困扰全人类的重大疑难病症，这件事情的意义大家可想而知。

当然，比尔·盖茨、马克·扎克伯格的例子对我们平常人来说太过遥远，但背后的道理却不言而喻。每个人的生活，除了满足自我需求外，或多或少都是向他人证明自我价值。金钱之所以能证明人的价值，是因为通过金钱，我们可以做成其他事情，可还有很多不需要金钱就能影响他人的事：比如乘车时多照顾下身边的老人小孩，办公室里主动帮助新人，少点一次外卖，少用一个塑料袋，保护我们赖以生存的环境，等等，做这些事并不要花费我们多少心思，但一个善举，就能带来长时间的心理满足。

在哈佛招生时，一个学生是否表现出同理心，是否愿意帮助他人，并为社会做贡献，是衡量学生是否优秀的一个重要标准。一个人仅有好成绩还不足以达到哈佛的招生标准，因为这只说明他有一定的学习力，而个人价值有时不一定是由成绩单决定的。同样，在哈佛四年，学生必须参加一定社团活动，证明自己在某方面能给人带来影响，只有这样，学生毕业后才有动力和热情投身自己想做的事情。

我在哈佛有位朋友，因为爷爷患有阿尔茨海默病，照顾爷爷的过程让他感受到这类病人生活的不易。于是，他在学校成立了一个青年社团，他和同学们利用周末和假期，定期到这些老人家里陪护。这个社团的起点很小，只是几个学生临时起意发起的，但在四年后，它已经发展成遍布美国的一个公益社团，很多名人都为这个社团背书。由此可见，一件小事，若能坚持，能给社会带来很深远的影响。

● **第三个价值观，是学会体验式地生活。**

我们都希望自己的生活过得无忧无虑、开心快乐，可如果生活当真变得如此简单，很多人又会觉得生活没意思了。酸甜苦辣组合在一起，才是生活本真的面貌，而我们也要学会体验和感知这些味道，才会对生活乃至生命有更深层次的感知。

在哈佛商学院，有一门很受学生喜欢的暑期课，与其他课程不同，这门课不教授任何理论知识，选课学生会被安排进一个运营状况糟糕的公司，想策略帮它突出重围。有一位学生曾被安排到湖南湘西的一家民营化妆品公司，他的任务是帮助这家公司在几个月内扭转盈亏。可以想象，当一个哈佛高才生进到这个家庭作坊式的小企业时，心理落差会有多大。他在课堂上学的理论知识、商业技巧，几乎都派不上用场。在那几个月里，这个学生跟着老板找投资，设计商标，讨论商业路线，策划营销渠道，一点一点熟悉了解中国市场，打造属于自己的文化品牌。这个过程极大地扩充了学生的视野，实习结束后，他选择留下来在湖南创业。

从这个故事，大家可以看到体验和感知生活的重要性。因为没有亲身的参与，便很难注意到市场需求和社会反应。**只有做某件事情的参与者、见证者，才会对事情的本质有更深的感知和体会，**而有时，这也是人成功的秘诀。

在成长过程中，我很长一段时间都生活在资源条件欠缺的乡下。很多人觉得，乡下给人带来的资源太少，不值得待。可如果换一种眼光来看，**恰恰是乡下的生活，让我有机会接触和感悟自然，培养了我日后学习生物所需的好奇心和观察力；**也因为乡下生活，我看到了传统的治病方法，日后，我才有动力学习西方医学。从某种程度上来说，乡下成长的经历也成了我的一种财富。

由此可见，当孩子能体验和感知多元的生活，体会和经历不同的生活状态，人生阅历会获得更大的提升。

以上，是几个对我影响深远的价值观，这些价值观指导过我曾经的生活，也继续为我的未来指路。

那么，怎样才能帮孩子在成长的过程中塑造和重建好的价值观呢？接下来，我和大家分享几个实用的方法。

### ● 第一个方法，是"GPS 法"。

要塑造价值观，关键还是需要了解孩子内心喜欢什么，自我定位如何。就像开车时用 GPS 导航一样，只有有了方向感，孩子才更有内驱力。GPS 指的是 Gather（搜集），Passion（热情）和 Strategy（策略）。

Gather（搜集）：梳理出那些能让孩子开心的事，并找到获得它们的方式。

你可以教孩子将生活中那些令他们自己印象深刻的事情罗列出来，每写一件事情，在旁边也把让他们开心的理由以及做这件事情的方法写出来。比如，能让我开心的事是"我能鼓舞甚至给他人力量"，我可以"通过写作或演讲来实现"。有了这样的梳理清单，在生活中，我会更加有目的性地为自己创造这样的机会，比如多参与故事分享会，多和人交流，持续实现我的影响力。

Passion（热情）：孩子需要探索内心的喜好和热情所在。

让孩子问自己这两个问题：

我最喜欢做的事情是什么？在我身边，哪些东西是唾手可得的？

这两个问题，能帮助孩子回答想要什么、自己已经拥有什么的问题，只有将这几个问题回答清楚了，孩子才知道在接下来的生活里，该把生活重心放在哪。比如：

除了生物医学研究，我还想成为一名作家，在我身边，我可以轻易获取一些和写作相关的书，写作之后，我也能得到朋友的反馈，可我一直缺乏一个好的写作灵感。接下来我应该在生活中多去发现有意思的故事，搜集灵感源泉，促使自己写新的故事。

通过类似问答，孩子大致可以了解现阶段内心状态。

Strategy（策略）：为生活中孩子想做的事情罗列一个计划书和目的表，让每一个取得进步的节点都变得可视化。

可以花些时间在一张纸上罗列出生活里最关心的事情、最想得到的事情、最期待达到的状态。同样，也可以写出你最不希望做的事情、最不能接受的状态。在计划书下方，将任务分成半年或一年的目标，一步一步地完成。

如果孩子关注环境问题，环保让他感受到生活的价值，可以将如下事情列出来：

最关心的问题：白色垃圾污染、空气污染和水污染。

最想做到的事情：生活中尽量减少使用污染材料，同时也希望能影响身边的人，改变生活习惯。

做这件事情的步骤：初期减少点外卖次数，少用塑料袋，少开车等；中期做好垃圾分类，改变生活习惯，节约用水等；长期在社区发起公益活动，号召更多的人参与关注环境。

有了这样的近、中、远期计划，孩子便可以更有的放矢地完成既定的目标。

● **第二个方法，是"直觉测试法"。**

这个方法利用直觉反映我们内心最真实想法的原理，在短时间内，鉴定内心最本真需求。这个方法使用起来极其简单，我们可以把它想象成一个填空题：

当我_____的时候，我的生活便会达到充实而开心的状态。

孩子可以把这个问题写在纸上，同时列出 10 到 15 个答案。有了这些答案，你便会发现，其中某些直觉回答，是孩子内心最渴望的事情。

比如以下是一系列相关的答案：

当我能够影响一大群人的时候，我的生活便会达到充实而开心的状态。

当我能够实现财富自由的时候，我的生活便会达到充实而开心的状态。

当我成为行业领头羊的时候，我的生活便会达到充实而开心的状态。

当我创立的公司成功上市的时候，我的生活便会达到充实而开心的状态。

当我有能力周游世界的时候，我的生活便会达到充实而开心的状态。

…………

当这些大大小小的答案和目标出现在眼前，孩子可以逐一分析它们的可行性，以及给自己带来的成就感，孩子甚至可以在旁边给自己列出一个进度表，看看大概能在什么时候完成订立的目标。每隔一段时间，重新检查这张清单，随着成长，孩子会发现某些任务会得到实现，而这会让自己变得更有成就感。

● 第三个方法，是"链级影响法"。

如上半部分所讲，人的价值可以通过影响他人而实现，而要影响他人，我们要有策略地建立属于自己的影响链。

第一步，以自我为起点，梳理出那些能直接影响的人或事。

将能想到的人罗列起来，分类为核心人际圈、次级人际圈和边缘人际圈。我们的家人亲属、关系最密切的同学朋友，属于核心人际圈；其他同学、同事、朋友，可能属于次级人际圈；社区邻居、其他熟识的人，则是边缘人际圈。通过梳理人际网，孩子可以看到自己的人际关系大概延伸和触及了什么层次。当次级和边缘人际圈扩大时，孩子的影响力也会随之扩大。

第二步，区分和鉴定孩子的行为对这三层人际圈里人的影响。根据影响力，调整处事策略。

一般而言，孩子的行为对核心人际圈里的人影响最大，边缘人际圈的人最小。这意味着孩子可能需要多花精力才能影响边缘人际圈的人。比如创业，孩子想向他人证明自己的能力，做的事业也靠谱。因为家人朋友和自己熟悉，可能不用多说，便会支持孩子的创业项目。可要是碰到投资人，他们会带着完全不同的眼光来重新审查孩子的项目，不停地挑刺。这时，孩子需要花更多时间，精心准备商业路演，策划商业计划书，只有这样，孩子才能成功说服投资人。

第三步，从小事出发，逐层改变孩子在这三层人际网中的价值。

若想影响他人，关键是要让对方觉得孩子靠谱、可信，孩子才有可能说服对方，影响他们的决定。靠谱、可信的印象形成，需要有关键事件，同时也缺不了小事的烘托。小事情上可以体现在开会时总提前五分钟到，和陌生人见面后总能记住对方名字，等等，这些小习惯，能让孩子在所接触的人心中留下良好印象，这会使对方觉得孩子是个可信赖的人。有时这些小事带来的好处，能让孩子在人际关系中迅速破冰。

总之，作为个体，每个人都有独特的生活体验。人生一世，让孩子了解不能仅仅将目光聚焦在个人身上，而要放眼个人以外的世界，拥有更高的格局和价值观、更充实而且充盈的生活。